L'enfant et la Crèche

Autres ouvrages de Cl. Athanassiou :

- **Ulysse… Une Odyssée Psychanalytique,** (Césura, 1986)
- **Aux sources de la vie psychique,** (Césura, 1990)
- **Le Surmoi,** (P.U.F., à paraître 1995)
- **Introduction à l'étude du Surmoi,** (Césura, à paraître printemps 1995)

 - 1ère Impression1987
- 2ème Impression 1995

ISSN : 0993-4103 ISBN : 2.905709.09.X

Cléopâtre ATHANASSIOU
Anne JOUVET

L'enfant et la Crèche

Préface de
Florence BÉGOIN-GUIGNARD

Collection L'Enfant

CÉSURA

Césura Lyon Édition
51 rue de la République, F - 69330 Meyzieu
Tél : 72 02 85 67 - Fax : 78 31 69 19

A Marcelle Baty
Avec reconnaissance

TABLE DES MATIÈRES

PRÉFACE

« L'Enfant et la Crèche » est un ouvrage original à plus d'un titre : à l'heure où tant de publications et de documents audiovisuels traitent sous divers angles des premières années de la vie humaine, et dans une organisation sociale qui amène de plus en plus les mères à devoir confier leur bébé à des tiers dès la fin de leur congé de maternité, nous manquions encore cependant d'une étude approfondie portant sur l'ensemble des situations émotionnelles rencontrées quotidiennement tant par les tout-petits que par leurs parents et par le personnel éducatif spécialisé dans ce lieu de vie qu'est une crèche. Le livre de Cléopâtre Athanassiou et Anne Jouvet comble cette importante lacune : qui plus est, il le fait sous un angle et dans un style qui méritent d'être explicités et donnés en exemple.

En effet, cet ouvrage est le fruit de l'étroite collaboration d'une psychanalyste (Cléopâtre Athanassiou) et d'une éducatrice de crèche (Anne Jouvet) qui, au cours de plusieurs années de travail en commun, ont amassé une somme considérable d'observations et de réflexions à leur propos, dans le fil de la vie quotidienne. Ces tableaux vivants, pleins de fraîcheur et de poésie, où s'entremêlent l'angoisse et le plaisir, l'amour et la rage, le drame et le cocasse dans une grande diversité de situations, sont tissés entre eux par une capacité de pensée intuitive d'une grande finesse et d'une extrême pertinence, dans laquelle on retrouve le meilleur de l'expérience analytique personnelle et clinique d'une psychanalyste rompue à la pratique de la cure d'adultes aussi bien que d'enfants. La toile de fond théorique et culturelle ne se laisse deviner qu'à une lecture attentive et orientée, tout en contribuant à l'explicitation si délicate des innombrables situations non-verbales, excellemment décrites d'ailleurs, qui émaillent cet ouvrage.

Dès l'Introduction, les auteurs nous font sentir toute la complexité quasi paradoxale qui existe dans la décision de placer un enfant à la crèche : cette décision qui, en France et à l'heure actuelle, doit souvent être prise dès la conception de cet enfant si l'on veut espérer la voir se réaliser, trouve, dans le langage des parents, des justifications de deux ordres fort différents mais qui toutes, mettent en avant des facteurs sociaux : la crèche est considérée comme une chance donnée au bébé de développer son adaptation sociale au-delà du cercle familial ; mais la crèche, c'est aussi une nécessité en raison du travail de la mère, dans une organisation sociale où prédomine la famille nucléaire et où les grands-parents sont le plus souvent absents, ou encore actifs professionnellement. Toutes ces bonnes raisons n'ont rien à voir avec le « tour de force accompli à la fois par une mère et son bébé, trois mois après l'expérience bouleversante de la naissance, de parvenir à se séparer pour une longue journée de crèche ». A ce moment de la vie, le psychique et le physique sont intimement liés, tant chez la mère que chez l'enfant, et il n'est pas rare que la perspective du sevrage psychique constitué par la crèche amène un sevrage précoce du sein lui-même.

Les auteurs insistent sur l'importance, pour les parents comme pour l'enfant, de reconnaître que les premières séparations constituent « un véritable drame », drame dont elles se proposent de décrire le dénouement progressif. Toutefois, elles insistent sur le fait que la situation n'est pas, il s'en faut, résolue au sortir de la crèche à trois ans. « Pour que les effets de ce drame s'enfoncent dans les profondeurs de la vie psychique sans trop perturber son développement (celui de l'enfant), il ne suffit pas que l'âge s'avance ; d'autres facteurs sont en cause. Nous pensons que ce livre mettra en évidence le principal : le sentiment d'être compris. Si ces pages contribuent à cette fin, le but que nous nous sommes fixés sera atteint : aider les parents à penser leurs enfants ».

Des six chapitres qui constituent ce livre, le premier est consacré aux problèmes de la séparation du matin. Cette situation quotidienne est, en effet, exemplaire du mode prédominant d'aménagement des conflits qui existe entre l'enfant et ses parents. On peut découvrir au fil des observations décrites dans ce chapitre, non seulement les différents écueils rencontrés par les protagonistes de ce drame, mais aussi le rôle, souvent positif, parfois même mutatif, joué par les éducatrices dans ce douloureux conflit. On y constate aussi les différences quantitatives et qualitatives dans les possibilités des bébés comme des parents à remplacer progressivement des défenses « dures » par des attitudes mentales plus souples, dans la mesure où l'existence d'une vie psychique est plus ou moins reconnue au bébé en dépit de son absence de communication langagière.

Le désarroi de l'enfant dans cette situation de séparation frappe les parents au point le plus vulnérable de leur structure psychique, à savoir, au lieu oublié où se sont produites, pour eux-mêmes, leurs toutes premières séparations. En tant que mère, j'ai particulièrement apprécié la délicatesse avec laquelle les auteurs approchent ce problème, sans esprit de jugement, mais en ouvrant aux parents de larges perspectives de compréhension et de remise en jeu de leurs propres conflits d'enfant. Pouvoir maintenir ses capacités de penser d'adulte et les mettre au service de la compréhension de la souffrance de son propre enfant sans y substituer la sienne propre est une tâche bien difficile pour tous les parents. La présence de tiers que constitue le personnel de la crèche peut, selon les cas et les circonstances, constituer une entrave ou une aide pour parvenir à ne pas projeter sur son enfant tout ou partie de ses propres conflits, tout en ne traitant pas ceux-ci par le déni, ce qui amène inévitablement à traiter de même ceux de l'enfant. L'intensité des réactions des enfants à cette séparation est décrite de façon éloquente, mais également les modes de récupération que ceux-ci parviennent à développer avec l'aide, discrète et efficace, des éducatrices, dont le rôle n'est pas de se substituer aux parents, mais bien de favoriser chez le tout-petit enfant les capacités de déplacement et de diversification de ses investissements affectifs.

Les différentes modalités et qualités de régression observées chez l'enfant en situation de séparation sont fort bien décrites, ainsi que leurs conséquences, normales ou pathologiques. Les auteurs insistent sur le fait que la séparation à l'âge de trois mois, même si elle a été bien abordée, demeure de toute façon « une blessure à demi-cicatrisée » et rouverte par toutes les séparations ultérieures (retour à la crèche après les vacances, changement de section, etc...).

L'instauration progressive par l'enfant d'un « objet transitionnel » (Winnicott) sous la forme d'un jouet ou d'un chiffon qu'il apporte chaque jour à la crèche et dont il va se servir pour se consoler de l'absence de sa mère est suivie par les auteurs dans tous ses avatars, en même temps que sont explicités les modes de relation et d'identification que l'on peut comprendre chez l'enfant à travers cet investissement très spécifique.

Le second chapitre est peut-être le plus original de cet excellent ouvrage. Les auteurs y abordent le classique problème de l'apprentissage de la propreté sous maints angles différents, proposant à la réflexion la multiplicité des significations de cet apprentissage pour le développement du sentiment de soi et l'intégration des limites corporelles et psychiques de la personne humaine. La spontanéité et l'éloquence des observations de ce chapitre constituent une preuve en soi de l'importance que revêtent les modalités de cet apprentissage pour la structuration de la personnalité.

Cet apprentissage, qui incombe aux parents, est souvent attribué au personnel de la crèche par des parents qui se trouvent pris dans un conflit infantile mal résolu à ce propos et expriment leur malaise face à la nécessité de maintenir leur autorité d'adulte tout en n'exigeant pas de leur enfant une « obéissance automatique » - à laquelle ils ont peut-être été soumis eux-mêmes, afin de ne pas constituer un « objet de honte » pour leurs propres parents. Pourtant, il n'est pas rare d'observer des parents qui, lorsque leur enfant est devenu totalement propre, se retrouvent frustrés d'un objet de préoccupation et de conflit relatif à leur propre enfance, objet qu'ils avaient inconsciemment projeté sur leur enfant.

Agressivité et excitation sexuelle sont également liées au problème de l'apprentissage de la propreté, problème qui pourrait se résumer en cette formule : « Comment demeurer entier alors que l'on perd quelque chose ? ». Toute intrusion dans la délicate constitution d'un contrôle volontaire et personnel de l'enfant sur ses propres limites corporelles va avoir des conséquences fâcheuses sur la constitution de ses limites psychiques, sur la façon dont il va pouvoir utiliser la possibilité de dire « non », et, par conséquent, sur tout le devenir de son caractère.

Il ressort bien des observations décrites dans ce chapitre que tant que le problème de la séparation de l'enfant d'avec ses parents n'est pas suffisamment travaillé et élaboré par l'enfant et son entourage, l'apprentissage de la propreté va rester aléatoire.

Le troisième chapitre traite du problème de l'obéissance et le quatrième, celui du sommeil. Les auteurs poursuivent là leur investigation des paramètres constitutifs de la personne humaine, permettant par exemple au lecteur de différencier l'obéissance automatique et l'« imitation magique » d'une part, de la véritable intériorisation des interdits, fruit d'une authentique évolution, d'autre part. Comme pour la question du sommeil, il s'agit de la constitution et de la consolidation des limites de la personnalité, tant psychique que physique, telles que ces questions ont été exposées à propos de l'apprentissage de la propreté. Cependant, il est à remarquer que ces problèmes concernent les plus « grands » des enfants de la crèche. Le langage de ces enfants étant plus développé, les observations en seront facilitées d'autant, pour peu que l'on sache, comme les auteurs, écouter réellement ce qui se passe. Le champ social de ces enfants s'est élargi, notamment grâce à leur séjour à la crèche, et le rôle des éducatrices se pose en termes nouveaux.

En ce qui concerne les troubles du sommeil, l'intrication des fantasmes des parents avec ceux des enfants à propos de l'intimité sexuelle parentale vient enrichir et compliquer la problématique du sommeil de l'enfant. La sieste à la crèche peut donner l'occasion d'expériences correctrices dans ce domaine également, lorsque les éducatrices sont conscientes de l'importance des angoisses de l'enfant à se sentir perdre son identité lorsqu'il perd le contact, à l'intérieur de lui, avec la mère nourricière, totalement consacrée à lui, de ses tout premiers mois de vie. En effet, l'enfant investit maintenant d'autres aspects de la personnalité des parents, qu'il cherche à imiter et auxquels il s'identifie tout en éprouvant d'intenses sentiments de rivalité et de jalousie avec eux.

C'est à cette question de la « constitution de l'identité » qu'est consacré le cinquième chapitre de ce livre, qui constitue un véritable feu d'artifice quant à l'aspect pittoresque et extrêmement plaisant des descriptions des jeux des enfants dans lesquels on peut étudier les divers processus d'identification concourant à l'établissement d'une personne à part entière. Le rôle bénéfique d'un certain nombre de processus psychiques de base, telle la projection, est exemplifié de façon fort éloquente. Les différents aspects des processus d'identification et leurs liens avec les diverses formes d'angoisse sont abordés avec beaucoup de pertinence.

Avec le sixième et dernier chapitre de l'ouvrage, la boucle est bouclée ; une première boucle, faite de plaisir et de souffrance, de développements harmonieux et de blocages plus ou moins dommageables pour l'avenir de ces enfants. En effet, ce chapitre traite d'une autre séparation, celle qui a lieu à la fin de l'âge de la crèche, au moment du passage dans un autre autre univers : celui de l'école. Si l'on met cet ultime chapitre en regard du premier de ce livre, il devient possible d'estimer l'immensité du chemin parcouru par un enfant en moins de trois ans : lequel d'entre les adultes qui liront cet ouvrage pourrait se targuer d'avoir accompli une telle évolution en un si petit laps de temps ? Ce n'est pas le moindre des mérites des auteurs de cet ouvrage, que de nous l'avoir fait sentir, je dirais même palper, à travers leurs abondantes observations et la pertinence de leur réflexion.

Sur un plan plus concret, ce chapitre met en évidence l'importance du travail qui peut être accompli par les éducatrices d'une crèche, avec l'aide d'une psychanalyste avertie, pour parvenir à aider enfants et parents à s'habituer à penser les émotions et la souffrance psychique, qualités inhérentes au destin de tout être humain.

En constatant la façon dont le jeu et le langage peuvent être utilisés comme véhicules des relations humaines dans le cadre d'une pensée qui peut anticiper des changements potentiellement traumatisants, on mesure mieux quel trésor de développement nous est proposé dans le fait de pouvoir éprouver et comprendre les émotions qui nous assaillent et assaillent nos enfants. Une fois ce processus engagé d'ailleurs, nos enfants nous apprennent probablement beaucoup plus sur eux et sur nous-mêmes que nous n'avons pu leur apprendre. C'est à cette spirale créatrice que contribue le remarquable ouvrage de Cléopâtre Athanassiou et Anne Jouvet. Qu'elles en soient remerciées par le succès mérité que je souhaite à leur beau livre, parmi les parents, les éducateurs et les psychanalystes.

Florence Bégoin-Guignard

Membre Titulaire de la
Société Psychanalytique de Paris

INTRODUCTION

Mettre son enfant à la crèche est considéré comme un luxe que beaucoup de parents désirent, mais que tous n'ont pas, – fort loin de là – , la chance de s'offrir. Pourquoi donc serait-ce une chance ?

Si nous leur posons la question, il n'est pas une seule des personnes concernées qui ne nous réponde avec l'air d'être pris à la gorge, que c'est le travail qui pousse à cette solution. Où aller ? En qui placer sa confiance ? Certains parents utilisent même leurs relations afin d'obtenir ce mode de garde : le cadre est vaste, le personnel est qualifié, et leur enfant est en contact avec d'autres enfants. Ils sont rassurés en un mot. Notre propos n'est donc pas de discuter la réalité des circonstances qui conduisent les parents jusqu'aux portes de la crèche. Cette réalité existe et sa remise en cause ne serait pas opportune en ce qui concerne la tranche d'âge dont nous nous occupons ici : les enfants ont de deux à trois ans et derrière eux, deux années presque complètes de séjour à la crèche. Toute une étude devrait se consacrer à ce qu'à juste titre nous pourrions appeler le « tour de force » accompli à la fois par une mère et son bébé, lorsque tous deux parviennent, trois mois après l'expérience bouleversante de la naissance, à se séparer pour une longue journée de crèche. Les observations comparées des mères dont le projet est de placer leur bébé le jour, par opposition à celles dont l'intention dès le début, est de rester près de lui et d'accompagner son développement, (au moins durant tout le cours de la première année), ces observations ont montré que, dans le premier cas, à la différence du second, les mères se préparent dès la naissance de leur enfant à la séparation prochaine. Certaines ont été capables de mettre en mots leur vécu : « C'est trop dur de s'attacher bien fort et puis de se quitter si vite ! ».

A cet âge, le psychique et le physique sont intimement liés, tant chez la mère que chez l'enfant, et ceci dans tous les gestes et les contacts qui mettent en présence le corps de l'un avec celui de l'autre. Insensiblement la pensée d'un sevrage psychique précoce entraîne la mère – et parfois son entourage pédiatrique – à glisser vers un sevrage du sein lui-même. S'il est remplacé aussi souvent par le biberon, aux dépens de l'expérience ineffable et ineffaçable que procure la chaleur du sein, c'est que le biberon est un objet commode pour atténuer les angoisses de perte et de séparation : le bébé – mais aussi la mère – le tiennent comme un petit fétiche insensible au temps. Il peut entretenir l'illusion, croit-on, que l'on ne s'est pas tout à fait quitté. Mais s'est-on aussi tout à fait trouvé ? Pour fonder l'expérience d'une perte comme base d'une croissance à venir, un tissu commun de liens noués suffisamment longtemps entre une mère et son bébé est indispensable.

En tenant de tels propos, nous fermons les yeux sur bien des exigences portées par la réalité matérielle de nos vies. Mais l'être humain est ce qu'il est, et les premiers pas de son développement suivent leurs lois propres, lois qui ne peuvent se plier à l'arbitraire de nos emplois du temps. Les yeux qui se ferment sur ces problèmes précoces devront se fermer sur les cicatrices qu'ils laissent en nous ainsi que sur l'état de fragilité où s'ouvrent d'autant plus aisément de nouvelles blessures. Nous voici donc entraînés on le voit, soit à se confronter avec courage à notre faiblesse la plus profonde et aux angoisses qu'elle véhicule, soit à se durcir ainsi que – semble-t-il – la société actuelle nous y engage, même au début de la vie.

Quelques exemples au cours de ce livre montreront que cette pseudo-force est proche d'un état de cassure qu'elle essaye d'autant plus de colmater sans cesse, qu'une telle brisure la laisse sans défense. Nous voici arrivés en effet avec le sujet de ce livre à la fin du séjour que le petit enfant effectue en crèche, et donc avant le départ pour sa première école. Ce n'est plus un bébé et cependant, nous le verrons, l'état de désarroi primitif dont nous avons touché quelques mots est bien près d'affleurer sous le grand garçon de deux ans. Il semble que réside au fond de lui encore le bébé qu'il fut et qu'il est souvent en peine de suffisamment contrôler.

Nous espérons au travers de ce livre découvrir qu'il en est de même – toutes proportions gardées – pour les parents de ce même enfant. Le drame des séparations précoces – nous pensons le montrer – n'est pas une affaire close à trois ans ; loin de là. Pour que les effets de ce drame s'enfoncent dans les profondeurs de la vie psychique sans trop perturber son développement, il ne suffit pas que l'âge s'avance. D'autres facteurs sont en cause. Nous pensons que ce livre mettra en évidence le principal : le sentiment d'être compris. Si ces pages contribuent à cette fin, le but que nous nous sommes fixé sera atteint : aider les parents à penser leurs enfants.

CHAPITRE 1

LA SÉPARATION DU MATIN

Une réflexion sur la manière dont l'enfant et ses parents se quittent le matin, nous conduira, dans les ramifications de ce livre, à une réflexion parallèle sur les enjeux d'une telle séparation. C'est en cet instant de « vérité » pourrait-on dire, qu'émergent ou non les capacités de l'enfant de s'individualiser face au parent, ainsi que les capacités du parent de favoriser ou non ce mouvement. Le temps où l'on se quitte est celui de la mise à l'épreuve de la solidité de ce que nous étudierons au chapitre cinq sous le terme d'identification : de quelle manière l'enfant continue à se sentir entier, à se vivre avec une identité alors que ses parents, qui la soutiennent encore grandement à cet âge, s'éloignent de lui ? Nous avons été conduits à penser qu'une telle épreuve peut revêtir des allures de catastrophe chez un bébé de huit mois, tandis que, faute d'être observée de près, il est possible qu'elle passe inaperçue : le bébé possède un langage que l'adulte a désappris d'entendre. A deux ans par contre, il en est autrement.

C'est à deux ans quatre mois que, par exception, Vincent fait son entrée en crèche au mois de décembre, en pleine section des « grands ». Nous allons voir à quel point une mise en crèche bouleverse le couple « naturel » que forment la mère et l'enfant. La suite du séjour de Vincent dans la section nous aura confirmé pourtant qu'il ne s'agit là, ni d'un enfant particulièrement fragile, ni d'une mère angoissée à l'excès. Vincent est là, dès le premier jour, avec sa maman. Il a été convenu qu'ils viendraient tous les deux passer une heure ensemble le matin durant une semaine, afin d'établir un contact progressif avec le monde de la crèche. Ils arrivent donc à un moment choisi pour la diversité des activités qui sont proposées aux enfants.

Les deux premiers jours, Vincent semble perdu. Il reste accroché à sa mère. Il la suit partout et ne joue pas. Le troisième jour, il accepte de faire de la peinture avec celle-ci. Mais au bout d'une demi-heure, systéma-

tiquement il se dirige vers la porte et sa mère est obligée d'aller le chercher dans le couloir.

Elle est surprise par la réaction de son enfant car il a déjà fréquenté la halte-garderie. Mais elle le sent bien, et elle le dit : il sait que cette fois-ci c'est différent !

Le premier jour où elle entreprend de se séparer de Vincent, la mère est beaucoup moins gaie que la semaine précédente. « Il a vraiment réalisé ce qui se passe ! » dit-elle, exprimant en même temps de la sorte son propre bouleversement intérieur. Elle reste dans la section vingt minutes pendant lesquelles Vincent ne s'éloigne jamais plus d'une distance de deux mètres par rapport à sa mère. Elle s'apprête à partir et dit au revoir à Vincent. Elle a l'air très émue et je lui demande si tout cela lui fait quelque chose. Les larmes aux yeux, elle peut à peine me répondre. Vincent se met à pleurer. La mère s'en va.

L'enfant continue de pleurer, le pouce dans la bouche et serrant contre lui le petit phoque en peluche qui vient de la maison. Il refuse de manger à midi. Il pleure encore au moment de se mettre au lit. Avec les autres enfants, nous parlons beaucoup devant lui, et si possible avec lui de son chagrin. Après vingt minutes de pleurs, il s'endort contre son phoque.

Deux jours plus tard, Vincent pleure encore un quart d'heure quand sa mère le quitte ; il suce toujours son pouce et serre son phoque comme pour garder près de lui l'espoir du retour de sa mère.

Quoi d'autre pourrait en effet lui donner cette certitude ? Il se sent plongé dans un autre univers où sa mère n'existe pas, et Vincent est encore trop angoissé pour apprendre qu'il est possible d'y vivre et même ainsi d'y grandir. La mère, de son côté, est toujours aussi émue au moment du départ. Son existence a changé : elle n'est plus au chômage et doit assumer un nouveau travail de professeur. Dans cette crise que traverse le couple formé par la mère et son enfant, où chacun doit tenter de vivre sans l'autre et pour le profit de chacun, nous verrons qu'un décalage va s'installer : l'enfant devancera sa mère qui ne se relèvera que fort lentement de cette épreuve.

Au bout de quelques jours, Vincent accepte d'être pris dans les bras, à la crèche. Il accepte de la sorte que l'étranger devienne aimant et donc aimable. Depuis ce premier jour d'ailleurs, une petite fille de la section, Barbara, est venue spontanément consoler Vincent. Elle met ses bras autour de son cou, lui caresse la joue. Il semble que Vincent apprécie ces marques d'affection et nous avons profité de la relation qui s'est établie entre eux pour faciliter son adaptation. Barbara, comme une petite maman de son âge, s'occupe de lui, se met près de lui à table, le suit dans la salle de bain.

Nous verrons que dans cette relation – qui, pour Vincent, se substitue à celle qui vient de se briser en partie –, Barbara y trouve son compte. Elle s'assure ainsi d'être assez grande et de posséder en elle assez de sécurité pour mettre à distance et consoler à travers Vincent, l'enfant malheureuse qu'elle fut autrefois et qu'elle n'est pas loin de redevenir encore, parfois.

Après un certain temps, il arrive à Vincent de sourire quand on lui fait des chatouilles. Mais malgré cette légère progression, il refuse encore de manger et dort très peu.

Quand sa mère vient le chercher, il se précipite vers elle, tandis qu'elle court vers lui, le prend dans ses bras et l'embrasse.

Bientôt Vincent tombe malade et ne vient pas à la crèche ; il a une rhino-pharyngite. La mère elle-même couve une légère grippe. Cette double indisposition, qui traduit un niveau de malaise sans mots pour le soulager, signe en même temps un début de guérison ; une résolution dans le corps de cette crise d'où émergeront transformés Vincent et sa mère. Cette dernière est contrariée qu'il manque la crèche pendant son adaptation, doutant peut-être, à cause de cela, de sa possible réussite. Il lui faudrait une preuve continue qu'un échec ne l'attend pas au bout. Mais la crainte de cet échec paraît sous-tendue par un désir parallèle que son enfant demeure encore un moment près d'elle ; un moment de sursis. Le jour où, guéri, il pourrait se rendre à la crèche, la mère le garde chez elle une dernière fois afin qu'il y profite encore du sommeil.

Enfin de retour, l'adaptation s'amorce véritablement. Vincent commence à jouer. Il retire son pouce de sa bouche. Il fait un collage en papier.

Il sourit ; c'est le premier jour où il accepte de manger. De son côté la mère paraît soulagée : elle s'adapte elle aussi à son travail, le premier qui la mette en face d'adolescents indisciplinés.

Mais nous pouvons penser que Vincent l'a aidée en partie à discipliner de la même façon les émotions violentes dont elle se sentait envahie au moment de se séparer de lui. Une des difficultés de cette situation, nous y reviendrons, est d'arriver à discerner ce qu'éprouve la mère de ce qu'éprouve l'enfant. La mère elle-même a souvent bien du mal, si toutefois elle le souhaite, à faire une telle distinction. Dans l'intensité du bouleversement commun qui a secoué Vincent et sa mère les premiers jours où ils se sont quittés, qui pourrait dire où s'arrête le chagrin de la mère à voir s'éloigner son enfant – qu'elle doit continuer de porter psychiquement et fermement dans sa tête en pensant à ce qu'il éprouve –, et où commencent les pleurs d'une enfant qui se réveille en elle : la petite fille d'autrefois, qui pleurait en quittant sa mère comme elle entend Vincent le faire à présent alors que c'est elle, la mère ?

Nous verrons que les parents prêtent à leurs enfants des sentiments ou des réactions qui, souvent, n'appartiennent pas au monde de leur enfant réel, mais à celui de l'enfant qu'ils furent autrefois et qui continue d'exister en eux. C'est de cette séparation-là dont il est question aussi au seuil des sections de la crèche, des petits aux grands. Il est fort difficile pour tous les parents du monde d'accepter que leur enfant soit différent d'eux-mêmes. Tous doivent se plier un jour ou l'autre au travail pénible d'une reconnaissance s'ils veulent permettre à leur enfant de grandir.

Quelques semaines plus tard, la mère de Vincent continue de penser que le fait de la quitter est un drame pour son enfant, alors que celui-ci a suffisamment investi la crèche pour désirer y revenir.

Un matin, comme à l'accoutumée, la mère reste un bon moment dans la section avant de me prévenir, par un signe discret, de son départ. Ne souhaitant pas ce départ clandestin, je m'adresse à Vincent : « Dis au revoir à ta maman ! »

La mère paraît inquiète de la réaction que celui-ci pourrait avoir. Or Vincent vient vers elle, lui sourit et lui fait un « au revoir » de la main.

La mère, surprise, presque déçue, dit : « Ha bon ! » et s'en va.

Chaque matin, la séparation s'effectue de la même façon et garde cette même tonalité affective. La mère semble abattue. Elle traîne, parle des difficultés qu'elle rencontre dans son travail. Elle attend de moi que je la réconforte afin de lui permettre d'affronter une situation, dont elle ne peut me décrire que la face apparente (son travail), tandis que la face cachée se relie au moment présent : Vincent veut bien la quitter, tandis qu'au fond d'elle-même demeure une enfant qui ne veut pas quitter sa mère.

Le père accompagne quelquefois son enfant à la crèche. Comment cela se passe-t-il avec lui ? Vincent ne veut pas toujours le laisser partir. Il peut se mettre en colère, même pleurer à nouveau, et s'enfuir dans le couloir.

Il semble donc que Vincent établisse une différence entre ce qu'il peut dire à sa mère d'un côté, à son père de l'autre. C'est à ce dernier qu'il livre sa colère, parce qu'il craint moins de l'en envahir peut-être, tandis qu'il réserve à sa mère, plus fragile, avec le meilleur de lui-même, la partie la plus « adulte » de lui.

Tandis que depuis quelques jours Vincent garde le sourire pour dire au revoir à son père, il semble ce matin sur le point de ne pas tolérer son départ. Il arrive au père parfois, dans ce cas, de partir très vite sans même dire au revoir à son fils, afin d'éviter toute confrontation avec lui. Aujourd'hui Vincent a le temps de se tourner vers son père pour lui manifester qu'il ne veut pas le quitter. Pensant que ce moment devient difficile et pour l'enfant et pour le père, je demande à ce dernier s'il a amené la petite voiture de son fils, car Vincent adore les voitures. Le père fouille dans ces poches et finit par trouver une moto. Vincent est tout content. Son intérêt se centre sur l'objet. Son chagrin envolé, il dit au revoir à son père qui lui réclame un baiser. Puis il s'en va jouer avec les autres.

La suite de ce chapitre nous permettra d'étudier davantage, au travers de courts exemples, les détails de cette observation. Nous y voyons se dessiner ce que nous trouverons dans d'autres cas à un niveau plus atténué, étant donné l'habitude prise par les parents et l'enfant de se quitter chaque jour de la même façon. Mais le problème de l'individuation de l'enfant n'est alors qu'apparemment résolu : il s'est déplacé sur tous les apprentissages auxquels l'enfant doit se confronter à cet âge ainsi que nous le verrons au chapitre deux.

Il apparaît d'une part, à travers l'observation de Vincent, qu'à cet âge, la séparation d'un enfant d'avec ses parents soulève une crise non seulement chez l'enfant, mais aussi chez les parents et plus particulièrement chez la mère. Il apparaît, d'autre part, que cette crise ne peut se résoudre d'elle-même et que, comme toutes les crises, elle nécessite un travail de la part de ceux qui la vivent pour la dépasser. L'enfant le fait avec ses propres moyens, ses propres défenses ; en ce sens, plus il est petit, plus ses capacités de travail sont réduites et plus ses défenses sont massives, brutales. Ici, on a vu Vincent régresser avec sa mère, ou jouer parfois à plus grand qu'il n'est. Les parents se doivent de travailler eux aussi avec ce que les manifestations de leur enfant leur font vivre et même revivre. Eux aussi peuvent se défendre contre cela.

Le groupe des enfants et le personnel de la crèche ne se tiennent pas en dehors de cet événement. On a vu comment, du groupe, peut sortir une enfant qui aide Vincent à travailler, à reconnaître la perte de sa mère, et à l'en consoler. On a vu aussi le rôle de l'éducatrice prête à moduler les débordements émotionnels de la mère et de l'enfant.

Nous allons tenter, à présent de dégager dans le cadre de la section toute entière, d'abord au niveau des enfants, puis de leurs parents, des enjeux de la séparation du matin.

La plupart des enfants, au bout de quelques mois, sont habitués à leur section. Ils se séparent plus facilement de leurs parents. Vincent nous a introduit dans le monde des angoisses que ces enfants ont dû affronter pour en arriver là. Mais ces angoisses sont-elles réellement dépassées ? Ne sont-elles pas près d'affleurer à la survenue du moindre changement dans la manière dont les enfants sont accueillis à la crèche ? S'il en est ainsi on peut en déduire la fragilité des acquis à cet âge. Et, nous le verrons, ces enfants sont d'autant plus sensibles au changement de leurs habitudes, qu'ils ont été précocement soumis à de semblables perturbations dans la continuité de leur cadre de vie.

Un exemple susceptible de provoquer à nouveau chez les enfants des angoisses rattachées aux premières séparations, alors que nous n'en soupçonnerions plus l'existence chez eux, nous est fourni lorsque l'accueil du matin s'effectue non pas dans la section des « grands », comme à l'accoutumée mais, pour plus de commodité, dans celle des « moyens ». Tous les enfants sont déjà passés l'an dernier par cette section. Son cadre, par conséquent, devrait leur paraître familier. Il n'en est pas ainsi. La maison qu'ils ont quittée n'est plus leur maison. Tout se passerait comme si à cet âge, pour affirmer son sentiment d'être « grand » il fallait éloigner de l'esprit ce qui rappelle qu'on vient d'être petit. Il n'y a pas encore de souplesse possible qui permette de considérer, sans crainte d'y retomber, l'état que l'on vient de quitter. Ces liens ne s'établissent que plus tard et l'on voit parfois un enfant de la maternelle accompagner son petit frère à la crèche et regarder, mi-réticent, mi-attendri la section des bébés.

Ce matin, l'accueil se fait dans la section des « moyens ». Voici trois exemples de réactions que nous étudierons ensuite. Citons d'abord les faits :

1 – Un premier malaise est manifesté par Christophe. Il arrive, accompagné de sa mère et, à peine m'a-t-il aperçue dans la section des « moyens » qu'il se met à pleurer. Chez lui, c'est systématique ; lorsque l'accueil se fait dans la section des « grands », il sait se séparer de sa mère ou de son père sans pleurer. Mais sa réaction est toujours la même chez les moyens : il ne se sent pas en sécurité ; il ne retrouve pas ses jeux ni l'univers qu'il connaît. Cette réaction s'estompe d'elle-même au bout d'un moment.

2 – Avec Ève et sa mère les choses sont plus nuancées.
Nous savons que toutes deux, la mère comme la fille, n'aiment pas être accueillies chez les « moyens ». La mère qui d'habitude est très à l'aise, l'est beaucoup moins dans cette section. Ève est arrivée, comme tous les matins, dans les bras de sa mère. Celle-ci cherche à quoi sa fille pourrait

s'intéresser mais rien ne semble attirer le regard d'Ève. La mère paraît ennuyée quand, soudain, Ève sort un bonbon de son sac. La mère s'écrie aussitôt, soulagée : « Nous voilà sauvées ! »

Pourtant une inquiétude perce bientôt dans sa voix, car elle aperçoit d'autres enfants désirer le bonbon. Je lui propose de partir et l'assure que je réglerai le problème ensuite.

3 – Pour Émilie, passée récemment chez les « grands » et, de plus, intolérante à tout changement il est très dur d'accepter une telle situation. Le père me prévient : « Cela ne va pas être facile ! ». Elle enfouit son visage dans le cou de son père et ne me regarde pas.

Je parle un peu avec le père de la soirée et de la nuit d'Émilie jusqu'à ce que, s'apprêtant à partir, il me tende sa fille pour que je la prenne dans mes bras. Émilie refuse de venir avec moi et me tape au visage. Elle ne veut pas rester sur mes genoux ; je la dépose par terre. Là, elle commence à piquer une colère. J'essaie de la consoler. En vain. Elle refuse d'entendre quoi que ce soit.

L'auxiliaire des « moyens », celle qu'elle a eue l'an passé, intervient alors. Émilie accepte d'aller sur ses genoux et se calme immédiatement.

A neuf heures nous regagnons la section des « grands » et Émilie commence à pleurer. Une stagiaire lui propose de faire de la peinture. Émilie accepte aussitôt, mais au bout de cinq minutes, elle se met à tourner en rond. Elle s'arrête dès qu'on lui propose de venir dans nos bras ou de s'asseoir sur nos genoux.

Ayant remarqué son intérêt pour l'eau et la salle de bain, je l'invite à jouer dans le lavabo. Je reste près d'elle au début et lui parle. Mais elle ne semble pas m'entendre car elle est complètement absorbée par son jeu avec l'eau : elle ne cesse de remplir et de vider son verre. Je la laisse seule. Elle poursuivra la même activité environ une demi-heure ! Pour une enfant de cet âge, ce temps de fixation de son attention est énorme. C'est moi qui lui proposerai de sortir de là pour aller dans la section. Elle se dégage sans problème du lavabo et prend beaucoup d'intérêt à coucher les poupées et les peluches de chacun sur les lits. Elle s'amuse à tirer les draps et les couvertures mais, ce faisant, elle reste toujours en dehors du groupe. Je l'emmène pour qu'elle se joigne à nous au moment des comptines et des chansons. Elle va mieux. Elle ne pleure pas durant le repas, mange avec appétit mais soudain, quand le dessert arrive, elle se met à hurler. Impossible de l'arrêter. Nous comprenons qu'elle n'aime pas les pommes. Quand nous lui disons que nous allons nous occuper d'elle une fois que les autres auront fini leur dessert, elle continue de pleurer, insensible à ce qui n'est pas de l'ordre d'un soulagement immédiat. Je finis par l'appeler ; les pleurs s'arrêtent et nous allons dans la salle de bain lui laver les mains. Une fois dans son lit, où elle se sent encore probablement très seule, Émilie recommence à pleurer. Il faut que je m'assoie à côté d'elle. Elle peut alors s'endormir bientôt. Je m'éloigne de son lit ; elle continue de dormir. Mais je ne dois pas quitter la salle, sinon ce sont des hurlements.

Ces trois exemples, vont nous permettre de considérer trois manières de réagir à un revécu de séparation et de changement. Christophe, dans le premier exemple, nous rappelle comment, chez un enfant dont l'adaptation paraît normale, demeure une blessure, à demi cicatrisée et prête à s'ouvrir à nouveau lorsque les circonstances le replacent dans la situation où elle s'est ouverte. Nous l'avons dit, en perdant sa section, Christophe a perdu l'univers qu'il connaît. Or à cet âge, et ce sera le point que nous dévelop perons dans ce livre, le lieu que fréquente l'enfant, la place où il se sent peu à peu en sécurité finit par être vécu non pas comme un objet extérieur à lui mais comme une partie de lui-même. C'est ainsi que fonctionne massivement le psychisme d'un tout petit bébé dont nous retrouvons les traces à cet âge. En revoyant la section qu'il a quittée depuis quelques mois, Christophe se sent à nouveau vivre une perte sur le mode que nous décrivons. Il n'est pas seulement confronté au changement générateur d'inquiétude dans le rituel d'accueil, rituel qui colmate le surgissement d'un inconnu dont l'idée est trop angoissante, il est mis devant l'obligation de sentir qu'il a perdu quelque chose. Christophe, plus sensible peut-être que d'autres sur ce point, réagit comme nous le voyons. Il est contraint de sentir la perte de sa mère que les circonstances habituelles tendaient à rendre inaperçue. Dans sa section, il pouvait être sûr – comme on l'est du déroulement d'une suite d'événements conditionnés les uns par rapport aux autres –, qu'après le départ de sa mère viendraient les jeux, puis le repas et la sieste, suivie d'autres jeux jusqu'à ce sa mère s'en retourne. Il pouvait y compter, fondant son assurance sur cette succession-là. Qu'un grain de sable s'introduise dans cette machine et voilà tout remis en cause. Il n'est plus sûr de ce qu'il va faire ni dans quelle place on va le mettre, si même encore il a une place. Il en doutait au fond de lui de la même façon lorsqu'il est passé des « moyens » aux « grands ». Et si sa mère, ce soir, ne revenait pas ? Puisqu'un élément du déroulement de sa journée a changé, tout peut changer dans sa vie !

Il est bon, dans ces circonstances, d'essayer de créer pour un tel enfant des « imprévus dosés », de telle sorte qu'il apprenne à assouplir le système sur lequel il fonde sa sécurité et reconnaisse la permanence de son identité malgré, et peut-être aussi grâce à ces changements. Il est bon en même temps que nous soyons lucides sur le travail profond que nous demandons alors à cet enfant d'effectuer.

Avec Ève, le problème est double car elle est « doublée » de sa mère. Nous ne savons pas quelle est la plus désemparée des deux. En effet, chaque matin un rituel s'installe dans un cadre inchangé : elle aime avoir une longue conversation avec l'éducatrice. A celle-ci est donc dévolu le rôle d'aider non seulement la fille à se séparer de sa mère, mais aussi la mère, de sa fille. Qu'arrive-t-il donc quand le lieu de l'accueil n'est pas habituel ? La mère a perdu le cadre qui peut l'assurer qu'elle va se sentir capable de dire au revoir à sa fille. Elle a perdu l'élément qui la soutient afin qu'elle soutienne sa fille. Perdant cela, elle pense être dépourvue de l'imagination nécessaire propre à mener sa fille vers le désir de jouer, c'est-à-dire de rêver aussi. Non, rien ne vient et le regard d'Ève suit celui de sa mère : il est aussi morne que le sien devant un monde où le cadre et l'éducatrice sont confondus et devenus étrangers. On ne peut jouer que dans un cadre familier. Mais ici, la sensibilité d'Ève au désarroi de sa mère ne nous permet pas de dire si elle est, en réalité, aussi désemparée qu'elle ; elle a d'ailleurs cette trouvaille du « bonbon » qui, elle le sent, est propre à rassurer sa mère et donc elle-même par contrecoup. Qu'est-ce donc que ce bonbon ? Il est l'objet qui adoucit les séparations quotidiennes. Il représente en ceci l'éducatrice. Elle a été vécue dans ce nouveau cadre comme non disponible, tandis que d'habitude elle nourrit la mère et forme avec son discours, « ce bonbon », ou l'écoute qu'elle a de la mère, une charnière entre la mère et l'enfant, comme entre le dedans et le dehors de la section. Grâce à elle, la mère entre en contact avec sa propre imagination et le permet aussi à sa fille. Ce rôle est psychiquement dévolu au père s'il accompagne sa femme durant les premiers temps d'une séparation, à condition qu'il en comprenne l'enjeu. Il peut l'aider à surmonter cette épreuve. La mère d'Ève le dit : faute d'un père nous avons un bonbon, mais grâce à lui « nous sommes sauvées ! ».

Si l'on pense à Émilie nous sentons que tout se passe à un autre niveau beaucoup plus dramatique, beaucoup moins malléable. Ce que nous avions perçu chez elle depuis la section des bébés d'immobilisme et d'« allergie » à tout changement, ce qui nous avait inquiétées au point que nous avons décidé de l'aider, se retrouve dans toutes les circonstances qui la confrontent au bouleversement de son cadre de vie. Elle aimait être chez les moyens parce qu'elle n'y bougeait pas et que les auxiliaires étaient les mêmes que celles qui l'avaient accueillie en crèche quand elle avait trois mois. Elle s'est lentement adaptée au passage progressif que nous lui avons ménagé des « moyens » aux « grands ». Les nécessités matérielles liées à l'organisation de la composition des sections ne lui ont pas permis d'être accompagnée par d'autres enfants de la section. Bien qu'elle ait reconnu chez les « grands » de « vieilles connaissances », elle a dû effectuer ce passage toute seule. Or Émilie déteste les « ponts » : elle veut ne pas partir ou bien être déjà arrivée. Que dire alors du souvenir d'un décollement intolérable ? Elle frappe quiconque veut lui faire accepter la chose et l'éducatrice doit se protéger le visage. Elle met au défi de comprendre ce qu'elle désire : elle refuse les genoux mais sur le sol, elle hurle. Si elle ne supporte aucun mot de consolation, c'est que ce mot l'entraînerait à coopérer avec une situation qu'elle veut repousser loin d'elle, au prix même d'annihiler un moment sa capacité de penser. Pour Émilie, tout changement est mauvais et nous craignons bien que ce décret se soit installé durablement dans sa vie psychique : il n'est pas négociable ainsi que chez les autres enfants dont nous avons parlé ou dont nous parlerons. Voilà pourquoi Émilie se calme aussitôt que l'auxiliaire de la section des « moyens » arrive et la prend sur ses genoux : elle peut accepter cela car elle adhère, dans sa totalité, à une situation qu'elle connaît bien : l'auxiliaire des moyens et la section où elle se trouve ne font qu'un. Quand l'éducatrice des « grands » est venue chez les « moyens » elle a représenté pour Émilie – ce qui n'était pas le cas dans la section des « grands » –, la personne détestée qui l'a arrachée à son monde familier. Émilie est incapable d'aimer et de haïr la même personne comme le fond déjà la plupart des enfants de son âge. Elle sépare les deux : l'auxiliaire des « moyens » continue à être aimée ; Émilie ne lui en veut pas de l'avoir abandonnée. Toute la haine qu'elle pourrait lui vouer se reporte pour le moment sur l'éducatrice des « grands ». Changement de section, nouveau collage au cadre : l'apaisement lui est fourni par la répétition infinie de la même activité dont la fonction n'est pas d'élaborer, par un travail psychique, le bouleversement qu'elle vient de vivre, mais de l'assurer au contraire que ce bouleversement peut être annulé, qu'un monde sans surprise existe toujours, tels ces transvidages sans fin, dans le lavabo, aussi réguliers que le tic-tac d'une horloge qui ne tomberait jamais en panne. Confrontée au traumatisme de la « pomme » qui plus qu'un goût désagréable en soi porte avec elle le mauvais goût de la fin du repas, annonciateur pour Émilie de l'existence incontournable de toute fin en ce monde elle pleure à nouveau, comme si elle se trouvait encore sur le sol de la section des « moyens ». Rien ne l'a véritablement aidée depuis. L'adulte dont elle a besoin près de son lit est utilisée comme une présence tutélaire primitive, qui la met en confiance à la limite du physique et du psychique durant son sommeil et à laquelle elle demeure attachée par des fils secrets afin de dormir en sécurité.

Nous voyons donc dans ces exemples, et plus clairement dans ce dernier cas, à quel point demeure encore fragile l'assurance d'une enfant de deux ans et demi et à quel point cela nous mène à considérer les niveaux de développement les plus précoces. Nous négligeons trop souvent de reconnaître en ces derniers la charge émotionnelle qui les sous-tend.

Il est une autre situation propre à révéler la fragilité des acquis de cet âge. Il s'agit d'une rupture d'un autre ordre introduite dans la régularité de la vie de l'enfant. Quand arrivent des vacances, même si elles ne s'étendent que sur une semaine, l'enfant change suffisamment son mode de vie, il investit à ce point une situation où il est en général le seul ou le dernier enfant des parents, il efface tant de sa mémoire le souvenir de tout ce qui le sépare de cet état, que lorsqu'il retourne en crèche, la chute est parfois douloureuse. En ce sens, les retours de vacances nous évoquent la plupart du temps les réactions à la séparation du début de l'année. Mais si la profondeur des émotions éveillées est aussi grande qu'alors, la façon de s'en relever est différente : les liens déjà tissés avec le monde extérieur, le monde de la crèche et les richesses qu'il propose, aident l'enfant à surmonter sa dépression.

Virginie petite fille tout à fait bien adaptée à sa section, vient de passer une semaine de vacances avec ses parents. Le premier jour de son retour à la crèche ne nous laisserait guère supposer qu'il y a eu une coupure dans sa fréquentation. Elle arrive comme à l'accoutumée ; elle est contente : dit au revoir à ses parents. Elle reprend ses jeux comme si elle ne les avait quittés que la veille. La journée se déroule fort bien. Le lendemain, le tableau diffère : à peine sur le pas de la porte, elle pleure, hurle, se jette par terre. Elle ne veut pas être consolée et refuse de jouer. Ève, sa grande copine, auprès de laquelle elle joue tant habituellement qu'on dirait deux jumelles, vient la chercher. Virginie ne veut pas d'elle. Elle trouve une chaise, s'affaisse dessus. D'une main, elle tient sa couche en tissu en même temps qu'elle suce son pouce ; son autre main demeure immobile sur la chaise. Virginie ne pleure plus mais son regard morne, son attitude sans vie sont la marque d'un retrait où elle s'est perdue loin du monde qui l'entoure. Elle reste dans cet état plus de deux heures ! L'appel du repas la laisse indifférente. Nous allons alors près d'elle et lui proposons de s'asseoir à côté d'Ève. Elle ne réagit pas tout de suite. Nous avons pensé qu'elle dirait « non ! ». Elle se tait un moment mais soudain, comme sortant d'un rêve, elle dit : « Ève ? ! ». Elle a le ton de quelqu'un qui retrouverait peu à peu un souvenir heureux. Elle se lève, vient s'asseoir près d'Ève à table et commence à manger. La crise s'est terminée là pour cette journée, ainsi que pour les suivantes.

Que nous montre Virginie dans l'expérience douloureuse qu'elle vient de faire ? Elle nous met en garde tout d'abord de ne pas nous fier à cette apparence de parfaite adaptation, le premier jour de la rentrée. Ce que cache cette surface est tout autre. Ceux qui s'occupent d'un enfant, le leur ou celui des autres, préféreraient quelquefois s'en tenir là et croire que l'enfant ne souffre pas. Ils font ainsi l'économie d'une confrontation avec une émotion douloureuse. Il est des cas où les enfants préfèrent aussi cela. Nous le verrons plus bas, l'entourage de l'enfant, peut le stimuler à ne jamais entrer en contact avec ses émotions.

Virginie, elle, a pu laisser paraître son bouleversement. Mais pourquoi, se demanderait-on à juste titre, cette crise n'éclate-t-elle que le lendemain ? C'est qu'il est nécessaire, ainsi que nous venons de le souligner en partie, que l'expression des émotions, pour advenir, trouve une place qui l'accueille. Or, à son retour dans la crèche, Virginie n'est plus certaine comme elle l'était au départ, qu'une telle place y existe pour elle. Elle doit s'en assurer. C'est le travail qu'elle effectue le jour de la rentrée : elle fait taire ce qu'elle éprouve, au fond d'elle-même ; elle s'enveloppe d'une couche d'adaptation superficielle grâce à laquelle elle maintient sa force et, pendant ce temps, elle observe ce qui se passe autour d'elle. Oui, le lieu qu'elle a perdu est demeuré le même, solide et familier. Elle peut se fier à lui. Elle peut devenir faible. Le lendemain elle y verse sa rage sans crainte que le lieu que cette dernière reçoit, n'éclate avec elle. Elle y tombe, déprimée, sans crainte que tout ne s'écroule avec elle. Elle y rejoue son drame : elle donne à ce lieu, qu'elle investit suffisamment pour qu'il soit par déplacement un représentant de la mère qu'elle vient de quitter, la fureur d'être abandonnée par elle, puis la chute dépressive à laquelle se lie cette reconnaissance.

Le vécu le plus primitif auquel s'attache la perception d'une perte est celui de la chute et la dépression qui s'y associe comme le sentiment de sombrer. Quand les parents sont suffisamment en contact avec ce vécu de leur enfant, il leur arrive de le traduire à leur façon. Il ne s'agit pas là d'une prise de conscience très lucide de ce qui se passe, mais d'une compréhension plus inconsciente du phénomène.

Ainsi, le père de Laura ne s'attarde jamais trop le matin. C'est que Laura vient en général avec le sourire et que la séparation s'effectue normalement. Mais l'accueil se faisant aujourd'hui dans la section des « moyens », Laura pleure. Son père prend alors le temps de réfléchir, de consoler sa fille. Il l'embrasse et lui parle. Il trouve en lui le mot charnière propre à exprimer non seulement le vécu de chute de Laura, lié à la situation particulière qu'elle vit aujourd'hui, mais aussi le moyen de transformer cet état infantile en jeu de son âge.

Le père : « Allez Laura ! Je te fais un baiser et puis toi tu m'en fais un. Et après est-ce que tu ne veux pas aller jouer avec le toboggan ? ».

Laura ne répond pas, pleure encore un peu et se décide enfin. Elle descend des bras de son père et va jouer.

Le mot qui a su transmettre à l'enfant qu'elle vivait la descente des bras de son père comme une chute d'un toboggan, lui a permis de se sentir comprise et, par conséquent, portée encore en elle par les bras paternels bien qu'elle se trouve sur le sol.

Certains enfants ont le besoin de matérialiser cette enveloppe qui les porte comme les bras de son père entouraient Laura. Un mot de leur parent ne leur suffit pas ; ils veulent croire, grâce à un objet qu'il portent autour d'eux, qu'ils sont toujours concrètement enveloppés.

Ainsi Juliette, le matin, en quittant son père ne veut pas retirer son pull. Antoine, un jour où l'accueil se fait à nouveau dans la section des « moyens » s'accroche aux bras de sa mère, pleure et quand il doit partir, veut qu'elle le prenne encore dans ses bras. Or il refuse de retirer ses bottes ; lorsque j'enlève son pull, il pleure à nouveau et se couche par terre contre lui.

Les bottes ainsi que le pull jouent là le rôle d'un substitut d'une fonction maternelle enveloppante : le rôle d'une véritable peau. Enlever à Antoine, à ce moment, la possession de son pull serait vécu par lui comme si on arrachait sa peau.

Émilie, dont nous avons parlé plus tôt, vivait la même angoisse la première fois qu'elle a dû passer de la section des « moyens » à la section des « grands ». Mais, étant donné la fragilité qui la caractérise, c'est sur sa peau elle-même qu'elle porte la marque de cette déchirure. Elle n'a d'autre objet pour représenter cette fonction enveloppante d'une mère qui lui manque, que son propre corps qu'elle commence à gratter. Bientôt son visage se couvre de plaques rouges. Nombre d'affections allergiques de la peau ont la même origine.

Chez Virginie durant son morne retrait, nous ne voyons pas au premier abord de façon aussi évidente qu'il s'agit d'un problème assez semblable à celui de l'enfant qui, perdant sa mère, perd son enveloppe. Et pourtant, ne reste-t-elle pas collée à sa chaise comme au seul objet fiable, au milieu d'un monde nouveau qu'elle ne semble plus voir ? N'a-t-elle pas réduit, deux heures durant, le champ de son existence à la récupération d'une place et d'une fonction qu'une partie d'elle avait vu perdues à jamais : un lieu où poser son corps, (la chaise qui, pour le bébé, dérive des bras maternels) ainsi qu'un point d'ancrage solide, (le pouce qui, pour le bébé, dérive du mamelon dans sa bouche). Durant ce temps de récupération, Virginie ne peut penser à rien.

Ce n'est que lorsqu'elle a l'assurance intime que ces fonctions de base sont bien installées en elle, que se déplacer ne la mettra plus en danger de les perdre, que Virginie peut s'ouvrir aux messages qui lui viennent du monde extérieur et d'abord à la joie de retrouver son amie Ève.

I – Défenses qui permettent à l'enfant de lutter contre la perception de la séparation.

Ces défenses sont des moyens que l'enfant met en place afin d'effacer, pour un temps plus ou moins long, la reconnaissance douloureuse qu'il est séparé de sa mère ou de son père. Ces défenses peuvent être utilisées si fréquemment qu'elles font alors partie de la façon d'être de l'enfant face à toute situation pénible. Si nous ne l'encourageons pas alors à travailler, à parler de sa souffrance, plutôt qu'à l'évacuer dans un oubli sans pensée, l'enfant peut croire que nous-mêmes ne savons guère faire autrement et, par conséquent, il ne peut seul imaginer l'existence du travail intérieur.

Nous avons vu Vincent puis Virginie réagir face à leur souffrance par un repli sur eux-mêmes, lorsque le maintien du contact avec le monde extérieur décevant, devient trop pénible. Souvenons-nous de Vincent serrant son petit phoque contre lui et, le pouce dans la bouche, tentant de recréer avec ses propres moyens l'univers qu'il vient de perdre. Nous avons aussi constaté que cet univers n'est pas celui d'un présent mais d'un passé, déjà, pour cet enfant de deux ans : il ne réagit pas en tentant de travailler avec les acquis de son âge qui lui permettraient de considérer qu'il est maintes fois sorti de telles angoisses. Non. Il se vit alors entièrement comme s'il était le petit bébé d'autrefois et ce qu'il cherche d'abord, ce à quoi il consacre toutes ses ressources psychiques est le retour à la sécurité heureuse de ce bébé-là. Il se donne le chaud contact du petit phoque qui le ramène à la douceur du sein maternel et, le pouce dans sa bouche, il garde l'illusion d'un mamelon qui le comble toujours. Ce faisant, il n'est plus le Vincent de la section des « grands », il est Vincent le bébé !

Telle est la régression, nécessaire parfois, à laquelle l'enfant s'abandonne. N'avons-nous pas d'ailleurs en nous tous, aux divers âges de notre vie, ce besoin d'un retour en arrière, comme si nous voulions nous assurer de la sorte que le temps d'un autre âge est toujours saisissable et que le mot « fin » n'est jamais absolu ? Cette constatation nous aiderait à comprendre l'intensité du besoin de régression qu'éprouve, parfois, un enfant de deux ans.

D'autres enfants, (parfois les mêmes mais à d'autres moments), procèdent différemment pour éloigner d'eux l'épreuve de la réalité : ils en dénient l'existence. Nous allons en donner des exemples mais auparavant voici, parmi tant d'autres, la réaction de Christophe : elle est à mi-chemin entre la véritable reconnaissance du départ d'un parent et le début de son déni.

Christophe a laissé partir sa mère sans réagir. Un bref instant s'écoule ; il va peut-être commencer de jouer quand soudain il s'écrie : « Maman est partie ? !... Un baiser ! ».

Cette conscience après-coup a laissé passer sous silence l'acte de se séparer, alors que dans la réalité il s'accomplissait sans peine. C'est lorsqu'il n'est plus temps de l'entraver mais aussi de l'avoir sous les yeux, que l'enfant se risque à le reconnaître. En ce sens il fait partir son parent au moment qu'il a choisi et le bénéfice qu'il tire de cette petite ruse inconsciente est de croire qu'ainsi, de la même façon, il pourrait contrôler son retour.

D'un autre ordre sont les dénis pratiqués par Stéphane et Benoît qui repoussent dans un temps infiniment lointain et la perception qu'on les quitte et les émotions qu'ils éprouvent alors. *Benoît, pouce en bouche, serrant de son autre main son chien Snoopy se précipite dans la section et bondit vers les jouets. La mère, qui s'est arrêtée non loin de la porte, attend un « au revoir » en vain. Il ne lui accorde plus le moindre regard et ne daigne pas même lui faire un signe de la main. La mère lui lance un « au revoir » timide, mais Benoît ne répond pas. Il joue. La mère attend encore un peu, l'observe et s'en va, nous souhaitant une bonne journée.*

Stéphane, s'il n'est pas toujours aussi actif que Benoît lorsqu'il arrive le matin, présente néanmoins la même attitude profonde de rejet et de ses parents et de ses propres émotions.

A peine dans la section, Stéphane tourne le dos à sa mère. Bien qu'elle s'adresse à lui pour lui quémander un « au revoir », Stéphane ne lui répond pas : il semble ne rien entendre, moins agité que Benoît, mais plus absorbé derrière une barrière qu'il a dressée lui-même entre sa mère et lui. La mère dit d'un ton désolé : « Tant pis ! » et s'en va. Il est arrivé un jour que son père l'appelle dix fois avant que Stéphane ne lève la tête !

Il est vrai, et ce sera le point que nous étudierons plus bas, que le père dépose Stéphane le plus souvent très vite et s'en retourne sans même un « au revoir », lui non plus. Il est donc difficile à son fils de faire entrer dans le champ de son attente ce qui ne se manifeste que rarement chez son père. C'est ce dernier qui lui a fourni, en partie, le modèle de l'attitude à prendre en de telles circonstances. Stéphane l'applique à tout ce qu'il peut et quand sa mère, légèrement différente du père sur ce point, l'appelle à la réalité de son affection, Stéphane lui fait vivre ce qu'on a d'abord imposé à l'enfant désireux de tendresse : à l'éclosion de l'émotion répond le masque de l'indifférence.

C'est une grande loi du psychisme humain et particulièrement du psychisme infantile (car un long travail difficile est nécessaire pour que cela change), que de se débarrasser de tout ce que nous trouvons pénible en nous-mêmes en le faisant porter par les autres. Nous allons y revenir.

Lorsque Benoît se rue vers ses parents, que fait-il ? La violence de son mouvement répond à la force qu'il doit déployer pour éloigner de son esprit ce que d'autres enfants, nous l'avons vu, laissent s'exprimer : la fureur et le chagrin de quitter un parent. Ce serait une erreur de penser que cela ne couve pas sous les apparences de Benoît et de Stéphane. Ce ne sont pas de petits glaçons. Non, mais ils dénient sentir ce qui les bouleverserait trop et qu'ils tentent de faire éprouver aux autres. Voilà pourquoi souvent, lorsqu'on s'adresse avec tendresse à de tels enfants, ils vous répondent avec ce même masque d'indifférence que représente pour Stéphane son père au moment du départ. Mais ils comptent en même temps sur la déception, le désappointement que leur attitude nous fait éprouver (quand ce ne sont pas des émotions plus violentes) et qu'ils observent sous leur masque, pour s'assurer que leur sensibilité (quoique portée par quelqu'un d'autre) est toujours vivante. Tout cela se fait spontanément sans que l'enfant ni nous-mêmes ne nous en doutions, car ces mécanismes inconscients ne sont pas pensés. Nous ne pouvons d'abord que les observer afin de n'en être pas victimes et, cette reconnaissance accomplie, nous pouvons tenter de les transformer. Mais le plus gros du travail est la prise de conscience de ce qui se passe. Elle seule nous permet en un premier temps de ne pas réagir immédiatement en fonction de ce que l'autre met en nous de lui-même, mais au contraire d'arrêter le processus et de commencer à penser. Si nous ne le faisions pas, (et la plupart des adultes le font quand ils sont capables d'agir en adultes), nous serions comme ces aveugles dépeints par Breughel, se suivant les uns les autres, victimes de réactions en chaîne. Les enfants de la crèche nous en donnent un magnifique exemple. L'issue en est moins dramatique que sur le tableau ou lorsque les adultes se comportent en enfants, mais les mécanismes de base ont une origine commune dans le psychisme infantile.

Stéphane, accompagné de sa mère, entre un matin dans la section, deux doigts enfoncés dans sa bouche, comme s'il ignorait ma présence. « Bonjour Stéphane ! ». Il ne répond pas et ne manifeste rien. Il se dirige vers les autres enfants, cuirassé comme à l'accoutumée contre la perception qu'il vient de quitter sa mère. Soudain François le bouscule. Il ne réagit pas. François l'atteint une seconde fois. Stéphane alors réagit et se met à pleurer. Il tourne les yeux vers sa mère, indifférente. J'interviens pour demander à François d'arrêter. Stéphane cesse de pleurer et, quelques secondes plus tard, il va pousser Charlotte qui ne lui a rien fait, de la même façon qu'il fut bousculé par François.

Un autre jour nous voyons Julien passer près de Jean-Baptiste qui ne lui a rien fait et le pousser par terre. Jean-Baptiste se relève et se dirige vers Stéphane en train de jouer, tout innocent, sur une balançoire. Jean-Baptiste le force brutalement à descendre. Stéphane pleure tandis que Jean-Baptiste prend sa place. Aussitôt que Stéphane aperçoit Vincent, petit nouveau « sans défense », en train de s'amuser sur son canard, il s'arrête de pleurer, jette Vincent à bas de son canard et s'empare de ce dernier. Vincent lui, ne pouvant trouver quelqu'un de plus faible que lui sur qui projeter ce qu'il vient de subir, forme le dernier chaînon, désespéré, de cette suite d'agressions. Il demeure immobile au milieu de la pièce, pas plus capable de demander une aide que de se défendre lui-même. Et le combat finit faute de combattants.

Ces séquences dramatiques sont le lot courant de la vie en crèche, du monde des « petits » à celui des « grands ». L'aspect sombre du tableau qui se dessine à partir d'elles, tient à ce que l'adulte capable d'introduire une autre dimension dans ce monde sans pensée, n'y a pas pénétré. Nous voyons alors à quel point ces phénomènes de groupe concrétisent le fonctionnement d'une mécanique qui tourne sur elle-même.

Si nous examinons, pour revenir à notre premier exemple, le comportement de Stéphane nous voyons que lui aussi, avec la régularité d'une mécanique quitte chaque jour sa mère avec le même déni de son existence, moyennant quoi il s'imagine être la personne forte. Mais voilà que François fait un trou dans ce système : il bouscule Stéphane. Un adulte pourrait le faire à sa façon, de telle sorte que l'enfant soit ramené à la conscience de la réalité qu'il dénie. Cet adulte devrait alors contenir les réactions de l'enfant pour permettre à celui-ci de comprendre qu'il est possible de travailler avec ce que l'on vit plutôt que de chercher à l'ignorer aussi massivement. Le rôle de l'adulte est de montrer à l'enfant qu'il n'est pas dangereux de penser et de lui donner, pour ce faire, peu à peu le soutien de sa propre pensée. Or, que font les parents de Stéphane et, là, sa mère en particulier ? Elle le regarde, impuissante à trouver en elle le message attendu par Stéphane. Le père de Laura, nous l'avons vu plus haut, avait trouvé en lui la métaphore du « toboggan » pour soulager sa fille en son moment d'angoisse. La mère de Stéphane elle, ne trouve rien. Nous le verrons plus tard, elle est trop terrifiée pour donner une autre interprétation que physique au déroulement des choses. Devant ce mur, Stéphane ne sait que faire de sa souffrance. Il avait réussi à l'envelopper lui-même dans la forteresse de son déni quand, par un coup de malheur, François y a fait une brèche. Stéphane, qui ne faisait qu'ignorer et non méconnaître la présence de sa mère, se tourne vers elle. Mais ne rencontrant derrière cette présence que le vide d'une absence, celle de la compréhension de ce qu'il éprouve, il ne lui reste qu'une solution devant cette impasse : n'ayant pas trouvé en lui la force de digérer ce choc, il ne peut que l'évacuer et nous le voyons frapper Charlotte de la même façon qu'il fut lui-même frappé : Charlotte représente alors, avant tout, la partie faible et souffrante de lui-même. La voyant pleurer, il s'assure qu'il continue d'être le puissant dominateur de ses émotions, que c'est aux autres d'éprouver celles-ci, tandis que lui peut retourner à son « indifférence » et à sa pseudo-surdité. Nous avons vu l'induction en chaîne d'un tel mécanisme. Il se termine dans le cœur du petit Vincent. Incapable de donner un sens à ce qu'il éprouve, il est frappant de constater qu'il est aussi incapable de chercher un adulte qui lui donne ce sens. Il est étonné, rendu stupide par ce coup dont l'origine, il le sent bien, ne peut être saisie et dont l'issue, par conséquent, ne peut trouver d'autre objet qu'un maillon d'une chaîne. Vincent, dans son attitude, montre qu'il en est la solution de continuité.

Lorsque l'enfant travaille cette épreuve de la séparation du matin, ou plus profondément toutes les épreuves qui le mettent en contact avec la perte de ce qu'il considère comme lui appartenant, il est un processus qui s'éveille dans l'enfant, que l'adulte ne lui a pas appris et qui se concrétise dans l'existence d'un objet que l'on appelle « transitionnel ». Qu'est-ce qu'un tel objet ? Il est utilisé en général depuis les premiers mois de la vie et il a servi depuis ce temps à accompagner l'enfant dans tous ses moments difficiles, ces moments où il aurait voulu que sa mère ne le quittât pas au dehors tandis qu'il ne pouvait pas encore bien la retrouver au dedans de lui. La présence de son nounours pour s'endormir lui confirme, par sa douceur, que sa mère n'est pas totalement absente et qu'il est capable d'en conserver certains éléments près de lui. Cet objet transitionnel lui permet ainsi d'accepter l'épreuve de la réalité : sa mère et lui ont des existences séparées puisque chacun a ses besoins à satisfaire, non pas totalement dans l'autre mais aussi en dehors de l'autre. L'objet transitionnel est un relais permettant d'accepter cette loi. L'enfant qui ne s'en sert pas comme d'un fétiche, sait que son nounours ne remplace pas vraiment sa mère. Mais il a sous les yeux et contre sa peau l'évidence qu'il est toujours dans sa mère aussi bien que sa mère est en lui. Il sent que cette expérience ne s'est pas abruptement terminée et que sa mère, dans la mesure surtout où elle peut comprendre ce qui se joue là pour son enfant, va venir l'assurer que ce petit objet se ressource toujours en elle. Peu à peu l'objet transitionnel est absorbé dans le Moi de l'enfant qui en vient à jouer le rôle de la mère vis-à-vis de son bébé-nounours. Lorsque l'intégration de cette période où l'enfant est mêlé à sa mère est accomplie, l'enfant laisse enfin cet objet : il n'est plus en train de transiter hors de sa mère ; il est dehors.

Le temps de la séparation du matin, à la crèche, est celui par excellence où les enfants s'aident de l'apport de leur objet transitionnel actuel. Certains apportent leur nounours, une couche en tissu, une poupée. Dans l'ensemble, les enfants prennent toujours le même objet. Nous allons voir bientôt que cet objet est laissé sur le sol lorsque l'enfant, pénétrant dans le jeu de la section, est pris par d'autres intérêts. Mais en général, lorsqu'un autre enfant voit que ce genre d'objet, qui n'est pas à lui traîne, abandonné, il ne s'en empare pas pour lui-même ; il le rend à son propriétaire.

Christophe vient de prendre son phoque des mains de Vincent, qui est un petit nouveau. Vincent proteste légèrement et Christophe, qui garde le phoque quelques instants, se décide à le lui rendre. Mais maintenant Christophe va prendre la poupée de Virginie, la grande copine d'Ève. Virginie se met à pleurer et réclame : « ma poupée ! » Ève intervient. Elle fonce sur Christophe et lui arrache des mains la poupée qu'elle remet aussitôt à Virginie. Christophe ne dit rien.

Ceci montre à quel point les enfants perçoivent le caractère intime d'un objet qui porte l'identité même de celui à qui il appartient. C'est ce point qui fait que l'objet transitionnel est très peu l'objet d'un vol. Vole-t-on l'identité de quelqu'un de cette manière-là ?

A la crèche, nous avons d'autres occasions d'observer le recours de l'enfant à son objet transitionnel. Lors de l'apprentissage de la propreté, par exemple, il est fréquent que l'enfant aille sur le pot avec son nounours en suçant son pouce. Nous verrons au chapitre suivant qu'un tel apprentissage met l'enfant à l'épreuve aussi de la séparation de quelque chose qui lui appartient, et qu'alors l'assurance d'une permanence lui vient encore de la présence de son objet transitionnel.

Antoine, ainsi, au lever de la sieste va sur le pot en emportant avec lui sa tétine dans sa main. Il la tète pour s'aider à accepter de nous laisser son urine dans un pot au lieu de se trouver en contact continu avec une couche.

L'objet transitionnel sert de consolation dans toute situation où l'enfant souffre, quelle qu'en soit la raison.

Charlotte se réveille en pleurant à la sieste. Je lui demande ce qu'elle a et elle me répond : « Je veux maman ! ». Elle se lève alors pour aller faire pipi et ne manque pas d'emporter avec elle sa poupée qui vient de la maison.

Nous voyons là que dans une situation où la présence de l'éducatrice n'était pas suffisante pour la consoler du cauchemar subit qu'elle vivait peut-être, Charlotte a su avoir recours à sa poupée qui représentait pour elle alors, mieux que l'éducatrice, sa mère qu'elle craignait de perdre.

Au réveil, quel qu'il soit, celui de la sieste ou celui du matin, l'enfant doit se séparer du monde dans lequel il a plongé et qui lui a permis de dormir. Nous reverrons cela lorsque nous parlerons du sommeil. Ce monde est fait d'une enveloppe semblable aux bras de la mère qui tenait autrefois son bébé en sécurité près d'elle. Quitter cet univers, quel que soit notre âge, n'est pas toujours chose aisée. Aussi l'enfant qui utilise encore un objet transitionnel s'en sert-il de façon privilégiée à ce moment-là : de même qu'il a quitté le monde de la réalité en s'endormant près de lui, de même il s'aide à sortir de la régression du sommeil en retrouvant son cher nounours qui ne l'a pas quitté et qui l'assure, ainsi, qu'un fil continu se tend du sommeil à la veille et de la veille au sommeil.

Ève vient tous les matins avec sa couche en tissu et son bisounours. Le bisounours est parfois remplacé par d'autres jouets, mais l'élément indispensable est la couche en tissu. Elle vient de se réveiller. Son premier geste est d'approcher le bisounours de son visage. Elle lui touche le bout du nez et lui parle : « Tu viens ? ». Elle le prend dans ses bras et pose sa tête sur lui très affectueusement.

Christophe, lui, vient le matin avec un chat. Au réveil, il ne le prend pas. Il a pourtant besoin de l'avoir sur son lit à la sieste. Mais il n'a pas le contact affectif qu'a Ève avec son bisounours. La présence du chat sur son lit lui suffit.

On voit déjà dans ces deux exemples que la qualité et la forme que prend la relation avec l'objet transitionnel, sont assez semblables à celles du lien que la mère a avec son enfant. Nous avons assisté souvent lors des séparations du matin au déchirement de la mère d'Ève qui, se décollant si douloureusement de son enfant, obligeait celle-ci à la mettre dehors. Ève rejoue avec son objet transitionnel la chaleur presque étouffante de cette relation. Le contact physique est très important pour elle car il l'est pour la mère. Cette dernière, tous les matins, porte sa fille dans ses bras depuis la porte de sa maison jusqu'à la crèche. La lente transition qui va du contact immédiat d'avec l'objet réel jusqu'à l'éloignement de ce dernier s'effectue aujourd'hui grâce à un panier, offert par Virginie avec des feutres et des bonbons dedans, ainsi que grâce à un livre. La mère discute, s'occupe de sa fille, lui fait parler de son livre, de ses feutres. Ève vient la chercher pour lui montrer un jouet. Toute la situation vécue entre la mère et l'enfant à l'intérieur de la crèche est une situation transitionnelle où les jouets ne sont là que pour soutenir et presque garder en mémoire, le lent adieu qui se noue entre la mère et l'enfant.

Au moment de partir, la mère dit au revoir et s'adresse à sa fille : « Tu vois, tu as trois mamans ! (elle me désigne ainsi que deux auxiliaires). Vous avez trois mamans pour aujourd'hui ! six enfants ! C'est une bonne moyenne ! Meilleure que la moyenne nationale ! Allez, je me décide à partir. Bonne journée à tous ! ».

Nous comprenons mieux le traitement qu'Ève fait subir à son objet transitionnel, au réveil, lorsque nous voyons la mère traiter de la sorte une situation de transition : elle ne peut quitter son enfant que lorsqu'elle a l'assurance que l'écart entre sa présence et son absence s'est amenuisé au maximum à l'aide de tous les objets substitutifs qu'elle lui a fournis afin de supporter son absence jusqu'au soir. Elle tente de combler l'enfant et de se persuader qu'elle aura plus d'objets que sa présence même ne lui en offrirait : « trois mamans ! ». Cet excès n'empêche pas, malgré tout, l'enfant d'utiliser son objet transitionnel pour ce qu'il est : celui qui aidant à supporter une séparation, la rappelle. La mère d'Ève n'est donc pas parvenue à faire oublier, fort heureusement, cette dernière.

Comparons encore une fois le climat de cette séparation avec celui que fait régner le père de Stéphane.

Stéphane marche devant son père et ne se retourne pas pour entrer dans la section. Je demande au père si le week-end s'est bien passé. Le père me répond que son fils tousse un peu ; il ajoute que son fils est gentil et ne dit plus rien. Le père est incapable de parler de son fils, de dire ce qu'il a fait durant le week-end. Il ne s'adresse jamais à lui, ni ne le fait entrer dans la discussion. Dans ce contexte, c'est moi qui ai dû demander au père de Stéphane de lui donner un objet venant de la maison. Le père l'a fait mais comme s'il obéissait à un ordre et sans comprendre l'intérêt que présente ce jouet pour l'enfant. Plus tard, il sera fort surpris d'apprendre que son fils joue avec son ours à la crèche. « A la maison, il ne s'y intéresse pas ! Il est posé par terre, il ne s'en occupe pas ! » dit-il, définissant sans le savoir la fonction de l'objet transitionnel, qui est d'être utilisé précisément lorsque la maison ou la maman n'est plus là !

Quand je m'adresse à Stéphane afin qu'il dise au revoir à son père, il ne manifeste rien. Le père me dit que cela a déjà été fait ; en deux minutes ! Quand Stéphane utilise son objet transitionnel à la crèche, il le fait de façon compulsive et prolongée comme s'il recherchait au dedans de lui ce dont son père ne l'a pas doté : l'affection mise en lui au moment de la séparation.

L'objet transitionnel, pour remplir vraiment sa fonction, doit avoir été d'abord porteur de ce que l'objet réel, le parent, comprend de l'enfant. Tandis que chez Ève cet objet est surchargé de valeur transitionnelle, nous voyons que chez Stéphane il en est presque dépourvu, dans l'esprit du père du moins. C'est paradoxalement dans ce cas que l'enfant va s'accrocher à cet objet, comme s'il était un fétiche ; plutôt que de s'aider de la sorte à quitter son parent, l'enfant veut réellement remplacer un parent qui ne sait pas s'éloigner de lui.

L'objet transitionnel, pour conserver sa fonction de pont entre le dedans et le dehors, entre le parent ou la maison et l'enfant, doit faire le trajet de l'un à l'autre. C'est ce que ne comprenait pas la mère de Julien :

elle voulait que le jouet de son fils reste à la crèche par crainte de l'oublier à la maison. Elle ne voyait pas que le petit chien qu'apportait son fils tenait sa valeur du fait même qu'ainsi, il apportait en partie la maison à la crèche chaque jour. Nous observons couramment d'ailleurs que les enfants dont le jouet ne fait plus cet aller-retour ne se servent plus de lui à la crèche : ils l'abandonnent dans un coin. Il n'a plus de signification pour eux.

Ce jouet remplit parfois la fonction de véritable calmant. Ainsi, alors que je viens de gronder Ève, elle me réclame tout de suite sa couche en tissu. Dans l'instant elle se sent calmée et consolée. Cette couche, toute imprégnée de son odeur la rassure de pouvoir encore être aimée après qu'elle ait été grondée par moi.

On voit donc qu'à travers cet objet, c'est une assurance d'amour interne que l'enfant recherche et retrouve. Au fur et à mesure qu'il va grandir il pourra retrouver cette assurance sans qu'il soit nécessaire qu'un objet extérieur vienne la lui confirmer. Mais là encore, le passage est lent et progressif et nous assistons à des retours en arrière dans des moments de fragilité et d'incertitude.

Ainsi Barbara avait apporté il y a quelques mois un « bonhomme » en tissu : c'est le surnom qu'elle donnait à son objet transitionnel. Quand elle avait du chagrin, elle nous le réclamait. Elle s'endormait en le tenant dans ses bras à la sieste. Le bonhomme est resté à la crèche et, petit à petit, Barbara ne l'a plus réclamé. Certains jours, Barbara apporte une poupée ou un autre jouet dont elle ne se souvient qu'à la sieste.

Ce matin, la séparation a été difficile. Ce n'était pas comme d'habitude : d'une part, c'était son père et non pas sa mère qui l'accompagnait et, d'autre part, l'accueil se faisait dans une autre section, celle des moyens. Durant toute la matinée, Barbara a montré son chagrin. Au moment de la sieste, je ne lui ai pas donné son « bonhomme » puisque cela faisait un bon moment qu'elle ne me le réclamait plus. Mais aujourd'hui, elle me le fait remarquer : « Tu ne m'as pas donné mon bonhomme ! ». Je le lui donne et elle le serre tout près d'elle en le tenant par la main.

On voit donc ici que Barbara, qui était sur le point de perdre contact avec son objet transitionnel, a eu soudainement besoin de la réassurance qu'il apporte lorsque la situation dans le monde extérieur s'est présentée sous un jour plus frustrant pour elle que de coutume. C'est au dedans d'elle-même, alors, qu'elle n'a pas été en mesure de trouver la compensation dont la privait la réalité externe. Son cher « bonhomme », ce n'était pas seulement dehors, au moment de la sieste, qu'elle en sentait l'absence c'est au dedans d'elle-même qu'elle ne pouvait plus le saisir afin de s'endormir dans ses bras en toute confiance.

Nous voyons donc bien là qu'à cet âge, lorsqu'une perturbation intervient dans la réalité externe du monde de l'enfant, une semblable perturbation surgit dans son monde interne, tant ces deux mondes s'interpénètrent encore. Cet âge est un âge transitionnel.

Peu à peu cependant l'enfant laisse son petit objet. Il semble qu'il le fasse en considérant cet objet comme un enfant en lui-même, à qui un parent parlerait.

Ainsi Virginie, qui se sépare assez rarement de sa couche et de sa poupée, voit une auxiliaire gonfler des ballons. Elle s'adresse alors à sa poupée et lui dit : « Tu veux un ballon ? Allez, viens ! » Et elle se dirige aussitôt vers l'adulte.

De là, l'enfant passe à une attitude où il peut faire don à quelqu'un d'autre de son objet transitionnel, projetant dans les autres l'enfant dans le besoin qu'il sentait au fond de lui.

Ainsi, Laura qui arrive un matin avec trois foulards : un pour Lisa, un pour Christophe et un pour elle. Elle prévoyait que chacun s'endorme avec un foulard à la sieste. C'est effectivement ce qu'elle a fait.

Après le départ de son père, Virginie est triste. Elle va s'asseoir dans un coin, le pouce dans la bouche. Elle tient en même temps sa couche en tissu et sa poupée allongée sur ses genoux. Elle reste ainsi un bon moment sans bouger. Puis, me voyant lui sourire, elle baisse la tête dans un premier mouvement comme pour se cacher. Mais bientôt elle se lève d'un bond et vient vers moi me donner sa poupée. Celle-ci étant nue, je lui demande où se trouvent ses habits. « A la maison » répond-elle. Voilà le contact établi et Virginie s'en va jouer avec les autres enfants.

Nous voyons donc là que, grâce au support de l'adulte, l'enfant a été à même d'abandonner son objet transitionnel dont il se servait encore, afin de panser la blessure de la séparation du matin. Mais la sécurité maintenant est retrouvée plus rapidement qu'au début. L'enfant est en outre fort attiré aussi par les jeux de son âge, la communication avec les autres enfants. Il souffre lorsque le chagrin de quitter son parent le prive de tout cela.

A ce moment, Virginie a utilisé l'éducatrice comme celle qui pouvait tenir en dépôt, avec son objet transitionnel, toute l'affection qu'elle lui porte, afin qu'elle puisse aller vivre avec les autres comme elle le désirait malgré tout. Cette attirance vers les autres et vers le futur de son évolution doit être considérée comme un moteur du développement de l'enfant : on le constate chez Virginie qui laisse derrière elle et son passé transitionnel et l'adulte pour aller jouer.

Dès l'arrivée du matin d'ailleurs, le spectacle des autres enfants déjà en train de jouer dans la section constitue un attrait contrebalançant le chagrin de quitter son parent. Tel est Laurent qui, tandis qu'il tient sa couche et son nounours dans ses mains, laisse le tout en apercevant les petites voitures qu'il adore. Il dit « Oh ! » et se précipite vers elles. Quand les enfants aperçoivent un jeu ou un jouet qui les intéresse, ils viennent vous confier leur jouet personnel ou le posent sur la table. Ils gardent ainsi en eux l'idée que quelqu'un d'autre le porte à leur place. C'est de cette façon qu'il nous quittent.

Après tout ce travail avec son objet transitionnel et la situation transitionnelle qu'il porte, l'enfant est davantage capable de quitter son parent sans drame, tout en étant présent à la séparation. La plupart des enfants en sont là au bout de quelques mois passés dans la grande section.

Ils se comportent à peu près comme Laura qui arrive avec son père. Celui-ci dit : « bonjour », nous parle un peu puis, s'adressant à sa fille : « Je m'en vais », conclut-il. Elle l'embrasse, le regarde partir et s'en va jouer avec les autres. Dans la journée quelquefois, il est des occasions de revivre ce moment du départ, mais les situations sont déplacées sur d'autres personnes et, par conséquent, sont rejouées sans le drame initial qu'elles portaient.

Antoine, grand amateur de « bisous », quand il voit une stagiaire s'en aller vers la fin de l'après-midi, se souvient et du moment où il a quitté sa mère, le matin, et de celui où elle va revenir le chercher bientôt. Il s'approche de la stagiaire et lui dit : « bisou ! ». Celle-ci l'embrasse et je lui fais remarquer que, depuis quelques temps, Antoine va de plus en plus vers les adultes et leur réclame un baiser, surtout au moment d'un départ. Julien, allongé par terre, le pouce dans la bouche, m'a entendue dire que Antoine aimait les baisers. Il me demande :

« Et toi, tu adores les baisers ? ».

Moi : « Oui, j'adore les baisers. Et toi ? ».

Julien : « Moi aussi j'adore les baisers ! ».

C'est ainsi que se termine, dans un baiser, la longue élaboration transitionnelle de la séparation.

II — Les réactions des parents

Les parents dont nous décrivons ici les difficultés plus ou moins grandes à comprendre leur enfant, pourraient être nous-mêmes. En effet nous ne bénéficions que du privilège du recul grâce auquel nous pouvons observer les enfants des autres. Que nous devenions parents à notre tour, ce n'est qu'au prix d'un gros travail que nous pouvons retrouver cette clairvoyance nous permettant de nous voir nous-mêmes face à nos propres enfants. Si le métier de parent ne s'apprend guère dans les livres, il ne s'apprend pas beaucoup mieux avec d'autres enfants que les siens. Aussi n'est-il guère question, dans toutes nos observations, de jugement vis-à-vis des parents eux-mêmes, mais d'un essai de compréhension de leur comportement face à leur enfant ainsi que des conséquences qu'il entraîne dans l'attitude profonde de celui-ci. Tout désireux que soit un parent de se modifier, il ne peut éluder cette étape-là. De nombreux parents, à l'aise dans certaines circonstances avec leur enfant, ne le sont pas dans d'autres selon que l'attitude de l'enfant réveille ou non en eux de vieilles blessures, jamais tout à fait fermées dans certains secteurs de leur vie psychique.

Nous aimerions centrer notre propos, en ce qui concerne les parents, sur deux aspects correspondant à ceux que nous avons soulignés chez l'enfant face aux angoisses de séparation. Nous avons vu qu'il pouvait se sentir à ce point envahi par elles que, soit il régressait, soit il les déniait. Nous avons pensé retrouver cette double attitude chez les parents eux-mêmes. Mais n'oublions pas non plus que, de la même façon que nous avons vu les enfants travailler à dépasser leurs angoisses, de même voyons-nous des parents travailler aussi à les y aider.

Le père de Laurent est quelqu'un de très affectueux avec son fils. Il est capable d'être à l'écoute des émotions de ce dernier sans s'en sentir envahi lui-même. Alors que ce n'est pas son habitude Laurent, ce matin, n'est pas trop décidé à venir. Il reste près de son père. Celui-ci se dirige vers la sortie mais Laurent le suit, collé à ses jambes. Son père s'arrête, considère son enfant, lui parle et l'embrasse. Il reconnaît ainsi son angoisse et Laurent sent que cela n'angoisse pas son père mais l'attendrit sincèrement. Aussi, quand son père lui dit que maintenant il peut y aller, et lui montre la section où je l'attends, il entre en ouvrant les bras pour que je le prenne. Au bout de peu de temps, l'étreinte se desserre et Laurent va jouer.

Lisa non plus n'est pas ainsi d'habitude : elle se cramponne, un livre à la main, dans les bras de son père. Elle ne regarde personne. Je m'approche d'elle et lui propose de venir dans mes bras. Elle refuse. Son père décide alors de l'emmener un peu plus loin. Il reste là un moment, au bout duquel je vois Lisa venir tranquillement vers moi toute seule, sans toutefois souhaiter que je la prenne dans les bras. Elle a décidé d'être « grande », et quand son père lui dit au revoir de la porte Lisa ne se retourne pas.

Nous observons que, dans ces deux exemples, le père sait modifier son comportement habituel pour considérer l'angoisse de son enfant. Dans les deux cas, l'enfant perçoit qu'il est compris. Le père, avec son intuition, transmet à l'enfant un double message : il est un parent pas plus effrayé par l'angoisse de son enfant que par la défense que ce dernier peut utiliser contre elle. Le père incite même son enfant à utiliser modérément cette défense en demeurant près de lui. C'est ainsi que l'attendrissement du père de Laurent, lorsqu'il embrasse à nouveau son fils sans que ce soit un moyen de le pousser vers la section, transmet à Laurent l'assurance qu'il n'est pas seul : son père l'accompagne psychiquement, non seulement en tant qu'adulte qui reçoit sans en être ébranlé le désarroi de l'enfant, mais aussi en tant que personne capable de régresser un moment comme son enfant sans avoir la crainte que tous deux ne remontent jamais la pente. C'est en entrant au fond de lui-même en contact avec un petit enfant désireux de prolonger une vie de bébé, comme Laurent le voudrait ce matin, que le père indique à ce dernier qu'il n'est pas dangereux de régresser un peu puisqu'il l'accompagne en partie dans ce mouvement. Laurent est alors capable de retrouver avec confiance l'éducatrice : il sait qu'elle aussi peut accueillir cette régression ; il n'a pas besoin de s'isoler pour cela. Voilà pourquoi, une fois le pont établi entre un parent et une éducatrice qui tous deux accueillent sa souffrance et sa lutte contre elle, Laurent peut se reprendre lui-même et vivre sa vie d'aujourd'hui. Le père de Lisa transmet à son enfant les mêmes messages, quoique la forme de la défense soit différente. Elle s'est aussi sentie accompagnée par son père dans son désarroi : au lieu de pousser sa fille vers l'éducatrice et lui transmettre ainsi qu'il ne peut accepter ce qu'elle éprouve, il veut bien au contraire faire bloc avec elle un moment contre l'éducatrice. Tous deux tournent le dos à l'éducatrice. Grâce à cette compréhension profonde de l'angoisse de l'enfant par son père, Lisa peut lui tourner le dos ainsi qu'à son éducatrice sans que cette défense ait le caractère du déni massif que l'on a vu chez Benoît et Stéphane. Le père ne fait qu'aider à la construction d'une barrière nécessaire entre l'état du bébé et celui de la « grande fille » de trois ans. La souplesse du père qui n'ignore pas l'angoisse de son enfant, contribue à ce que cette barrière ait cette même souplesse et ne s'ankylose pas dans la rigidité de la pseudo-indépendance de Benoît et de Stéphane. Nous voyons donc qu'il n'y a pas de règle et que ce qui passe par la régression pour Laurent doit passer pour Lisa par la progression. C'est l'intention des parents qui ont su dans chaque cas toucher la juste note et, ceci, pour le profit de Laurent et de Lisa. Considérons à présent l'échec qui, dans cette double tentative entraîne un parent soit à se sentir débordé par la régression de l'enfant, soit à la repousser avec excès.

Nous avons vu ce que représentait pour la mère de Vincent le fait de se séparer de son fils, toute étonnée de constater qu'il parvenait à dépasser cette épreuve tandis qu'elle en sentait encore profondément la blessure. C'est à ce propos que nous avons parlé de l'existence au fond de tout adulte d'un enfant d'autrefois, qui souffre encore à cette occasion d'être séparé de sa mère. Celle-ci doit alors faire face à la complexité de cette situation et tenter d'apaiser à la fois son enfant réel et cet enfant du passé en elle. Pour y parvenir, elle doit avant tout ne pas confondre l'enfant du dehors et celui du dedans d'elle-même. L'étonnement de la mère de Vincent est lié à cette confusion-là : elle n'efface pas seulement la barrière qui sépare le dedans du dehors, le passé du présent, mais aussi le corps de la mère de celui de son enfant.

La mère de Charlotte exprime la chose un matin que, plaisantant à demi, elle lance vers sa fille avant de la quitter : « Je vous abandonne, mon petit bout ! ».

Charlotte ne dit rien, mais suit sa mère dans le couloir. Comment un « petit bout » pourrait-il se séparer de son « grand bout » ? Je suis obligée d'aller la chercher pour qu'elle revienne dans la section pensant que la séparation est toujours plus difficile pour Charlotte lorsque c'est sa mère plutôt que son père qui l'accompagne.

Nous voyons là, la mère exprimer tout ingénument, parce qu'elle a l'air d'y croire, ce qui revêt quelquefois la forme d'une indistinction massive entre les identités de la mère et de l'enfant. Cette absence de limite est normale pour un bébé (nous y reviendrons au chapitre 3). Sa mère peut aussi l'accompagner momentanément dans ce mouvement. L'important reste cependant que la mère saisisse l'éveil des désirs de son enfant de se séparer d'elle, afin de soutenir cette ébauche d'individuation. L'important est qu'elle sache aussi accepter les désirs de régression du bébé dans un mouvement d'allers-retours où les acquis ne sont jamais définitifs. Elle doit aussi pour cela savoir observer son bébé, c'est-à-dire ne pas remplacer ce qu'il exprime par ce qu'elle sent elle-même, mais plutôt mettre ses propres résonances affectives au service de la compréhension des émotions qui naissent chez lui. C'est alors qu'elle reconnaît son bébé en tant que personne. La difficulté dans l'exercice de cette souplesse est liée à la difficulté de trouver en soi-même la capacité de contenir les émotions de l'enfant. Contenir ? Cela veut dire les éprouver en les reconnaissant non siennes et, par là même, transmettre à l'enfant qu'elles sont supportables, qu'il n'est pas seul à les vivre et que, par conséquent, elles ne sont pas aussi dangereuses qu'il serait enclin à le croire s'il restait seul à les appréhender.

Mais la mère de Vincent fait peser sur son fils une difficulté supplémentaire : elle lui signifie qu'elle souffre plus que lui dans l'épreuve qui les sépare. Elle le pousse à s'appuyer d'avantage sur le personnel de la crèche. Il faut alors que ce dernier soit disposé à répondre à ce mouvement afin de lui fournir le modèle d'une grande personne qui, restant proche de l'enfant, conserve cependant sa place d'adulte pour lui. Une telle compétence entraîne l'amour chez l'enfant, et chez la mère, parfois. Celle d'Ève en porte témoignage :

La mère : « Dis bonjour à Patricia (l'auxiliaire) ».

Patricia : « Vous savez, Ève ne nous appelle pas par nos prénoms ; elle nous appelle maman ».

La mère : « Elle a raison, si j'étais à sa place je ferais pareil ! ».

La mère d'Ève traduit par ce mot sa gratitude d'être et d'avoir été soutenue par Patricia dans la fonction maternelle que nous décrivons. Nous reviendrons, au dernier chapitre, sur l'articulation du rôle de l'éducatrice ou de l'auxiliaire avec celui des parents et de l'enfant, mais nous voyons ici qu'elle peut soutenir la mère afin que cette dernière soutienne mieux son enfant.

La mère d'Ève est un des parents qui reste le plus longtemps dans la section avant de quitter sa fille le matin ; elle joue avec elle, discute avec le personnel, prend part au conflit des enfants. Elle ne cherche pas seulement ainsi à adoucir, pour Ève, le sentiment de la coupure qu'entraîne un adieu trop rapide, elle profite elle-même de ce moment pour être soutenue et guidée comme une enfant le serait. Lorsqu'elle se met à la place de sa fille, elle a tendance à redevenir elle-même presque une enfant.

Ève réclame un livre ce matin. La mère la prend dans ses bras et, jouant avec sa couche en tissu, elle s'explique :

La mère : « Depuis deux jours c'est moi le bébé. Oui, Ève, c'est moi le bébé et je te dis au revoir ! ».

Ève veut alors le canard sur lequel Charlotte est montée.

La mère, toujours là, s'adresse à Charlotte :

La mère : « Charlotte, tu ne veux pas lui laisser le canard le temps que je m'en aille ? ».

D'abord Charlotte ne répond pas puis, d'un ton ferme, dit : « Non ! ».

J'interviens alors : « C'est clair et net Ève, tu auras le canard tout à l'heure, quand Charlotte aura joué avec ! ». La mère se tait. Cinq minutes plus tard, Stéphane fait tomber Charlotte du canard. La mère d'Ève réagit avec violence : « Dis donc Stéphane, tu es un salaud ! Ne fais pas ça ! ».

Mais elle reste dans la section à me parler, puis me demande par le détour de sa fille :

La mère : « Qu'est-ce que vous allez faire aujourd'hui, Ève ? ».

Moi : « Nous allons faire des chapeaux pour le carnaval et les enfants vont se maquiller cet après-midi ».

Ève : « Non ! ».

Enfin la mère se décide à partir et dit au revoir à sa fille.

Nous voyons ici comment, voulant se mettre à la portée de sa fille afin de lui donner le sentiment d'être comprise, la mère se prend à son propre jeu au point que l'éducatrice est la seule adulte qui, dans tout cela, fait respecter la loi. En effet, quand la mère se met à jouer à l'enfant pour inciter sa fille à l'imiter, elle n'est pas à même de reprendre sa place d'adulte au moment où Ève veut s'emparer du jouet de Charlotte. La mère-enfant ne sait guère faire accepter à sa fille une frustration et, dans ces conditions, c'est à l'éducatrice que revient le rôle d'imposer un partage. Elle doit protéger Charlotte et montrer qu'un enfant ne doit pas être frustré pour éviter simplement qu'un autre ne sente pas qu'il l'est. Ce serait la loi de la jungle et la mère ne peut que se taire quand l'éducatrice, par son attitude, le lui rappelle indirectement. Mais la collusion qu'elle forme avec sa fille à ce moment, ne lui permet plus d'adhérer profondément aux paroles de l'éducatrice : c'est contre la violence de son désir non distinguable de celui de sa fille, qui voudrait renverser Charlotte au sol, qu'elle réagit avec violence en voyant Stéphane le réaliser brutalement. N'est-ce pas l'éducatrice, en somme, qui lui a rappelé qu'agir ainsi serait faire le « salaud » ?

Avec regret la mère se décide à partir. Elle se sent, parfois, devenue réellement une enfant au point que c'est à sa fille que revient la tâche de la mettre dehors.

Le matin, en général, elle porte Ève dans ses bras et me la tend, alors que sa fille n'en a pas manifesté le désir. Au bout de quelques secondes Ève veut aller jouer. C'est à ce moment précis que, la mère n'étant pas encore partie, Ève lui montre la porte en lui disant au revoir. La mère lui lance alors :

« Ça va ! J'ai compris ! Tu veux que je m'en aille ! Je pars ! ».

La mère m'explique que, petite, elle a manqué de l'affection de ses parents.

Nous voyons que, dans certaines circonstances, elle en vient à considérer que toute séparation d'identité entre la mère et l'enfant prend le sens d'une perte d'amour. Elle n'aide pas sa fille à se construire une personnalité distincte de la sienne. Craignant le rejet de son enfant, elle se conduit non pas comme son enfant réelle en aurait besoin, mais comme une petite fille au fond d'elle-même le souhaiterait : une mère idéalisée doit satisfaire tous les désirs de son enfant. Nous comprenons alors pourquoi certains parents prolongent en discutant avec l'éducatrice, le temps des adieux du matin : tout en quêtant un soutien pour eux-mêmes, ils essayent de repousser le moment du départ parce que, pour eux, il signifie que leur enfant va cesser de les aimer : ils gardent en eux l'image d'un enfant qui n'aimerait ses parents qu'à condition qu'ils soient à son éternelle disposition. Cela contribue à les désarmer devant la violence des réactions de l'enfant.

Il en est ainsi pour le père de Virginie, ce matin. Tandis que d'habitude Virginie se précipite afin d'aller retrouver Ève, sa grande copine, ce matin, elle tourne autour de son père, tenant sa couche en tissu d'une main, sa poupée de l'autre. Le père discute avec moi. Nous avons l'impression qu'il cherche à prolonger un temps où la paix existe encore entre lui et sa fille. Mais il faut partir et Virginie pleure, se laisse tomber par terre, hurle et fait une crise de colère. Le père décontenancé, essaie de consoler Virginie en lui demandant ce qui ne va pas, mais elle continue de pleurer. Impuissant, il me regarde et me dit d'un air navré : « Bon, il faut que je parte ». Et il s'en va.

Virginie refuse tout contact. Elle va se mettre dans un coin, le pouce dans la bouche sans quitter sa couche ni sa poupée. Quelques temps après, elle ira d'elle-même rejoindre les autres.

Nous pouvons donc observer chez les parents, un mouvement qui va de l'absorption totale des émotions de l'enfant, à la confusion puis au remplacement de ces mêmes émotions par les leurs. Ce sont celles qui remontent de leur passé, mais aussi celles qui surgissent du rôle qu'ils ont à jouer dans le présent. Ainsi la mère d'Antoine pour faire face à son désarroi, accapare l'éducatrice matin et soir pour elle-même au point d'en négliger son fils qui l'attend.

Un matin, Antoine arrive en marchant comme un grand. La mère le suit. Au lieu de s'occuper de lui et l'amener ainsi à sentir que, même partie, il existe pour elle, elle l'abandonne déjà : elle lui tourne les talons et discute avec l'éducatrice. Au bout d'un certain temps, Antoine se manifeste : il veut être pris dans les bras ; ce que la mère fait, mais l'esprit absent puisqu'elle continue de parler à l'éducatrice. Au moment de le poser par terre, Antoine pleure et s'accroche aux bras de sa mère. Cette dernière écourte alors ses adieux et s'en va.

On voit que la mère, quoique physiquement présente, a imposé à son fils non point une simple frustration mais, de par son propre besoin d'aide, un sentiment de totale incompréhension pour ce qu'il vivait lui-même. Il était arrivé « comme un grand » mais l'attitude de sa mère lui a fait perdre sa tenue ; celle-ci a été réduite à l'état de simple façade vite écroulée et révélant le désarroi qui demeurait dessous. La mère n'a pas su comprendre l'effort que son enfant faisait afin d'être « grand » ; elle a pensé qu'il l'était vraiment, ce qui a découragé Antoine. En effet, si grandir c'est perdre d'un coup sa mère, autant rester petit !

Nous voyons que la mère d'Antoine interprète à tort et trop vite le fait que son fils veuille paraître grand, tant elle semble le souhaiter afin de ne pas se confronter encore aux pleurs de son fils. Mais il est des parents, et nous avons vu l'ébauche de cette attitude chez les mères d'Ève et de Vincent, qui interprètent, inversement, les manifestations du développement de leur enfant comme un signe d'abandon, comme un indice que bientôt ils ne seront plus aimés. L'enfant guette, dans ce cas, la réaction de ses parents attendant presque d'y trouver l'autorisation de ne pas pleurer.

Barbara arrive, souriante, suivie de sa mère qui bientôt la prend et me la tend afin que je la porte dans les bras.
Moi : « Barbara est assez grande maintenant ».
Je la pose sur le sol.
Barbara se tourne vers sa mère et lui tend les bras.

La mère : « Tu ne vas pas pleurer ! Est-ce que tu vas pleurer ? ».
Barbara ne semble pas du tout avoir envie de pleurer.
Moi : « Mais non, Barbara ne va pas pleurer ! ».
Barbara sourit, fait un câlin à sa mère et part jouer.

On voit que, soutenue par un adulte, Barbara a pu résister, à l'induction maternelle de manifester sa peine en pleurant. L'éducatrice lui a signifié qu'elle avait le droit de n'être pas toujours un bébé et le problème est renvoyé vers la mère qui doit accepter, pour gagner une grande fille, de perdre son bébé.

Le père de Virginie nous montre qu'un parent peut non seulement se sentir abandonné mais aussi blessé par la capacité qu'a son enfant de le quitter.

En arrivant ce matin Virginie se dirige vers les jeux. Son père l'observe. Je lui dis : « Ça va bien maintenant Virginie ! ».
Le père : « Oui elle s'en fout ! ».
Virginie sait maintenant qu'elle doit essayer de ne pas trop blesser son père quand, afin d'annuler sa propre peine de le quitter elle se détourne de lui pour aller jouer.

Certains parents donnent au baiser d'adieu une valeur d'annulation des blessures en jeu. Ils insistent pour l'obtenir, afin d'avoir la preuve que leur enfant leur pardonne leur départ. Mais l'exemple du père de Virginie nous donne à penser que cette preuve porte avec elle la réassurance que leur départ ne laisse par l'enfant indifférent. Les rôles sont alors inversés : c'est le parent qui se sent abandonné par un enfant capable de « vivre sa vie ».

Ève est arrivée avec une sucette dans la bouche, une autre dans la main. C'est la seule enfant venant avec des bonbons le matin : la mère pense ainsi « adoucir » la séparation. Or Ève est déjà en train de jouer. Elle a dit au revoir à sa mère qui devrait partir maintenant. Mais elle ne le peut pas. Elle rappelle sa fille et lui réclame un baiser. Elle a du mal à imaginer que sa fille puisse vivre sans elle, avoir un autre centre d'intérêt qu'elle. Nous l'avons vu fréquemment quitter la section puis au bout de quelques instants, repasser la tête par la porte entrouverte afin d'observer sa fille, l'air rassuré. Nous avons beau lui dire : « Vous pouvez partir tranquille ! », il semble que rien n'arrive à la convaincre que sa fille est capable de vivre sans elle. Elle voudrait être « une petite souris », dit-elle, dans la journée, afin de rester cachée dans un coin de la section et d'y observer son enfant. Nous supposons que derrière ce rêve, se réaliserait celui de rester toujours auprès d'elle.

Dans cette perspective certains parents ont du mal à imaginer que le malaise de leur enfant s'origine en dehors d'eux-mêmes. Il leur est aussi difficile de penser que la peine de leur enfant tout comme son amour ait un point de départ qui ne soit pas eux-mêmes. Cela diminue leur capacité d'observer et donc d'aider leur enfant. Voyons ce qui est arrivé à Lisa.

Voici deux jours qu'elle est triste et pique des colères, ce qui n'est pas dans ses habitudes. Nous avons pensé que Lisa était malade. Mais elle n'a pas de température. Nous questionnons le père : un changement serait-il intervenu ces derniers temps à la maison ? Il ne voit rien.

Nous continuons de chercher et nous supposons que Norbert, le grand frère, est parti en vacances pour la semaine chez ses grands-parents. Je pose la question au père qui me répond : « C'est exact ! Il est parti il y a deux jours ! ».

Je m'adresse alors à Lisa et lui dis : « Je sais maintenant pourquoi tu es triste ; c'est parce que Norbert est parti ! ». Lisa me répond : « Oui ! ».

Dans les minutes qui suivent cette petite conversation, Lisa retrouve sa gaieté et joue à nouveau avec les autres enfants.

Le père n'a pas supposé l'attachement que Lisa portait à son grand frère et prenait pour une évidence que la seule séparation capable d'affecter sa fille était celle dont sa femme ou lui-même étaient l'objet. Ce qui a calmé Lisa, ce n'est pas le retour de Norbert. En effet, ce retour n'aurait pas effacé le fait que son départ provoquait en elle une souffrance incomprise. Seule la reconnaissance de ses sentiments par l'adulte, a pu la soulager. Nous avons donc vu comment un parent qui se centre sur la souffrance de son enfant au point d'en être envahi lui-même, manque d'un certain recul lui permettant de la distinguer de la sienne propre, ou même d'en chercher l'origine.

Voyons à présent l'attitude totalement différente qui consiste à dénier de la part d'un parent l'existence d'une souffrance chez son enfant. Cette attitude, proche du déni de l'existence du psychisme de l'enfant, a son homologue dans le comportement de l'enfant. Nous avons observé ce qui se passait chez Stéphane et la pseudo-indépendance où cela le menait.

Le père de Stéphane arrive le matin, dépose son enfant et, sans lui dire au revoir le quitte en m'adressant quelques mots. Il n'a en général à ce moment aucun rapport direct avec son fils. Comprenant que les propos les plus anodins des parents ne sont qu'apparemment détachés du contexte dans lequel ils s'inscrivent, je n'ai pas été étonnée d'entendre le père, un jour, me parler d'une opération qu'il avait subie à l'œil et qui le préoccupait. Tandis qu'il me parlait de son problème physique je pensais à son aveuglement psychique auquel répondait celui de son fils. Ce dernier courait de toutes ses forces sur un train à roulettes afin d'étouffer en son cœur le moindre désir de tendresse au moment du départ. Celle-ci serait une faiblesse en cette épreuve. Puisque son père est « aveugle », il se fait « sourd ».

Cette technique, chez Stéphane, entraîne un développement ralenti par rapport à la moyenne des enfants de son âge. Autrement dit, la dureté de cette défense ne sert qu'à un faible secteur de la personnalité : celui qui est concerné par l'évitement de la souffrance du matin. Mais tout le reste de lui-même en pâtit. Il ne parle pas ; il n'est jamais affectueux ; il ne désire pas être propre. Il joue seul.

Ces signes, suffisants pour nous mettre en alerte, manquent parfois chez certains enfants et l'on voit s'engager dans une collusion totale les parents, l'institution et l'enfant : tous sont d'accord pour penser que les signes d'adaptation d'un enfant aux tâches qu'on lui demande sont à prendre comme une marque réelle de son développement. Tous sont soulagés, comme le père de Stéphane l'est ici, par le fait que l'enfant ne montre pas ses émotions d'enfant. L'enfant étant inclus dans cette collusion-là, sait que les adultes ont peur de ses émotions et, d'une certaine manière, il est le premier à chercher leur appui pour les étouffer. Il peut se présenter alors comme un « petit adulte » répondant par son attitude de pseudo-indépendance aux conditions exigées pour être accepté dans la société où il s'insère déjà. Le développement affectif et, par conséquent, le réel travail de la pensée qui n'est pas celui d'un automatisme intellectuel mais au contraire une compréhension des émotions, en est perturbé d'autant, sinon totalement inhibé.

Il est très tentant de ne pas penser et de laisser tomber en même temps de notre esprit l'idée que nous avons un psychisme et que ce psychisme est déjà présent chez tous les enfants de la crèche. Beaucoup de parents oublient cela et cherchent toutes sortes d'explications qui permettent, en s'éloignant du psychisme de l'autre, de s'éloigner du leur propre et des vagues émotionnelles susceptibles d'y surgir.

Voyons quelques unes des formes que peut revêtir cette volonté de ne pas penser. Il est des parents, comme ceux de Stéphane, qui affirment que leur enfant est trop petit pour penser ou réagir. Les impératifs de leur emploi du temps les font s'accrocher à cette affirmation-là.

Stéphane vient d'être hospitalisé pour s'être ouvert l'arcade sourcilière. Il arrivera cependant à la crèche sans que cela n'ait le moins du monde perturbé les parents dans leurs horaires. C'est qu'il est trop petit, disent-ils, pour penser ou réagir.

Ce n'est pas à l'intérieur de leurs horaires mais à l'intérieur de leur propre système psychique, qu'il serait difficile à ces parents-là de mettre la réalité psychique de leur enfant. Les horaires ne sont là qu'au service d'une protection contre la souffrance psychique. Hélas, en la supprimant nous supprimons la vie qu'elle porte.

D'autres parents laissent une place à la douleur mais ne lui donnent que le statut d'un événement physique.

Antoine hurle et s'impatiente, un soir, tandis que sa mère parle longuement avec d'autres parents. La mère de Frédéric intervient la première :

« Il crie, mais c'est normal : il est costaud ; il a besoin de dépenser son énergie ! Regardez le mien : il est tout calme, mais cela va avec son physique ! Il est mince et il ne crie jamais ! ».

La mère d'Antoine ne semble pas convaincue par cette explication, non plus que par la mienne, d'ailleurs, qui mettait l'accent sur l'état d'attente de son enfant. Elle achève pourtant d'habiller Antoine et se décide enfin à partir avec son fils qui continue de hurler.

Cette compréhension des mouvements humains sur le mode énergétique ne s'applique pas aux seuls enfants de deux ans. Nous voyons à quel point elle aplatit l'épaisseur de signification que prend une relation humaine. Cette dernière est réduite à la mise en présence de deux machines qui, soit expulsent leur trop-plein d'énergie, soit demeurent, inefficaces, proches d'un état d'inertie. Une telle théorie ne fait évidemment que trahir la manière de penser de son auteur et l'incapacité qu'il a d'appréhender non seulement la complexité des relations humaines, mais tout simplement l'existence d'un lien psychique, d'un lien de signification entre deux êtres humains.

Certains parents tels la mère d'Ève sont fort éloignés de cette attitude-là. Mais, soit parce qu'ils ont comme elle une hypersensibilité à la souffrance psychique, soit parce qu'ils la dénient, ils veulent l'endormir. On a vu la mère d'Ève gaver sa fille de bonbons dans ce but, au moment du départ. Cette sucrerie a, dans ce cas, la valeur d'une drogue visant à faire oublier ce qui se vit au présent. Nous retrouverons ce problème avec les médicaments donnés aux enfants afin qu'ils s'endorment ou se calment... Ces « drogues » font faire aux parents l'économie d'un réel travail de pensée : ils laissent tomber ce qui se joue de leur côté aussi bien que du côté de leur enfant, dans ce problème.

Nous observons enfin des parents qui ne peuvent penser au temps qu'il faut à leur enfant pour grandir. Ceci est plus qu'une simple remarque. La capacité d'attendre considère l'aboutissement de celle-ci comme le produit d'une évolution et le temps qui s'écoule du départ à l'arrivée mesure la faiblesse, la dépendance du sujet et le travail qu'il doit fournir pour les dépasser. Ceux qui s'approchent des enfants s'approchent en même temps de l'observation des processus de croissance non seulement physique mais psychique. Les marques extérieures de ce dernier développement ne sont que secondaires aux progrès du processus intérieur. C'est celui-ci que l'on doit tenter d'appréhender, que l'on doit viser à favoriser. Mais il n'est pas aussi directement visible que le comportement physique de l'enfant. Il suppose un travail de pensée de la part de celui qui le regarde non seulement du dehors, mais du dedans de lui-même. Là réside l'incertitude, l'attente, les retours en arrière, les étapes franchies puis perdues jusqu'à ce qu'un nouveau pas confirme le progrès dans sa complexité grandissante.

Certains parents sont trop angoissés pour supporter les variations de ce processus comparable à celui de la vie. Afin de n'être plus en doute sur leur propres capacités d'élever leur enfant, ils veulent que ce dernier leur donne des preuves irréfutables qu'un pas a été franchi, et ils ne tolèrent ainsi aucune régression d'un moment.

Dans cette perspective, la perte d'un acquis est un échec absolu. Ils ne savent pas que c'est au prix de cette perte passagère que l'enfant assure ses arrières et inscrit son progrès dans la totalité de son développement. Ce n'est pas une performance ponctuelle, mais un niveau qui porte en lui et l'aboutissement d'un passé et l'attente d'un avenir. Chaque étape, parmi celles que nous discernons du moins, peut être véritablement qualifiée de transitionnelle. Elle n'est pas une fin en soi mais, annonçant la suivante, elle annonce en même temps l'incertitude de l'atteindre. L'appréhension des processus de croissance porte en elle un face-à-face avec la mouvance des incertitudes.

Quand un parent veut que son enfant lui prouve qu'il est « grand » tout de suite, dans son angoisse qu'il ne le soit jamais, quand, pour ce faire, il veut que le moindre acquis ne soit jamais perdu, que transmet-il à son enfant ? Loin de l'aider à grandir, il augmente son angoisse à s'engager dans ce processus. En manifestant son intolérance aux retours en arrière, il fait un barrage au propre désir de l'enfant d'aller de l'avant. Si tout progrès signifie pour l'enfant une perte absolue, il n'avance pas. La sécurité de la marche se fonde sur la confiance que, derrière nous, le sol continue d'exister. Or, un parent qui transmet à son enfant son intolérance à la régression provoque chez lui l'équivalent de l'angoisse d'un vide laissé derrière soi. L'enfant peut alors soit refuser d'avancer, soit s'accrocher à son progrès de façon si impérative qu'il bloque la souplesse nécessaire au fonctionnement de ses futures évolutions.

L'attitude des parents vis-à-vis de l'objet transitionnel que nous avons décrit plus haut est un bon exemple de cette rigidité. Si certains parents, à travers la présence de ce jouet, accompagnent les allers-retours de leur enfant dans le franchissement des limites, du dedans au dehors, de l'avant à l'après, d'autres parents ne peuvent le faire et font intrusion dans le moyen naturel que l'enfant a trouvé pour s'aider lui-même : ils interdisent à leur enfant de rapporter à la maison l'objet qui vient d'en sortir et rétablissent ainsi la coupure que l'objet transitionnel avait précisément pour fonction d'aider à franchir. On voit que cela s'inscrit dans l'angoisse d'un impossible développement : les parents reconnaissent bien que le nounours de la maison apaise les angoisses les plus précoces ; ils savent que l'enfant a l'illusion de se retrouver ainsi chez lui. Mais ils craignent immédiatement que ceci ne pousse l'enfant à ne jamais vouloir quitter son « chez lui », sans comprendre qu'on ne peut quitter son « chez soi » qu'en l'emportant avec soi sous la forme d'une sécurité intérieure qui, pour les petits enfants, prend l'aspect d'un objet ayant valeur pour eux d'un « mi-dedans mi-dehors ». Ainsi font certains parents qui redoutent de manifester leur attachement à l'enfant pensant que l'enfant ne pourrait jamais se passer de ces marques. Craignant la régression ils inhibent la progression. Il est d'observation courante, en effet, que les enfants qui ne sont pas autorisés par leurs parents à retourner à la maison avec l'objet qu'ils y ont pris, le laissent traîner sur le lit ou dans un coin de la crèche, complètement désinvesti de la fonction dont il était revêtu au départ. Celle-ci ne peut vivre que d'un ressourcement continu de l'objet dans la réalité d'une transition. Peu à peu, la réalité de cet acte est intériorisée par l'enfant qui n'éprouve plus le besoin de ce support extérieur à sa sécurité. L'objet transitionnel est alors abandonné.

Faute de reconnaître avec la nécessité de ce processus celle du temps qu'il faut pour grandir, les parents privent l'enfant des moyens sur lesquels il sait s'appuyer pour ce faire. Nous savons tous que le temps du jeu n'est pas un temps perdu ; mais on sait moins bien reconnaître, parfois, le travail continu qu'effectue l'enfant dans des circonstances où nous ne le supposerions pas afin d'apprendre par l'expérience le sens non seulement de ses actes mais aussi de ses fonctions corporelles dont l'accomplissement nous est devenu si naturel.

Tel sera l'objet du deuxième chapitre. Nous y retrouverons l'importance du rôle de l'adulte : c'est sur lui que s'appuie l'enfant afin d'accomplir ce travail. Nous avons commencé d'en écrire le point culminant dans l'instant de la séparation. Nous avons vu alors le retentissement sur l'enfant de l'attitude d'un parent et surtout, comment le partage de ce vécu entraîne un partage du travail que chacun dans son rôle doit accomplir. Tout ceci reste valable dans ce qui va nous occuper à présent aux chapitres deux et trois, axés sur les activités de l'enfant. Quand ce dernier apprend à être propre, quand on lui demande d'obéir ou quand son sommeil est en jeu, les bases de sa relation à ses parents le sont aussi. C'est pourquoi les grandes lignes d'interaction dont nous avons ébauché la description ici, se retrouveront plus bas. Les parents qui se séparent de leurs enfants en s'effondrant comme s'ils étaient eux-mêmes des enfants, ne changent pas d'attitude quand ils sont confrontés aux difficultés liées aux apprentissages et à la fermeté qu'ils réclament. Les parents qui ont prouvé la rigidité de leurs réactions ne sauront pas d'avantage faire preuve de compréhension vis-à-vis de l'enfant dans l'acquisition de ces apprentissages. L'absence de modèle ou le faux modèle sont encore là un manque de soutien et d'accompagnement au développement de l'enfant. Seul un parent capable de demeurer adulte tout en se mettant à la place de l'enfant peut l'aider vraiment.

CHAPITRE 2

L'APPRENTISSAGE DE LA PROPRETÉ

Lorsque, autour de l'âge de deux ans, se pose la question d'apprendre à l'enfant à contrôler ses sphincters, nous nous introduisons là encore dans la relation intime qu'il noue, non plus seulement avec ses parents, mais avec des parties de lui-même que représentent ces produits évacués par son corps. L'enfant n'accepte pas plus aisément cette perte que toutes celles que nous venons de décrire au chapitre un. Nous allons étudier certains aspects de cette expérience, mais nous pouvons dès à présent considérer, là encore, la difficulté que les parents éprouvent souvent à prendre pleinement la responsabilité de leur rôle dans cet apprentissage.

Ainsi le père de Laurent demande si nous avons retiré les couches de son fils durant la sieste. Surprise, je lui dis : « Pourquoi vous l'avez mis sans couches et il est propre ? ». « Non » ! répond-il, « non ! c'était pour savoir ! ».

La mère d'Antoine nous dit un jour : « Vous me préviendrez quand vous le mettrez sans couches ! ».

A l'éducatrice est délégué le savoir de ce qu'il est bon (ou non) de faire. Les parents n'utilisent pas leur propre intuition en l'éclairant, au besoin, de l'expérience d'une professionnelle. Non, ils s'en remettent totalement à elle, comme un enfant en position de passivité devant un parent qui, plutôt que de le guider, le contrôle. Nous serons donc amenés à voir dans le chapitre suivant, à quel point l'attitude d'un parent vis-à-vis de l'autorité qu'implique tout apprentissage, dépend des capacités qu'a ce parent de ne pas faire l'enfant lui-même.

Suivons à travers l'éducation sphinctérienne de Stéphane, l'attitude de ses parents. Elle est semblable à celle qu'ils ont eue tous les jours au moment de la séparation matinale : c'est un bloc de déni face aux émotions de l'enfant, tempéré légèrement par l'inquiétude maternelle. La mère paraît se soucier un jour que Stéphane ne soit pas propre. Il a deux ans trois mois. Elle le trouve un peu bête : « Ce week-end, dit-elle, je l'ai mis une fois sans couche et deux minutes après il a fait pipi ! Je suis sûre qu'il le fait exprès pour m'embêter ».

Nous devons préciser que Stéphane n'a pas appris à faire dans le pot, que ce soit à la crèche, ou à la maison. Mais pour cette mère, tout ce qui n'est pas obéissance automatique est une offense personnelle. Tout ce qu'implique d'émotions la relation unique entre une mère et son enfant, est un continent à demi étranger. Elle se sent fort triste, un jour, quand je lui rappelle que le personnel de la crèche ne remplace jamais les parents. Elle sent qu'il y a là quelque chose de vrai mais que, dans son couple, elle devrait assumer seule. Le père n'a pas cette théorie-là.

Ils arrivent un jour tous les deux et me demandent : « Comment ça va ? ». Je leur réponds, et ceci pour la première fois, que je trouve l'évolution de Stéphane très lente. Il a deux ans et demi et ne fait toujours pas dans le pot.

Le père me dit tout de suite : « Il faut sévir ! ».

La mère réagit : « Mais non ! ce n'est pas ce que Anne veut dire ! Simplement, Stéphane retarde la séparation d'avec moi ! ».

Le père, à qui cette explication ne donne guère à penser, répond : « Ah bon ! ».

Les parents sont anéantis lorsque je leur rappelle qu'un enfant doit être propre pour être admis à l'école. La mère a les larmes aux yeux et le père, qui paraît aussi démuni qu'un enfant, me dit : « Il nous reste cinq mois ! ».

Quand se brise la rigidité de la carapace faite de fausse autonomie, fondée qu'elle est sur des principes d'obéissance et non de compréhension des émotions impliquées dans toute vie relationnelle, alors le désarroi apparaît. Ce dernier témoigne de la rigidité des parents. Ils le sont d'autant plus que, sous leur exigence de perfection, se situe au fond d'eux-mêmes un enfant dont la sensibilité ne fut jamais comprise. A l'aide de quel équipement psychique parviendraient-ils alors à recevoir la fragilité émotionnelle de leur propre enfant ?

L'occasion nous fut donnée d'observer la grand-mère de Stéphane. Elle n'a pas dû se comporter autrement vis-à-vis de son enfant qu'elle ne le fait à présent, vis-à-vis de son petit-fils :

La grand-mère : « A-t-il fait dans le pot aujourd'hui ? ».

Moi : « Non, rien ».

La grand-mère : « Ce n'est pas beau Stéphane ! Tu es vilain ! J'ai honte ! Ah oui vraiment, j'ai honte ! ».

Le lendemain, ce sont les grands-parents qui arrivent ensemble avec le père de l'enfant. Le père me dit d'emblée que Stéphane a fait pipi dans le pot ce matin, et caca hier soir. Ici aussi, effectivement, Stéphane a fait dans le pot mais je rappelle au père qu'il ne faut pas précipiter les choses. Il en convient tout naturellement, mais nous sentons bien que l'idée de la propreté l'obsède complètement. Quinze jours plus tard, le danger semble passé et la mère nous confirme que Stéphane est pratiquement propre dans la journée, mais que la nuit, ainsi qu'à la sieste... ce n'est pas encore cela. Le père, à peine arrivé à la crèche le matin, retire la couche de son fils. Il considère qu'il est et qu'il doit être propre maintenant...

La réalité de cet exemple va au-delà de ce que nous pourrions imaginer. La triste caricature qu'il nous offre présente des parents dont l'anxiété est jugulée par une absence de pensée, totale de la part du père. La mère essaie bien faiblement d'aller à l'encontre de ce mouvement en soulignant qu'il s'agit d'un problème de séparation. Elle est dans le vrai, ainsi que nous le montreront tous les autres enfants. Mais elle se sent aussi directement attaquée quand Stéphane ne se contrôle pas assez rapidement à son gré. Tout le jeu de l'agressivité liée à la sexualité portée par le courant de cet apprentissage ainsi que nous verrons plus bas, risque de s'en trouver inhibé d'autant. La contrainte à l'obéissance, à laquelle malheureusement peut-être, Stéphane a su se plier, se fait au détriment de son futur développement. Le problème qui n'est pas compris maintenant, se présentera sous une autre forme plus tard. Le compromis toléré, le besoin d'être compris demeure.

I – L'apprentissage de la propreté comme épreuve renouvelée de la séparation.

Tant qu'une couche maintient collés à sa peau les produits de son propre corps, le bébé peut conserver l'illusion de n'avoir pas à les perdre. Quoique le sentiment de se départir de quelque chose de sale existe chez le bébé, – et pour s'en convaincre, il n'y qu'à observer le soulagement qu'il éprouve à être propre et nettoyé –, néanmoins persiste fondamentalement en lui le sentiment de perdre quelque chose qui lui appartient. Le « c'est à moi » prévaut de façon primitive sur le « ceci est sale ou propre », parce que derrière la possessivité de ce qui entre ou sort de son corps, se joue chez le bébé l'assurance d'avoir un sentiment d'identité. Les qualités différenciées se fondent en une seule dont le nom est : « Ça m'appartient ».

Observons l'extraordinaire angoisse d'Émilie un des premiers jours où elle est demeurée sans couche. Elle est rentrée de la crèche et n'a pas fait dans sa culotte. La mère, qui lui lave les mains dans un bidet, doit sortir de la pièce quelques instants. Émilie ouvre pendant ce temps le robinet ; l'eau qui déborde du bidet coule par terre. Émilie, paniquée, fait dans sa culotte et sa mère la retrouve en pleurs. « Je ne l'ai pas grondée ! » dit-elle. « J'ai dû la consoler tellement son chagrin paraissait important ! ».

Que s'est-il donc passé ?

Émilie a identifié le fonctionnement du bidet et de son robinet à celui de son propre corps. Elle a voulu en contrôler l'évacuation tout comme on s'évertue de le lui apprendre depuis peu. Mais l'apprenti sorcier fut dépassé par sa découverte : au moment où elle a vu le bidet déborder, c'est son propre écoulement corporel qu'Émilie a senti ne plus pouvoir contrôler. Elle a revécu ainsi l'angoisse la plus primitive de perdre sans fin ses contenus corporels sans qu'aucune rétention ne prévienne l'anéantissement total qui en serait la conséquence. C'est de ce genre d'angoisse que protège le contact permanent de la couche : cette dernière donne au bébé le sentiment que le bidet ne déborde jamais ou que le robinet est fermé.

Apprendre à perdre sa couche, en ce sens, c'est apprendre à transformer la fonction qu'elle assure de l'extérieur en un contrôle dirigé de l'intérieur, de telle sorte qu'une perte partielle d'un contenu corporel n'entraîne pas le vécu d'un écoulement sans limite.

La dureté des matières par opposition à l'aspect liquide de l'urine rassure par rapport à cette angoisse. Nous pouvons même assister à de véritables agrippements sur cet aspect « dur », investi secondairement par le plaisir anal de la défécation.

Tel est Antoine qui décide aujourd'hui de faire caca sur les W.C... Nous verrons plus bas comment cette attitude implique un renouvellement de l'angoisse de perdre sa couche, à travers le pot.

Benoît, qui le suit toujours dans l'apprentissage de la propreté, le suit là encore. Tous deux paraissent très contents mais tandis que Benoît fait pipi, Antoine défèque. Or ce dernier, pensant à la différence de consistance entre le produit de son évacuation et celui de Benoît, mais aussi s'accrochant à cette consistance même dans l'expérience nouvelle qu'il accepte de vivre, clame d'un air concentré : « C'est dur ! ».

Quand il a terminé, je tire la chasse d'eau. Ève s'approche, se penche au-dessus des W.C. et dit : « Au revoir caca ! ». Là se réélabore la perte primitivement vécue au niveau de la couche.

Émilie, dans les premiers temps, refusait de faire pipi dans le pot. Au lever de la sieste, comme elle n'a pas fait de toute la matinée, je lui propose encore d'aller sur le pot. Émilie répond : « non ! », en souriant. J'insiste et dit assez fermement à Émilie de s'asseoir sur le pot. Elle ne m'oppose aucune résistance et elle urine dans le pot !

Que s'est-il passé ? On peut penser que devant l'angoisse du vide représenté par l'ouverture du pot, (Émilie étant une petite fille particulièrement sensible à tout décollement), la fermeté de la voix de l'éducatrice l'a assurée qu'aucun danger de liquéfaction ne la guettait. Comme la dureté de ses matières pour Antoine, cet ordre fut perçu comme la sécurité d'un fond : si la couche disparaît le fond du pot apparaît.

La plupart des enfants ne revivent pas pleinement, lors de l'apprentissage de la propreté, ces grandes angoisses primitives de décollement, au travers de la couche, de la peau de leur mère. Mais le sentiment d'une perte rappelant celle du sevrage oral n'en est pas moins vive et complexe, et l'enfant doit effectuer tout un travail intérieur pour l'élaborer.

Au lever de la sieste, nous retirons le change complet de l'enfant et celui-ci va le porter lui-même dans la poubelle. Stéphane en soulève alors le couvercle et dit : « Il est parti ! ».

Qui est vraiment parti ? Un morceau de Stéphane ou un parent de Stéphane ? Il ne le saurait guère. Ce qui se détache de lui, couches et matières confondues conserve l'identité mêlée qu'ont encore au-dedans de lui, et les éléments qu'il ingère du monde qui l'entoure, et les éléments permanents de sa propre personne. Une réflexion se soulève alors en lui avec plus d'acuité que précédemment : comment demeurer entier alors que l'on perd quelque chose ? Comment un processus de transformation et la mise en marche d'un fonctionnement sont-ils possibles ?

Nous verrons bientôt que l'espace instauré par l'adulte entre la couche et la peau de l'enfant laisse à celui-ci le loisir de penser et de parler ; de poser et de se poser des questions ; d'observer avec ses yeux enfin ce qui n'était jusqu'à présent que senti aveuglément. Au début, le contact avec le pot évoque celui que l'enfant entretenait avec sa couche. Il y demeure collé, ne s'en lève que rarement et attend passivement que l'adulte intervienne. La main de ce dernier est alors confondue avec l'élément dur – de type paternel – qui sépare le doux contact entre l'enfant et sa mère, comme la mère d'à présent qui demande à l'enfant de grandir, diffère de celle d'autrefois qui le tenait en permanence au creux de son giron. C'est ce temps-là qui part avec la couche qui s'en va. Et c'est ce temps-là que le petit enfant essaie de retrouver dans son lit. Voilà pourquoi, alors qu'il est sur le point d'être propre, l'enfant choisit le moment de la sieste pour uriner ou déféquer tranquillement dans sa couche et dans son lit :

Barbara est propre dans la journée depuis déjà plusieurs mois. Pour sa sieste cependant nous la mettons en couche. Une fois dans son lit, systématiquement, elle fait caca dans sa couche. Elle vient pourtant de quitter les W.C... A nouveau sur le pot, elle me dit : « Pourquoi tu balances le caca ? ».

Moi : « Parce que nous le jetons dans les W.C. ».

Être « balancé », jeté dehors, n'est pas une expérience limitée pour elle à ce déchet qu'elle doit apprendre à considérer à la fois comme sale et éjectable, mais un mouvement dont elle n'est pas sûre qu'il n'emporte avec lui la relation qu'elle a nouée avec ce qu'elle aime.

Certains enfants, dans des circonstances particulières où ils se sentent plus fragiles, choisissent ce moment du lit pour faire pipi.

Ainsi Charlotte habituellement propre, à peine dans son lit, fait pipi au début de la sieste. Ève, qui n'a pas dormi pendant les deux heures trente de la sieste, jouant avec sa couche en tissu, s'asseyant, se recouchant, regardant Virginie dormir, au moment où tous les enfants se réveillent, s'endort. Cinq minutes plus tard elle fait pipi dans son lit, mais cela ne la réveillera pas et elle dormira pendant trois quarts d'heure.

Il est remarquable de constater que l'anxiété de s'endormir dans un monde éteint, et probablement pour elle presque mort puisque non suffisamment éveillé pour l'assurer de sa vie, s'accompagne d'une rétention de ses urines. Ce n'est que la confiance regagnée en l'existence d'un contenant vivant qui l'accueille, (ce que représente son lit quand la vie s'éveille autour de lui), et donc assez fort pour ne pas la laisser tomber ni mourir dans une fusion avec lui, qu'elle peut tout de suite et dormir et uriner c'est-à-dire, là : se perdre en lui.

Se lever de son lit à la fin de la sieste et passer en même temps sur le pot constitue une double perte.

Antoine au moment du change, après la sieste où il est encore en couche, demande systématiquement : « Où elle est maman ? » C'est elle qu'il vient de perdre à nouveau avec son lit et sa couche. Ce comportement cessera quand Antoine sera complètement propre. Jean-Baptiste vient de se réveiller. Il s'agite dans son lit. Je lui demande s'il a envie de faire pipi mais il ne répond pas. Comme il s'agite toujours, je lui demande d'aller faire pipi. Il me regarde et ne se lève pas. J'interviens une troisième fois plus fermement et il se lève. Mais il a déjà commencé à faire un peu pipi dans sa culotte. Quand il arrive dans les W.C., il est si pressé qu'il baisse sa culotte avec difficulté, puis il urine dans les W.C... Il se recouche ensuite tranquillement, ne bouge plus et s'endort.

On voit là à quel point l'enfant hésite à perdre, avec son lit, la situation primitive où un même objet remplit indifféremment plusieurs fonctions : la couche en tant que lieu où l'on se repose et celle qui reçoit les produits que le corps éjecte. L'enfant doit maintenant séparer ces fonctions et le travail qu'il fournit à cet effet se mesure à la difficulté que manifeste Jean-Baptiste à sortir de son lit. La distance qu'il parcourt lui interdit d'oublier qu'elle sépare autant deux fonctions maternelles, que son corps de celui de sa mère, le temps d'à présent du bébé d'autrefois.

Certains enfants, déjà propres, tiennent à garder un contact partiel avec la situation que nous venons de décrire :

Benoît, que ses parents n'entendaient plus jouer, était en train de faire quelques gouttes de pipi sur son propre lit.

L'ouverture de l'espace entre le corps et le pot permet que s'ouvre en même temps un champ de pensée, de curiosité vis-à-vis de ce qu'à présent l'on peut voir puisque l'on n'y est plus collé.

Laurent commence à faire dans le pot. Pour la première fois aujourd'hui, il y a déféqué. Après lui avoir manifesté mon contentement, il a souri puis s'est penché, la tête entre les jambes afin de regarder ce qui se passe là.

Il mesure ainsi du regard l'espace qui sépare ses matières du lieu de leur origine. Mais il constate en même temps qu'elles n'ont pas disparu, comme elles le feront plus tard dans les W.C... Dans l'après-midi, Laurent reproduit la même scène, par jeu, sans être allé sur le pot. Nous le voyons donc là se souvenir, non seulement dans son corps de l'acte du matin, mais y penser aussi de telle sorte que cette expérience – reprise dans un jeu – lui serve ultérieurement à comprendre d'autres situations où une perte est « en jeu ».

Le pot, intermédiaire entre la couche et les W.C., permet donc d'appréhender la permanence de ce qu'on expulse de soi. Mais cette appréhension sensorielle à distance, premier pas vers un processus de connaissance, comporte des retours vers le savoir immédiat propre au toucher. Ainsi Stéphane, qui vient de faire dans le pot, touche de sa main son pipi au fond. Elle est bien à lui cette forme liquide qui, jusqu'à présent se mêle au coton de la couche ! Un dialogue peut s'engager alors avec l'enfant à propos de ce qu'il observe de son évacuation. Il en contrôle de la sorte les résultats.

Vincent est sur le pot et me dit : « caca ! ». Il se lève. Je regarde avec lui ce qu'il a fait et lui dis : « C'est un tout petit caca ! ». Vincent se rassoit alors et termine son évacuation.

Fanny se réveille en pleurant : « Pipi ! pipi ! où est maman ? ! ».

J'envoie Charlotte faire pipi. Tout l'après-midi, elle me demandera à aller faire caca. A peine revenue des W.C. elle me dit : « Bobo dans les fesses ! » et veut y retourner. Sur le pot, elle m'appelle : « Caca ! ». Je regarde mais elle n'a rien fait.

Moi : « Tu n'as pas fait caca ! Il n'y a rien ! ».

Charlotte : « Si, j'ai fait caca ! ».

Nous voyons là fort bien tout l'échange verbal et le double regard qui permettent d'observer et de contrôler le produit de l'évacuation. Le pot engendre une distance qui est vécue comme semblable à celle qui s'établit entre la mère et l'enfant. Elle suscite les mêmes angoisses et nécessite donc la même souplesse de transition. Vincent nous fournira deux exemples à ce propos :

Nous avons vu que cet enfant est arrivé pour la première fois à la crèche dans la section des grands. Durant le temps de son adaptation, il n'a pas été propre à la crèche et a refusé de faire dans le pot. Mais, d'après la mère, son comportement à la maison était complètement différent : il faisait là dans le pot sans problème. A présent que Vincent se sent mieux à la crèche où il joue, sourit, devient actif et commence à s'opposer aux autres, il fait régulièrement dans le pot. Bientôt il sera propre.

Un peu prématurément, je propose un soir à la mère de ne pas lui mettre de couche pour rentrer à la maison. La mère réplique : « Chouette ! C'est super ! ».

Le lendemain elle me raconte que Vincent n'a pas fait jusqu'à la maison. Une fois arrivé, il a refusé de faire sur le pot, mais une heure après il a fait dans sa culotte. Et la mère continue :

La mère : « Ce matin je vous ai bénie ! ».

Moi : « Ah oui pourquoi ? ».

La mère : « J'étais en retard et vraiment pressée pour préparer les enfants. Je n'avais pas mis de couche à Vincent et juste au moment du départ, il a fait caca dans sa culotte ! J'étais déjà énervée, mais là vraiment c'était complet ! ».

Nous voyons donc ici à quel point toute précipitation bouscule le climat de sécurité sur lequel l'enfant s'appuie essentiellement pour abandonner petit à petit la relation primitive qu'il entretient avec les produits de son évacuation. S'il a confiance dans son cadre, ainsi qu'il commence de l'être à la crèche, il peut accepter de perdre quelque chose de lui-même. Il n'a pas besoin de retenir ses matières pour s'assurer qu'il se conserve entier. Le cadre qu'il connaît le dispense de recourir à ses moyens de défense primitifs. Mais que l'on précipite le processus, qu'on lui retire la couche à un moment où d'habitude il la sent contre sa peau, dans ce passage difficile qui le mène hors de la crèche vers la rue avant d'atteindre la maison, et c'en est trop ! Il refuse d'être grand dans ces conditions et affirme, par ses défécations successives, qu'il a toujours le droit qu'on s'occupe de lui !

Certains parents ne comprennent pas l'enjeu de tout ce travail chez l'enfant.

Ainsi la mère de Benoît : « La propreté se passe bien. Je ne comprends pas pourquoi il était réfractaire au pot il y a deux mois ! Maintenant ça va ! ».

Quand aux parents de Stéphane nous avons vu que leur anxiété les a fait se détourner du processus même de l'apprentissage et de la complexité du développement qu'il implique pour ne viser qu'aux résultats. Voilà pourquoi au lieu d'observer leur enfant ils ne font que de le contrôler et, en ce domaine qui est par excellence celui de l'omnipotence, on aboutit aisément à une lutte de pouvoir où les parents veulent souvent avoir le dernier mot.

La mère de Stéphane raconte sa première confrontation avec son fils : « Cela a été dur. Je le laissais sur le pot. S'il ne faisait pas, je le grondais ; et pour faire caca, je lui ai mis des suppositoires ! ».

Dans ces conditions l'enfant n'apprend pas qu'il peut gagner, en perdant ce qu'il possède, le soutien d'un parent qui le comprend. Il n'apprend pas non plus que c'est le seul moyen d'acquérir ceci. Il ne fait que l'expérience d'un désistement sous obéissance.

Le passage du pot aux W.C. implique, nous l'avons déjà souligné, un renouvellement du sentiment de perte : alors que le pot conserve sur son fond le « précieux » dépôt, les W.C. l'engouffrent et réveillent ainsi les premières angoisses liées à l'écoulement dans le nulle part.

Julien est passé depuis peu de temps du pot aux W.C... Or il me dit un jour, en faisant pipi dans les W.C. : « Mais je ne peux pas voir mon pipi ! ».

Il traduit ainsi tout haut ce qui bien souvent passe inaperçu.

Antoine choisit le pot orange et fait pipi dedans : « Ça y est ! » dit-il en se levant. Et il ajoute « Pipi sur les BC ! » (expression qu'il emploie pour W.C.).

Benoît, qui suit toujours Antoine dans cet apprentissage, a lui aussi fait dans un pot puis désiré les W.C... Ils sourient tous les deux.

« Ça y est ! » dit Antoine, « J'ai fait caca ! ».

Je regarde, mais Antoine n'a rien fait !

Nous voyons là ce qui introduit déjà notre propos futur : l'enfant qui craint de perdre son pot désire en même temps grandir et Antoine a trouvé un compromis entre ces deux positions : il va sur les « BC » comme un grand, mais il ne fait que semblant d'uriner et conserve le contrôle du pot et même de la couche comme un petit.

C'est durant cette période de transition que les enfants sont angoissés de faire dans leur culotte : celle-ci n'est plus vécue comme une couche mais comme une protection insuffisante contre un écoulement qui mène au fond des W.C... Le désarroi interne qui fait perdre à l'enfant le contrôle de ses sphincters s'accompagne alors d'une sonnette d'alarme : « Attention tu vas tomber et rien ne va te retenir ! ».

L'imminence de l'envie d'uriner provoque alors la panique. L'enfant ne peut que hurler : « pipi, pipi ! » comme on crierait : « au feu ! ».

Charlotte est particulièrement encline à éprouver ce genre de tourment : elle se dirige vers la salle de bain mais ne pouvant y parvenir à temps, elle fait pipi devant, dans sa culotte en hurlant. Une auxiliaire la lave et Charlotte, tétant son pouce, s'apprête à aller se coucher. Je lui demande ce qui se passe : « J'ai fait pipi là ! » dit-elle en indiquant du doigt la direction de la salle de bains, le lieu du drame.

Julien se réveille en pleurant de la sieste et, désemparé, il crie : « pipi ! pipi ! ». Il peut parvenir lui, jusqu'aux W.C. et en est tout de suite soulagé.

On voit qu'à ce moment de son évolution, l'enfant ne peut plus investir son lit comme une couche sécurisante propre à recevoir son écoulement. Mais il n'est pas encore capable de se contrôler suffisamment pour retrouver de lui-même le chemin des W.C... C'est l'adulte qui doit l'y conduire et qui lui sert de transition dans ce moment difficile où l'enfant a l'illusion qu'il ne possède à nouveau plus rien : ni ses moyens d'autrefois, faits de pièces empruntées, ni ceux de l'avenir qu'il est en train d'assimiler sans qu'ils soient encore devenus ses acquis.

L'aménagement des transitions est le maître mot durant tout cet apprentissage. Nous avons déjà vu comment les échanges verbaux peuvent constituer un passage menant du contact immédiat vers le contact à distance, de la couche au pot, puis du pot aux W.C... Ainsi certains enfants viennent nous voir et nous disent qu'ils ont envie de faire pipi. Cela nous surprend toujours, car l'enfant va seul dans la salle de bains ou dans les W.C... Mais ils ont ainsi le désir d'emporter avec eux la pensée que l'adulte sait qu'ils sont sur le pot. Dans ce qu'ils revivent d'une expérience de séparation, ils se servent de cette attention de l'adulte comme d'une aide dont la concrétude commence à être perdue. Mais nous voyons aussi certains enfants, en plein apprentissage sphinctérien, jouer systématiquement avec leur objet transitionnel.

Ainsi Benoît s'assoit sur le pot, pouce en bouche. Je lui demande s'il a fini. Il se lève et n'a rien fait. « Tu n'as pas envie de faire pipi ? » lui dis-je. Il me répond : « non ! ».

Il n'a utilisé le pot qu'afin de travailler au-dedans de lui-même cette situation de perte de sa couche et s'assurer ainsi peu à peu qu'un tel changement est viable. Il doit l'intégrer dans son psychisme car un apprentissage fonctionnel ne se limite pas à la pure mécanique d'une fonction, ainsi qu'on a vu les parents de Stéphane le croire aisément ; ils ont précipité un apprentissage qui demande une aussi longue assimilation qu'un changement de perspective sur le monde.

Beaucoup d'enfants ne se contentent pas d'emporter le simple message verbal de l'adulte. Ils veulent encore le concrétiser par la compagnie de leur objet transitionnel qui remplit alors pleinement son office.

Ainsi Stéphane prend son ours pour aller faire pipi sur le pot. Il le tient de façon concentrée et conserve deux doigts dans sa bouche.

De même Charlotte, qui demande souvent à aller faire pipi, a son pouce dans la bouche et réclame son mouchoir qui vient de la maison.

Nous avons déjà mentionné que toute l'observation et la verbalisation effectuée à propos de cet acte d'uriner ou de déféquer est un aménagement transitionnel du vécu de la perte impliquée là.

Citons encore Antoine. Il est assis sur le pot et me dit soudain : « J'entends le bruit ! ».

Moi : « Quel bruit ? ».

Antoine : « Le bruit d'Antoine ! ».

Il est en train d'uriner. A la fin, il se lève d'un bond et dit : « Ça y est ! ».

Nous voyons ici comment le contrôle perceptif qu'Antoine exerce sur la perte de ses liquides le rassure : sachant de la sorte à quel moment elle advient, il a le sentiment d'en commander la venue, et par conséquent l'arrêt. D'où sa jubilation finale, comme s'il avait accompli lui-même l'exploit dont il sera bientôt fier et qui est le propre des « grands » : n'uriner qu'au moment choisi par lui-même. « Ça y est ! » dit-il, « j'ai fait dans le pot et je suis déjà grand ! ».

L'alternance entre un comportement déjà familier comme celui de faire sur le pot et un comportement nouveau et générateur encore d'une légère angoisse sous-jacente, comme celui d'utiliser les W.C., cette alternance tient lieu de frange transitionnelle permettant de s'assurer que grandir est possible et que les acquisitions d'à présent ne sont pas des équivalences de pertes irrémédiables mais se transmuent, au contraire, en déplacements fructueux.

Tandis que le père de Stéphane, à peine arrivé le matin, retire la couche de son fils considérant qu'il est propre à présent, Laurent, lui, a tout le loisir d'effectuer ses allers-retours, d'abord entre la couche et le pot, puis entre le pot, lui-même et les W.C... Il fait ainsi depuis quinze jours dans les W.C. mais, parfois, son premier réflexe est de venir dans la salle de bains où se trouvent les pots.

Je lui dis : « Tu fais sur le pot Laurent ! ». A ces mots, Laurent a l'air de prendre tout à coup conscience de ce qu'il fait ; il répond : « Non ! sur les W.C. ! » et il part faire pipi dans les W.C...

Nombre de situations favorisent momentanément une régression à partir de laquelle il n'est guère nécessaire de conclure trop hâtivement à une entrave à la progression de l'enfant. L'approche compréhensive de ce qui se joue là pour l'enfant est la meilleure attitude permettant à l'adulte d'accepter la souplesse d'un développement qui n'est jamais linéaire.

Examinons quelques unes de ces situations suscitant une régression de l'enfant :

1 – L'identification

L'enfant peut s'identifier immédiatement, c'est-à-dire sans intermédiaire, à ce qui se présente à lui. C'est un mécanisme très élémentaire où l'enfant devient l'autre sans s'en rendre compte lui-même, de façon tout à fait magique.

Ainsi, un matin, l'accueil se fait dans la section des bébés. Charlotte arrive et fait pipi dans sa culotte. L'auxiliaire lui demande pourquoi elle a fait cela alors qu'elle sait aller sur le pot maintenant. Charlotte lui répond : « Parce que je suis un bébé ! ».

On voit que l'enfant est capable de dire après-coup ce qui s'est passé en elle, de la même façon omnipotente que ce qui a provoqué son identification au bébé. Il lui suffit de se comporter comme un bébé pour avoir en elle-même l'assurance d'en être un !

Un autre exemple d'identification magique, mais non plus à une situation désirable, nous est fourni par certains enfants qui se mettent à uriner tandis qu'ils manipulent un liquide. Comme plus haut dans le cas d'Émilie, en plein apprentissage de la propreté, il y a là une confusion d'identité entre l'objet inanimé devant soi et son propre moi.

Émilie hurlait de voir le bidet déborder sous ses yeux, Christophe lui, au moment du repas, s'amuse à verser son verre d'eau dans l'assiette. Quand je me fâche, Christophe n'a pas l'air du tout contrarié. Il sourit et continue de s'amuser avec les autres enfants. Mais nous nous apercevons à la fin du repas qu'il a fait pipi dans sa culotte, ce qui est exceptionnel.

Nous voyons là que dans un climat affectif complètement différent de celui d'Émilie, puisque Christophe a provoqué totalement une situation sans risque d'en être débordé, ce dernier a cependant réagi de la même façon en ce qui concerne sa participation au spectacle se déroulant sous ses yeux et même sous ses mains : il a commencé de s'écouler lui-même d'une façon semblable à celle de son verre, dont il voulait mêler le contenu à celui de son assiette.

La manipulation du sable, étant donné l'aspect informe, presque liquide qui lui est propre, peut entraîner aussi ce genre de réaction.

Ainsi Antoine, un jour où les enfants s'ébattent dans le bac à sable, fait pipi dans sa culotte mais n'en paraît pas le moins du monde contrarié.

Il ne semble guère là non plus qu'une quelconque angoisse de débordement se soit mise à l'œuvre. L'enfant a pu se sentir un moment aussi fluide que du sable, sans que cela ne concerne en totalité son identité : ce vécu ne fut joué qu'en partie, laissant à Antoine le sentiment de maîtriser parfaitement la situation : d'où son absence de gêne et de contrariété.

C'est l'absence de contrôle sur soi au sens plein du terme, puisqu'il concerne les fonctions corporelles, qui perturbe l'enfant. Dans l'exemple précédent, Antoine utilisait son corps pour jouer et se sentir en contact avec le sable. Mais, par ailleurs, Antoine peut être fort contrarié d'uriner dans sa culotte quand il a le sentiment que cela s'est fait à son insu.

Ainsi la mère d'Antoine nous rapporte qu'elle avait laissé son fils sans couche devant la T.V. Il regardait la publicité, complètement captivé, et parut fort embêté de s'apercevoir qu'il avait fait dans sa culotte. Quand sa mère l'a emmené dans la salle de bains pour le laver il n'a rien dit.

On voit donc là un enfant qui s'absorbe totalement dans l'objet qu'il regarde au point que son identité corporelle s'est confondue en partie avec celle de son objet. Outre cela, la dynamique de la scène qui s'est jouée devant lui s'est mêlée à celle qu'il a incorporée à l'intérieur de lui en la jouant activement dans son corps. Les limites entre le dedans et le dehors de lui-même se sont momentanément estompées et – qui sait ? – peut-être qu'Antoine a pensé que son urine pouvait agir sur la scène qui se déroulait sous ses yeux. La déconvenue surgit quand la réalité de son urine entraîne avec elle celle du retour à l'état non envié d'un petit garçon, de surcroît non propre et dépendant de l'adulte. Le réveil est dur qui le fait passer d'un héros de T.V. à ce triste état. Mais il se tait, car il sait déjà mesurer la différence entre le monde du dehors et celui du dedans où se déroule la scène de son imagination dont il devine que certains aspects ne seraient pas en accord avec le désir de ses parents. Perception demi-confuse : il sait que ses parents ne peuvent savoir ce qu'il imagine, d'autant que son début de contrôle sur ce qui s'écoule de lui concerne à la fois ses sphincters et sa vie psychique.

2 – *La séparation*

Nous avons déjà vu combien la séparation d'avec la mère ou le père, le matin, peut mobiliser d'angoisse encore à cet âge. Au temps de l'apprentissage de la propreté, il est normal que cette angoisse s'exprime en partie dans le corps de l'enfant, par la perte de contenus qu'il ne peut guère davantage retenir que sa mère qui le quitte. Voici l'exemple de Charlotte sensible, ainsi que d'autres enfants, à la séparation du matin lorsqu'elle a lieu non plus dans la section des grands mais dans celle des moyens qui mobilise, comme nous l'avons vu, à la fois le vécu d'une perte actuelle (sa propre section des grands) et celle d'une perte antérieure (lorsqu'elle a dû quitter les moyens). Perdre, en outre, son père dans ces conditions-là pour ne le retrouver que le soir est difficile pour elle.

Elle se colle à nous, entre nos jambes puis elle demande à une auxiliaire de la prendre. Ce matin, j'interviens et demande à Charlotte d'aller jouer avec les autres enfants. Cinq minutes plus tard, Charlotte fait pipi par terre.

Il ne s'agit pas là d'un acte agressif, –dont nous verrons des exemples plus bas–, mais d'un vécu corporel d'écoulement sous le choc du décollement : Charlotte n'a pas pu compenser la perte de son père, trop importante pour elle ce matin, en se collant à l'auxiliaire : il ne lui est donc resté, faute de cette défense, qu'à exprimer ce qu'elle ressent directement en urinant.

Quand l'angoisse de la séparation est plus intense et durable, il arrive fréquemment d'observer une perturbation dans le système neurovégétatif lui-même, entraînant la transformation de la fermeté des matières en diarrhées comme si l'angoisse de couler n'utilisait plus seulement les liquides du corps pour s'exprimer mais parvenait à rendre liquide ce qui ne l'était pas d'abord.

François a depuis quelques temps des diarrhées. Il fait dans sa culotte deux à trois fois par jour. Le médecin qui a été consulté n'a rien trouvé d'anormal, au niveau physique. Mais la famille va très bientôt déménager. Outre cela, la mère est enceinte.

Plus l'enfant est petit, plus il vit, nous le savons, son cadre et son milieu de vie comme un substitut maternel dont la permanence assure sa sécurité de base. Le malheureux François était en train de perdre les deux puisque d'une part sa mère avait la tête et le corps occupés par le futur bébé et que, d'autre part, le cadre de sa vie allait être aussi perdu bientôt : sa chambre, la place de son lit et celle de ses jouets... Nous avons du mal à nous rendre compte de l'importance du trouble qu'éprouve l'enfant et peut-être que nous devrions pour cela transposer l'événement à l'échelle de notre monde adulte : je pense qu'il ne serait pas exagéré alors d'évoquer l'exil en un pays étranger où se parlerait là une langue inconnue...

La mère le sait à sa façon mais, ainsi que certaines femmes identifiées à leur enfant avec trop de proximité, et donc parlant le même langage que lui, elle reporte sur le père l'entière responsabilité d'une telle situation :

c'est à cause de papa si rien ne va dans la vie, et si l'enfant ne se sent pas bien avec elle, c'est encore et toujours à cause de papa ! On se demande alors qui parle : la mère, l'enfant, ou le petit enfant qui vient du passé de la mère et qui s'exprime encore au présent ?

La mère de François me demande donc comment va François en ce moment. Je lui réponds qu'il va mieux, qu'il est actif et qu'il a cessé de faire dans sa culotte. La mère aussitôt me communique sa théorie là-dessus.

La mère : « Oui, je crois que cela va bien parce que son père est parti ! Je suis davantage disponible pour m'occuper d'eux ! Quand leur père est là, on discute ensemble… et puis, il fait taire les enfants pour parler. En fait cela se passe mieux quand il n'est pas là et les enfants le ressentent ! ».

Ne croirait-on pas entendre un enfant qui dirait à son père : « Va-t'en ! Et laisse-moi seul, avec maman ! » ?

Dans un autre exemple nous allons voir que sont amalgamés les problèmes liés à la propreté de l'enfant, la grossesse de la mère et là, (non plus la réduction du malaise à la présence ou non du père), l'annulation complète de la dimension psychologique des difficultés de l'enfant.

Les parents de Juliette sont pourtant très angoissés. Les questions qu'ils nous posent sur la manière dont Juliette a passé la journée en portent témoignage : « A-t-elle bien mangé ? Comment sont ses selles ? A-t-elle bien dormi ? »… Nous leur répondons que tout s'est bien déroulé, mais cette absence de problème semble presque les ennuyer.

C'est que, derrière ces questions, se dissimule le manque d'une prise en compte du psychisme de l'enfant dont la difficulté présente se traduit momentanément dans son corps. Considérer que ce dernier se porte bien, laisse donc chez ces parents un éternel doute puisqu'ils savent inconsciemment que là n'est pas la profonde question, celle qu'ils ne souhaitent pas aborder et celle qui risque de surgir lorsqu'aucun prétexte ne permet plus de la déplacer sur un souci corporel.

Nous pouvons penser qu'une telle attitude accroît les difficultés de Juliette puisqu'elle sent à la fois que sa mère va bientôt s'occuper du futur bébé, que l'ancienne place qu'elle avait dans sa tête va donc être perdue et que, surtout, sa mère ni son père ne seront plus disposés à comprendre ce qu'elle éprouve. Puisque seule une expression physique de sa souffrance les mobilise, Juliette traduit physiquement son problème.

La mère est donc enceinte de sept mois et Juliette suit un régime alimentaire particulier à cause de ses diarrhées persistantes. Elle a même été hospitalisée pour cela, mais aucune raison physiologique de ce qu'elle exprime ainsi de son vécu d'écoulement, n'a été découverte. Or, en réaction contre le sentiment de perte totale de ses contenus, Juliette devient constipée et refuse d'aller sur le pot, même pour uriner. Si on le lui propose, elle pleure. Depuis quelques temps, après avoir bénéficié chez ses grands-parents d'une attention toute particulière, Juliette recommence peu à peu à aller normalement sur le pot. Cependant aujourd'hui Juliette a fait trois fois pipi dans sa culotte et, à chaque fois, s'est mise à pleurer. La mère arrive au moment où je la change. Je lui explique en plaisantant. « Eh bien vous voyez ! vous qui craigniez qu'elle n'urine pas ! Elle vient de faire deux fois en l'espace d'un quart d'heure ! ».

Le visage de la mère se décompose alors. Le ton que j'ai employé n'était pas de mise, ou plutôt, étant donné le rejet de toute considération psychologique par cette femme, aussitôt qu'elle m'a vue adopter une attitude semblable à la sienne, elle a repris à son compte l'attention qu'en général elle me délègue envers le psychisme de son enfant.

L'air extrêmement sérieux, elle me répond : « Mais vous ne vous rendez pas compte par quoi on est passé ! » et, s'adressant à Juliette : « Ne pleure pas ! » dit-elle, « Ce n'est pas grave de faire pipi dans sa culotte ! Tu es encore un bébé ! ».

En discutant avec les parents de Juliette de son refus d'uriner, j'ai appris que les résultats des examens ont révélé un état physiologique normal. Je leur proposai une interprétation psychologique, tenant compte du désir de régression de leur enfant. Mais le père secoua fermement la tête : cette chose était absolument impossible et l'origine « médicale », c'est-à-dire physique, des difficultés de l'enfant était tout à fait assurée ! La mère exprima ce qu'il y avait de culpabilité parentale sous un tel déni : « Juliette n'est pas malheureuse ! peut-être que quand je serai dans mon congé de maternité je m'occuperai plus d'elle et cela ira mieux ! ».

La mère sait que son enfant réclame à sa façon sa présence attentive. Mais elle sait aussi qu'elle ne peut la lui donner puisqu'elle la laisse à la crèche depuis 8 heures le matin jusqu'à 18 heures 30 le soir. Elle ne peut rien changer à cette situation. Elle se trouve donc coincée entre une culpabilité trop lourde à porter pour elle et un déni de toute cause psychologique des difficultés de son enfant. Or Juliette réagit : si ses parents ne se rendent pas compte de ce qui se passe dans son psychisme, elle ne peut maintenir au niveau psychique l'expression de son malaise et elle lui donne la seule forme « compréhensible » par ceux qui l'entourent : la forme d'un trouble physique.

3 – L'incompréhension

La régression vers une situation que l'enfant a déjà dépassée peut s'effectuer épisodiquement lorsqu'il a brusquement le sentiment de n'être pas compris. L'enfant retourne alors à une position dans laquelle il se savait aimé.

Ainsi en est-il de Lisa, petite fille sage et déjà propre. On avait défendu aux enfants de monter sur la table, mais Lisa a continué de se tenir là malgré l'interdiction. Nous nous sommes fâchées et Lisa s'est mise à sangloter, ce qui est assez rare, car elle ne se fait jamais disputer. Elle est allée se calmer sur son lit, puis nous l'avons appelée pour qu'elle vienne manger. Le repas s'est très bien déroulé, et la colère fut apparemment oubliée. Mais au lever de la sieste nous nous sommes aperçues que Lisa avait fait pipi dans son lit.

Nous pensons que l'urine traduit moins ici la fureur de n'avoir pu se comporter comme elle l'entendait que l'affirmation de la possession d'un objet qui ne la gronde, ni ne la déçoive jamais. Un objet qui, telle la mère d'autrefois, n'exigeait d'elle pas plus de propreté que d'obéissance. Une telle régression provoque parfois de l'angoisse et l'enfant se réveille soudain au milieu de son urine en pleurant « pipi ! », comme un appel au secours devant le danger d'une fusion envahissante : celle qui s'est instaurée entre elle et son objet mêlés dans un même liquide.

II – L'acquisition d'une autonomie

Nous venons de voir les aspects qui, dans l'apprentissage de la propreté donnent à l'enfant, le sentiment pénible de se séparer à nouveau de l'objet de son attachement. Ceci s'accompagne de la conscience de sa propre faiblesse. Mais au fur et à mesure que l'enfant se sent à même de dépasser cet état, il utilise ses capacités naissantes, parallèlement, dans deux buts : d'une part il s'affirme en tant que grand par opposition au bébé qu'il n'est plus, d'autre part, il utilise son évacuation volontaire comme une affirmation de sa puissance agressive face à l'adulte, quand ce dernier affirme de son côté, son autorité. C'est ce qui fait du temps de l'apprentissage de la propreté une période souvent pénible à supporter par les adultes.

Reprenons à présent plus en détail ces deux avatars de l'acquisition d'une autonomie.

1 – Être grand

Lorsque l'enfant commence à sentir sa capacité d'être propre, il commence aussi à se rendre maître de la limite à établir entre ce qui est sale et ce qui ne l'est pas. Mais cette limite recouvre celle qui sépare ce qu'il ferait de « mauvais » par opposition à ce qu'il ferait de « bon ». Le « mauvais » est sale, le « bon » est propre. Cette assimilation peut prendre des proportions excessives chez certains enfants, particulièrement lorsqu'ils veulent s'assurer eux-mêmes qu'ils ont avec succès passé le cap de l'état de bébé confondu avec celui d'une « sale » dépendance. Tout ce qui est vécu comme « mauvais » par l'enfant est synonyme de dépendance tandis qu'il tente, en étant tout à fait propre, de se persuader qu'il n'a rien à voir avec les aspects sales de lui-même.

Ceci peut faire partie d'une phase de l'apprentissage du contrôle sphinctérien. En voici un exemple :

Antoine est propre dans la journée et, depuis quelques jours, sa couche est sèche à la sieste. Je propose à Antoine, à la fin de la journée, de ne pas mettre de couche pour rentrer à la maison. Il refuse. Je lui mets donc sa couche. Je relate la scène à la mère qui me répond : « C'est vrai ! C'est important pour eux cette couche ! Ils y sont habitués ! Mais curieusement, Antoine devient maniaque ; il ne supporte plus une tache sur son pull ; ni d'avoir les mains sales. Hier, il a reçu des épinards sur son pantalon, et il s'est mis à hurler. Pourtant, nous ne sommes pas maniaques ! ».

On voit que la mère traduit bien là le contrôle momentanément obsessionnel d'Antoine sur les aspects de lui-même qu'il juge sales et dont il ne supporte pas la trace sur lui. Cette attitude semble favorisée par la considération, au cours de l'apprentissage de la propreté, que le « sale » doit nettement être séparé du « propre ». Les enfants sont fiers d'eux-mêmes lorsqu'ils y parviennent et, en dernier ressort, c'est cette fierté qui, soutenue par l'adulte auquel ils ont le sentiment de s'identifier et à qui ils aiment plaire afin d'en recevoir de l'amour en retour, c'est cette fierté-là qui les soutient dans ce difficile apprentissage. Nous la voyons encore se développer chez Antoine au moment où elle se mêle d'une angoisse non totalement assumée vis-à-vis de la perte qu'il est en train d'accepter.

Au lever de la sieste, Antoine choisit de faire dans le pot. Émilie est en train de faire caca. Antoine dit : « Ça sent pas bon ! ».

Je lui demande : « Qu'est-ce qui ne sent pas bon ? ».

Antoine : « Le caca d'Émilie ! ».

Pendant que je lave Émilie, elle me parle de bébé et de caca.

Antoine a fait un tout petit peu caca dans le pot. Je le lui fais remarquer : « Dis donc Antoine, tu as fait caca dans le pot ! ».

Antoine : « Super ! Super ! ».

Puis : « Tu as jeté mon caca ? ».

Moi : « Je l'ai jeté dans le vidoir ».

Antoine : « Je veux mon caca ! ».

Moi : « Pour qui ».

Antoine : « Pour Antoine ! ».

Puis : « Tu mets pas de couche ! ».

Moi : « Non, je te mets une culotte puisque tu fais dans le pot maintenant. Tu fais dans le pot ou dans la culotte ? ».

Antoine : « Pipi dans la culotte ! ».

Toujours soucieux du destin de ses matières, quoiqu'il soit fier de les avoir abandonnées au pot, Antoine me demande, dix minutes plus tard :

« Tu as jeté mon caca ? ».

Ce dialogue montre comment l'état d'esprit de l'enfant se trouve, à cette période, à cheval entre la confirmation joyeuse qu'il n'est plus un petit, qu'il ne sent plus mauvais, (ici c'est Émilie le bébé qui fait du « sale caca »), et l'inquiétude de perdre, avec cet état, les avantages qu'il en tirait. Parmi ces derniers il y a l'assurance constante que sa mère, comme ses matières retenues par la couche, se tient toujours contre lui. A présent il doit accepter qu'elle s'en aille et il craint de ne plus la revoir, pas plus qu'il ne reverra ses matières jetées dans le vidoir. C'est pourquoi cette pensée perdure dans l'esprit d'Antoine qui la traduit ainsi dix minutes plus tard : « Tu as jeté mon caca ? ». Mais le sentiment de fierté l'emporte cependant peu à peu ainsi que chez Laurent.

Ce dernier, qui fait habituellement sur le pot, est très fier d'aller sur les W.C... Quand son père vient le chercher, il veut lui montrer qu'il va sur les W.C... Son sentiment de fierté s'associe là à celui qu'il escompte provoquer chez son père et c'est cette réponse de l'adulte qui aide l'enfant à s'identifier à lui : Laurent veut, pour se faire aimer par son père qu'il admire et pour devenir un jour comme lui, se comporter comme il pense que son père attend qu'il se comporte. C'est cette attitude qui l'emporte quand un garçon travaille à grandir.

Un jour, Laurent se trouve dans les W.C. et m'appelle. Il est train de faire caca. Il se lève, regarde ce qu'il a fait et dit : « C'est un petit bout ! ». Mais il en paraît très fier ! Car ce petit bout est considéré par lui comme le produit de ses propres efforts.

Antoine, lui, de façon toujours très expressive va chercher aussi l'adulte afin de le rendre témoin de ses exploits. Il ne mouille plus ses couches à la sieste. Il arrive dans la salle de bains avec le change complet que l'auxiliaire lui a retiré et, très fier, il me montre sa couche sèche. Il m'explique qu'il n'a pas fait pipi. Je le complimente et il en est ravi.

Un autre jour, il demande à se lever de table pour la première fois afin d'aller faire pipi. Je l'aide à baisser sa culotte. Il va aux W.C. et revient. Il semble qu'il veuille me dire quelque chose. Je commente : « Tu as fait pipi ? ». Tout fier il répond : « Oui, ça y est ! ». Puis il se tourne vers la cuisinière et clame content : « J'ai fait pipi ! ».

Au lever de la sieste je le change et, tout fier encore il m'annonce : « Pas pipi dans la culotte ! ».

Moi : « Tu fais où ? ».

Antoine : « Pipi dans les fesses, pipi dans le zizi, pipi dans le pot ! ».

Les enfants ont le sens du travail accompli sur soi-même ainsi qu'on vient de le voir à propos de Laurent et d'Antoine. Mais on voit que la fierté éprouvée est intimement liée à celle qui, mêlée de plaisir, est ainsi provoquée chez l'adulte. L'enfant s'identifie alors non seulement à l'image que l'adulte attend de lui, mais à l'adulte lui-même heureux que l'enfant fasse l'effort de ressembler à cette image. Nous le voyons dans les jeux et dans les relations que les enfants nouent entre eux ; ils reproduisent là en s'amusant non seulement notre monde d'adultes mais aussi la façon dont ils perçoivent que nous les voyons.

Ainsi Benoît vient de faire pipi dans le pot. Passant à côté de lui, Stéphane lui lance : « Bravo ! ».

Il le gratifie de la sorte d'une récompense qui l'élève lui-même au rôle de l'adulte sachant juger ce qui est bien fait.

Stéphane ne limite pas à des commentaires verbaux son identification à l'adulte dans cette situation-là. Il veut faire les mêmes gestes que lui et se sentir dans son corps lui-même comme un grand.

Il a fait caca dans le pot au lever de la sieste. Il se lève à peine, regarde dans son pot puis se rassoit. Il semble vouloir rester sur le pot. Quand je le félicite, Stéphane sourit légèrement mais ce qui l'intéresse le plus c'est de vider tout seul le pot dans le vidoir. Il ira de lui-même se rasseoir sur un pot, faire trois gouttes pour avoir l'occasion de vider son pot à nouveau…

L'enfant s'assure de la sorte qu'il peut non seulement être grand en faisant les gestes des grands, mais aussi contrôler par lui-même la perte de ce qui lui est proche. Toute perte maîtrisée semble moins douloureuse à vivre…

Nous avons eu fréquemment l'occasion d'observer que chez Stéphane l'angoisse des parents a poussé cet enfant à se couper très vite, c'est-à-dire sans transition, de l'état fragile du bébé qui souffre de perdre les objets de son attachement. Il doit se montrer dur et fort. Dans cette perspective, il semble qu'il joue le fait de rejeter loin de lui, dans le vidoir, le bébé sale et déprimé qu'il sent au fond de lui-même et qui n'a pas l'air de plaire à ses parents. L'identification à l'adulte ne se fonde pas alors sur une réelle progression de l'enfant mais plutôt sur une complaisance qui modèle son comportement sur le désir de l'adulte. Il est évident que le problème reste entier et que le bébé, de la sorte jeté au fond du vidoir, réclamera son dû de compréhension, et ceci peut-être bien toute la vie durant.

La globalité de nos observations nous a permis de déceler, à un moindre degré, une telle attitude chez presque tous les enfants, comme s'ils avaient besoin d'assurer leur sentiment qu'ils grandissent à un moment donné en affirmant que le petit, c'est bien l'autre et que les grands, ce sont eux !

Ainsi Antoine, propre à présent, a pourtant un jour fait pipi par terre alors qu'il déjeunait à table. Il me dit aussitôt en indiquant la plaque à ses pieds : « C'est le pipi de Benoît ! ».

Benoît est un enfant qui suit toujours Antoine, son modèle dans l'apprentissage de la propreté. Il est comme un petit frère qui imite le grand. Mais en l'occurrence, quand le grand frère fait le petit, il a du mal à le reconnaître, moins dans la crainte d'être disputé que par la honte de perdre sa place d'aîné fondée sur l'admiration du cadet.

Cette projection de l'état infantile régressif sur un autre enfant peut être symbolisée lorsque l'enfant utilise une poupée, afin de jouer avec elle une scène qu'il tente d'élaborer de la sorte et de rejeter dans le passé. Il sera ainsi capable d'en faire un souvenir plus tard.

Nous voyons Ève et Marjolaine jouer dans la salle de bains à installer chacune à son tour sa poupée sur le pot.

A un autre moment, Lisa et Marjolaine vont dans les W.C. avec leurs poupées.

Elles les assoient sur la cuvette, sortent et disent : « Ça y est ! ».

Enfin voici Lisa qui, à deux ans huit mois, joue à la poupée dans les

W.C. : elle l'allonge complètement sur la cuvette afin qu'elle puisse tenir toute seule. Des enfants entrent et regardent la scène. Cinq minutes plus tard, Lisa, toujours dans les W.C., a fait pipi par terre à côté de sa poupée.

Il semble que Lisa a voulu de la sorte magiquement prêter vie à sa poupée. Elle urine comme elle souhaiterait que sa poupée le fasse mais, lorsqu'elle se lève, elle est ramenée à la réalité de sa situation : elle n'est pas la maman qui surveille l'enfant, mais la petite fille, celle qui doit apprendre à aller seule sur les W.C... Tout ce jeu cependant vise à intégrer en elle-même la fonction que l'adulte lui demande d'assumer à présent. Pour ce faire, elle s'aide de ce jeu où elle délègue à sa poupée son propre rôle.

L'enfant qui s'identifie ainsi à l'adulte n'est grand que par anticipation, comme nous le verrons dans un chapitre ultérieur. Il est magiquement grand au prix de mettre l'état de petit dans un autre enfant ou dans un jouet. Il apprend cependant, lorsque cette projection n'est pas massive, à se développer en jouant ces différents rôles.

Il est quelquefois frappant d'observer que l'enfant traite l'autre comme il pense qu'un parent sévère le ferait, ou le fait d'ailleurs quelquefois. Il joue au sermonneur.

Ainsi Antoine a une propension particulière à se camper dans le rôle du parent qui juge. Je suis en train de laver Stéphane qui a fait dans sa couche tandis qu'Antoine est déjà sur le pot. Il jette un coup d'œil vers Stéphane et s'écrie, l'air désapprobateur : « C'est vilain Stéphane ! ».

Deux mois plus tard, il n'a pas changé d'attitude et, tandis que je demande à Vincent de retirer sa culotte car il l'a salie, Antoine, qui assiste à la scène s'adresse à Vincent d'un ton autoritaire : « Dis donc ! » lance-t-il, signifiant que ce n'est pas bien de faire dans sa culotte !

Or Antoine qui veut sermonner les autres n'est pas toujours à la hauteur du rôle qu'il prétend jouer. Il fait un jour lui-même pipi dans sa culotte tandis qu'il est à table. Il m'appelle, mais il n'a pas du tout l'air contrarié. Je lui demande de me prévenir lorsqu'il a envie de faire pipi pour que je lui donne l'autorisation de se lever. Il me répond : « D'accord ! ». Barbara écoute et dit à Antoine : « Pourquoi tu as fait pipi dans ta culotte ? ! ». Son air est aussi fort désapprobateur !

Antoine n'a peut-être pas profité de la leçon, mais Barbara, elle, est ravie de lui en donner une ! Elle met ainsi à l'intérieur d'Antoine l'enfant sale qui réside en elle et le sermonne à bon compte.

Nous avions vu cependant que l'aspect momentanément maniaque d'Antoine sous-tendait la crainte des aspects de lui-même qu'il jugeait mauvais. Nous pouvons penser qu'en attribuant à l'autre ces aspects-là il les observe du dehors et pense les contrôler ainsi.

Ce sont quelques uns de ces aspects que nous allons souligner à présent.

2 – Être agressif

L'enfant considère que les produits de son évacuation, dans la mesure où ils ne sont pas bons, peuvent lui conférer une puissance, négative certes, mais une puissance tout de même qu'il est bien près de transformer dans son imagination en une toute-puissance. Faute d'être moyennement fort grâce au temps d'un travail, il désire être le plus fort dans l'immédiat. Et de cela, il cherche constamment la preuve. Il la trouve la plupart du temps en contrôlant d'autres enfants ; mais il n'a jamais alors l'assurance d'un triomphe absolu. Pour cela, il lui faut contrôler l'adulte…

Je demande à Émilie de nous aider à ranger les jouets. Celle-ci me fait croire qu'elle a envie de faire pipi.

Ce contrôle de l'adulte va se muer en opposition nette. C'est ce qui donne à cette période son caractère si difficile à supporter par l'entourage de l'enfant. En apprenant à s'opposer, nous le verrons au chapitre suivant, l'enfant apprend que l'opposition est possible et non dangereuse. En ce qui concerne l'expulsion de ses matières, il apprend ainsi qu'il les perd volontairement et se confirme dans l'idée que ce n'est pas l'adulte qui vient les lui arracher en le réduisant, de ce fait, à l'état d'impuissance. Il s'assure ainsi de ses propres limites corporelles que l'adulte ne doit pas franchir, car s'il le fait, l'enfant est bien près de les transformer en forteresse !

Ne voyons-nous pas durant cette période l'enfant s'envelopper d'une série de « non » qu'il place autour de lui comme un blindage destiné à lui donner la preuve que ce n'est pas lui qui recule devant l'adulte, mais l'inverse ? Il s'agit de savoir accepter ce moment et considérer que l'enfant nous donne avec ses matières une grande partie de son omnipotence infantile.

Émilie a 2 ans. Elle commence à être propre. Mais depuis deux jours elle fait caca au moment du repas et commence à pleurer. Parallèlement elle refuse d'aller sur le pot. Quand, après le repas, je lui propose d'aller sur le pot elle répond : « Non ! ».

Antoine commence à être propre depuis quinze jours environ. Mais son comportement passif et obéissant s'est mué en une attitude qui frôle l'arrogance. Il fait des choses interdites. Aujourd'hui, par exemple il est monté délibérément sur la table.

L'enfant tente donc de considérer que le produit de son excrétion a la puissance d'une arme qu'il peut utiliser moins pour se défendre que pour se venger de qui lui déplaît ou de qui le fait se sentir petit. Souvent des enfants que nous avons grondés vont uriner quelque part, et pas toujours dans leur lit, afin d'y trouver une satisfaction régressive. Ils font dans leur culotte « exprès », afin que l'adulte se mette au service de leur omnipotence.

Au début de la sieste Julien s'est levé deux fois pour aller faire pipi. A la troisième fois, je lui ai dit de se coucher. Pendant la première heure de la sieste, il a fait pipi au lit. Au lever, il a expliqué à l'auxiliaire qu'il a fait pipi parce que je lui avait interdit de se lever de son lit. A la seconde heure de la sieste, Julien recommence à pleurer. Il veut aller faire pipi. Devant les W.C., il fait dans sa culotte...

Nous pouvons penser que Julien a trouvé intolérable que l'éducatrice attente à sa liberté : celle de se mouvoir et celle surtout qui se rapporte, ainsi que nous le verrons bientôt, à sa fantasmatisation érotique exprimée par l'acte d'uriner. La nuit aussi Julien aimerait bien se lever sans cesse pour se rendre, non seulement aux W.C. mais dans la chambre de ses parents.

En faisant pipi au lit, il ne fait pas que contrer l'interdit de l'éducatrice, il se donne la satisfaction de sortir tout de même de son lit et d'aller malgré tout dans la salle de bains. Il compare sa puissance à celle de l'éducatrice et fait triompher la loi de l'enfant sur celle de l'adulte. Tout se renverse si le fait d'uriner n'est pas volontaire ; si l'enfant « s'oublie ». Là, tout au contraire, il se sent petit et son acte est la manifestation non plus de sa puissance mais de son impuissance à se contrôler lui-même. Nous voyons donc que tout dépend de l'intention et non du résultat de l'acte commis. Si l'enfant lance son urine contre quelqu'un ou s'il la laisse s'échapper malgré lui, son sentiment d'identité est différent.

Je change Julien et, au moment de lui mettre sa culotte je ne la trouve pas. Je demande à l'auxiliaire de la chercher mais elle ne la voit pas. Tout à coup Julien me dit : « Elle est derrière la porte ! ». Nous la trouvons là en effet, dans un coin des W.C... Mais elle est sale et Julien l'a cachée non pas simplement par crainte de se faire gronder mais surtout à cause de la honte d'avoir ainsi perdu son contrôle sur lui-même. Ce n'est que trois heures après avoir sali sa culotte qu'il a pu nous dire la chose.

Ce temps mesure la profondeur de son amour-propre blessé. Il n'a pu l'oublier ainsi que le font d'autres enfants lorsqu'ils égarent leurs affaires. La culotte dans un coin, il le sait, le rappelle à la désagréable réalité du moment où il fut encore un bébé.

L'écart qui l'a fait passer du « grand » garçon de maintenant à celui d'un bébé impuissant le fait rougir de honte. Il voudrait ne plus rien avoir à faire avec lui, mais il ne peut l'oublier.

III – L'apprentissage de la propreté et les préoccupations sexuelles de l'enfant.

Les adultes ne sont pas toujours enclins à considérer d'une part l'existence d'une sexualité infantile et, d'autre part, le fait que cette sexualité est intimement mêlée, au départ, à des zones qui ne concernent pas en principe la sexualité des adultes. C'est que l'enfant n'a pas encore bien délimité ses différentes zones de satisfaction érotiques : la bouche, les zones anale et génitale. L'apprentissage de la propreté, nous venons de le voir, aide l'enfant à créer des limites, des séparations en lui-même, bien qu'il vive cela de façon parfois brutale comme il a vécu de façon plus ou moins abrupte un sevrage précoce le séparant de sa mère. Mais en ce qui concerne son sexe, la difficulté d'une distinction entre les fonctions sexuelles et urétrales se trouve accrue du fait qu'il s'agit dans les deux cas du même organe. L'enfant qui a envie de faire pipi constamment ne sait pas s'il s'agit d'un réel désir d'uriner ou d'une excitation sexuelle induite par ses fantaisies plus ou moins conscientes. La réaction des adultes est souvent de dénier l'existence de telles pulsions chez l'enfant et, plus encore, l'existence de tout son monde fantasmatique se rapportant à la vie sexuelle des adultes et de ses parents. Ce faisant, les adultes tentent d'oublier qu'au fond d'eux-mêmes réside cet enfant d'autrefois dont ils se méfient à présent. Ils se conduisent alors comme des enfants qui, nous venons de le voir à propos de l'apprentissage de la propreté, craignent de perdre leurs qualités de « grands », en pensant au bébé qu'ils furent il n'y a pas longtemps. Mais l'enfant qu'on veut ainsi cacher réapparaît au moment où on le souhaite le moins.

Tel est le père de Stéphane, dont on a vu la rigidité en ce qui concerne l'éducation de son enfant. Il n'ose pas employer les mots « pipi » ni « caca » dans la conversation. « Il a fait hier et ce matin. Et vous a-t-il fait dans le pot ? ». Je lui réponds : « Oui, il a fait caca dans le pot au lever de la sieste ! ». Le père paraît satisfait que l'aspect sale de l'enfant soit caché comme doit être effacé de la conversation le vocabulaire qui porte cet aspect.

Un autre jour, le père de Stéphane m'annonce : « Pour la propreté, Stéphane a fait ! ».

Nous ne savons pas ce qu'il a fait et je rétorque : « Il a fait pipi dans le pot ? ». Le père prend un air gêné : « Non... ». Je suis obligée de prononcer le mot fatidique : « Il a fait caca ? ». Enfin le père ose dire la chose : « Oui, il a fait caca... Mais ça n'a pas été facile ; il est resté trois quarts d'heure sur le pot. C'est sa mamie qui s'en occupe. Avec moi, cela ne marche pas... ».

La gêne et l'inhibition du père dénoncent tout le contraire de ce qu'il souhaiterait laisser paraître de lui. Il voudrait, en effet, passer pour un adulte parfaitement éduqué conduisant sur cette voie son enfant trop peu propre. Mais sa gêne traduit qu'il existe au fond de lui-même un enfant prenant plaisir dans l'acte même de la défécation. Un plaisir que le père, s'il en avait connaissance, qualifierait de « sale ».

C'est de cette composante anale de sa sexualité infantile que le père se défend par sa rigidité de même qu'Antoine, nous l'avons vu plus tôt, devenait maniaque en voyant des taches sur ses vêtements. Au fond du père il y a un enfant encore confus : il ne sait pas séparer l'anal du génital, de telle sorte que lorsque nous évoquons quelque chose d'anal concernant son enfant il rougit comme si l'on parlait de quelque chose de génital. Paradoxalement cette attitude, quand elle s'exprime en face de son enfant, induit chez ce dernier tout le contraire de ce que le père souhaiterait transmettre : l'enfant peut s'interroger sur ce qui fait rougir son père et se demander au fond si le plaisir sexuel n'est pas un plaisir anal.

Nous allons examiner sous trois angles ce qui naît et se réveille de sexualité infantile lors de l'apprentissage de la propreté. Il s'agit d'abord de l'excitation née chez l'enfant, puis de l'exhibition liée à l'exploration de ce qu'il découvre, enfin du désir de cacher ses fantasmes à ce sujet.

1 – L'excitation

Il est difficile d'affirmer que l'enfant qui porte des couches ne vit pas déjà ce dont nous parlons ici. Mais la couche, se collant au corps, ne dégage pas un espace dans lequel pourrait constamment s'introduire le regard et la main. C'est dans cet espace que va s'organiser toute la curiosité de l'enfant et, avec celle-ci, toute son excitation sexuelle. Cette dernière est plus aisément observable lorsqu'elle se manifeste par une envie permanente d'uriner, tant chez les filles que chez les garçons que lorsqu'elle prend la forme cachée du plaisir de la défécation. L'envie d'uriner est d'ailleurs en général moins contrôlable que celle de déféquer. Elle se manifeste de façon si pressante que l'enfant ne peut pas plus aisément la retenir qu'il ne peut retenir l'urgence d'une excitation et son besoin d'assouvissement immédiat.

Julien est dans cette période d'excitation perpétuelle dont il ne connaît qu'à demi l'origine, puisqu'il est tout à fait convaincu que c'est d'une envie d'uriner qu'il s'agit. Alors qu'il vient d'uriner cinq minutes avant le repas, le voilà qui demande à nouveau d'aller aux toilettes. Je discute avec lui et lui fais remarquer qu'il vient d'y aller. Mais Julien me dit qu'il veut faire un second pipi. Il y va. A la fin du repas, il recommence et me demande à aller faire pipi. Cette fois je refuse. Julien m'explique alors qu'il veut faire un dernier pipi. Les jours suivants le scénario se reproduit et Julien peut enfin me dire : « Le pipi, il veut sortir du trou ! ».

Moi : « Ah oui ? ».

Julien : « Oui, il veut sortir du trou du zizi ! ».

Dans cette volonté que Julien attribue au pipi de sortir du « trou » nous pouvons reconnaître à la fois la manière très concrète avec laquelle l'enfant vit ce qu'il éprouve, comme si c'était une chose en soi qui désirait se mouvoir dans Julien, mais aussi comment cette chose est l'excitation qu'il ressent et qu'il désire expulser de la sorte, afin d'en être apaisé. C'est en pleine sieste, au moment où il se défend le moins contre elles, que ses rêveries sexuelles surgissent et l'éveillent. Elles s'expriment encore par le désir d'uriner.

Un jour qu'il ne dort pas, il se met à bouger tout à coup dans son lit. Il commence à pleurer.

Moi : « Que se passe-t-il Julien ? ».

Julien : « Pipi ! ».

Moi : « Va faire pipi ».

Il arrive dans les W.C., allume la lumière. Il s'assoit, mais il ne semble pas uriner vraiment. Il se lève, joue avec son sexe et remet sa culotte. Il éteint la lumière et se recouche.

« Pipi » voulait dire pour lui : « quelque chose se passe dans mon sexe ». C'est ainsi que certains enfants en arrivent à dénommer leur sexe : « fait pipi », comme si le picotement du désir d'uriner et celui de l'excitation sexuelle étaient confondus par l'enfant qui cherche à ce moment à déterminer la qualité de ce qui est plus spécifiquement sexuel et qu'il ignore encore.

2 – L'exploration et l'exhibition

Lors de ses explorations sexuelles l'enfant cherche souvent un témoin.

Ce dernier est le support, le miroir de la nature sexuelle des fantasmes qui habitent l'enfant et qui s'adressent aussi en partie à son témoin. Au plus profond de lui-même, c'est avec ses parents, existant à l'état d'images en lui, que l'enfant joue ainsi. La petite fille se place sur une scène où elle est vue par son père, et le garçon par sa mère. Mais c'est toujours l'enfant le metteur en scène.

Ainsi Juliette voudrait bien faire pipi devant son père, mais elle ne veut pas que ce soit lui qui le lui demande. Ce dernier est agacé : quand il demande à sa fille si elle a envie de faire pipi, elle répond « non » systématiquement. Mais, au moment de l'habiller, c'est elle qui veut aller sur le pot.

Le père : « Je te l'ai demandé tout à l'heure, alors c'est non ! ».

Juliette insiste et se débat. Le père finit par céder et l'emmène dans la salle de bains. Elle fait trois gouttes et demande à boire.

Le père : « Si c'est pour ça que tu m'as fait déplacer, c'est vraiment pas la peine ! ».

Pendant qu'il vide le pot, Juliette s'enfuit. Le père lui demande de rester puis court derrière elle. Mais elle est déjà partie.

Juliette a complètement contrôlé la situation : elle a voulu que ce soit son père qui obéisse à son désir et non l'inverse. Dans ces conditions seulement elle se sent une grande personne : aux toilettes avec son père, c'est-à-dire faisant des choses « pipi » avec lui. Elle attend qu'il manifeste de l'admiration pour sa performance tout comme il doit, imagine-t-elle, admirer ce que fait sa mère. Mais le père paraît, étant données les circonstances, assez peu disposé à cela. Le fait de boire ensemble fait aussi probablement partie du scénario sexuel de Juliette : boire lorsque l'on s'est vidé de son pipi... éveiller chez l'autre enfin le désir de vous suivre... et Juliette s'enfuit afin que ce soit son père qui porte l'excitation de lui courir après... Mais nous pouvons supposer qu'au bout du compte, une déception ramènera l'enfant à sa place de petite fille ayant abusé de la patience d'un parent qui, lui, vit sur une autre scène.

Les W.C. deviennent par excellence, à cette période, une salle de jeu. On y surprend des enfants en train de s'amuser, telles Ève et Virginie qui s'assoient sur la cuvette des W.C. en conservant leur culotte. Elles se mettent à jouer. Ne s'identifient-elles pas ainsi à leurs parents qui s'isolent, eux aussi, le soir dans leur chambre afin d'entrer dans leur intimité en relation avec leur « fait-pipi » ? Ces enfants se comportent comme elles imaginent que leurs parents se comportent… Mais que font-ils donc dans leur chambre aussi pour que leurs enfants n'aient pas le droit de les voir ?

L'excitation liée à la pulsion sexuelle dirige les explorations des enfants qui tentent de comprendre ce qui se passe dans le bas de leur corps. Lorsque les enfants ont l'opportunité d'être dans les W.C., dénudés, ils commencent par étudier leurs différences anatomiques.

Voici Antoine, assis sur son pot pendant qu'Émilie s'accroupit devant lui. Elle l'observe et discute avec lui.

Julien est assis sur les W.C. et Laura, plus hardie qu'Émilie, s'est aussi accroupie devant lui mais a saisi en outre dans chacune de ses mains une cuisse de Julien et se justifie en disant : « Je te tiens pour pas que tu glisses ! ». Julien, cependant, ne semble pas d'accord et désire uriner tranquillement sans qu'un regard inquisiteur examine et l'organe et le processus qui suscitent, dans leur différence d'avec les siens propres, tout l'intérêt de Laura. Il repousse la petite fille qui se met à pleurer.

Un autre exemple nous montrera que les enfants savent, en se regroupant par sexe, percevoir la différence d'anatomie de l'autre sexe. Ils déplacent cette différence sur un élément apparemment étranger à ce domaine.

Stéphane et Émilie sont assis sur le pot et jouent. Émilie lève le pied, imitée tout de suite par Stéphane. Benoît s'installe sur un autre pot pendant que Stéphane s'amuse à avancer avec son pot, duquel il ne décolle pas ses fesses. Les deux garçons se retrouvent ainsi l'un à côté de l'autre et, dans ce qui ressemble à un esprit de corps, installent de la sorte un début de ségrégation sexuelle. Isolée derrière eux, Émilie fait pipi bruyamment. Immédiatement les deux garçons se retournent, intrigués par ce bruit soudain qui ne leur paraît, peut-être, pas tout à fait semblable à celui qu'ils font en pareil cas… Ils regardent Émilie sans rien dire. Puis Stéphane, comme pour vérifier ce qui se passe aussi en dessous de lui et voir si, lui aussi, n'aurait pas uriné de la même façon sans s'en rendre compte, se soulève légèrement de son pot et en regarde le fond. Il se rassoit bien vite et ne semble pas vouloir quitter sa place. Au bout d'un moment je lui demande s'il a fini. Quand il se lève il s'aperçoit tout content qu'il a fait pipi. Mais il s'assoit à nouveau et se met à jouer avec son sexe sur le pot. Il tire dessus, met ses deux mains entre ses cuisses. Émilie a envie de se gratter aussi et met souvent ses mains entre ses jambes.

Je lave Émilie qui me dit alors : « Stéphane pipi ! Stéphane pipi ! ».

Nous voyons donc ici comment les garçons se sont regroupés, laissant la fille derrière eux. Ils se sont étonnés qu'elle se manifeste et ont assimilé le bruit de son urine avec l'identité de son sexe différent du leur. D'où leur regard muet tourné vers elle. De son côté, Émilie a suffisamment examiné les garçons maintenant pour affirmer avec éclat, dans le bruit qu'elle produit à cette occasion, que son sexe peut aussi faire des performances et qu'il n'a rien d'inférieur au leur.

Tout en observant leurs différences anatomiques, les enfants se demandent ce que leurs parents font de leurs différences anatomiques à eux...

Étant donné qu'à cet âge, ce qui se pense, se pense aussi avec le corps, nous avons l'occasion de voir souvent des enfants jouer corporellement, quoique pas très consciemment, ce qu'ils fantasment à propos des relations intimes de leurs parents.

Émilie est actuellement sans couche dans la journée. Il est 16 heures et je raconte, comme tous les jours à cette heure, une histoire aux enfants.

Aujourd'hui c'est l'histoire de Pierre et le Loup. Émilie s'assoit devant moi et paraît très intéressée. Elle se déplace et s'accroupit face à moi. Juste à ce moment, la cuisinière a demandé à Antoine de venir avec elle dans la cuisine. Ils s'en vont mais Émilie ne supporte pas cela et urine immédiatement sur le sol.

La veille c'était elle qui était allée dans la cuisine ainsi avec la cuisinière ; c'est elle qui s'était approchée de la position privilégiée qui lui rappelle celle qu'elle occupait bébé au sein de sa mère et qu'elle pense, à présent, volée par un garçon. Évidemment, elle n'a pas le sexe qu'il faudrait pour recouvrer cette place. Elle n'est qu'une fille... pense-t-elle peut-être. Excitée par l'histoire de Pierre et le Loup, elle mime encore à sa façon ce qu'elle a du mal à imaginer : si elle n'a pas un long sexe pénétrant qui lui permettrait de rejoindre la cuisinière dans sa cuisine comme

Antoine le fait à présent, du moins elle a un long pipi qui peut – qui sait ? – s'insinuer jusque là... Elle l'a prouvé dans les W.C. : son pipi peut faire se retourner les garçons...

La cuisine fut vécue là par Émilie comme l'équivalent d'une chambre à coucher parentale où Antoine allait être gratifié de la même façon que ses parents, pense-t-elle, se gratifient entre eux lorsqu'ils ont leurs relations sexuelles. Cette gratification conserve pour elle un caractère oral. Que donne la mère au père ? Du lait comme autrefois elle en donnait au bébé ? Que donne le père à la mère ? Son sexe mais, avec lui, ne reçoit-elle pas le mamelon auquel le pénis est assimilé, tout comme autrefois, dans sa bouche, le bébé recevait le lait grâce à lui ?

Laura et Lisa sont assises sur les W.C. tenant chacune dans leurs bras une poupée. Quelques instants plus tard, Laura installe un bébé sur les W.C. et lui fait faire pipi. Elle s'adresse à moi : « Tu as vu, il a un zizi ! ». Laura est très intéressée par le « zizi » de Julien et oblige souvent celui-ci à s'allonger par terre et à baisser sa culotte. Elle lui tire alors sur le sexe assez fortement un peu comme on tire sur un pis de vache, et le porte à sa bouche. A ce moment précis elle me voit, me regarde et paraît gênée. Mais Julien, sur lequel elle continue son jeu, se laisse faire et ne dit rien.

L'enfant doit faire tout un travail pour différencier le mamelon d'autrefois et l'organe sexuel d'à présent ; pour différencier la satisfaction orale de la satisfaction génitale qu'il ne connaît pas encore, mais qu'il cherche à appréhender au travers d'une scène où il a installé ses parents. Il les suppose animés de toutes les pulsions aimantes ou agressives qui l'animent lui-même.

Un début de gêne se lit chez Laura : elle sait que le pénis n'est pas le mamelon et que, s'il se passe dans la chambre de ses parents des choses qu'elle n'a pas le droit de voir, de même dans son esprit il naît une imagination qui fait partie de sa vie privée. Être surprise en flagrant délit de jouer les choses qu'elle imagine, est équivalent, elle le sent, à surprendre les parents dans leur lit. Avec les limites de l'identité, nous le verrons bientôt, se met en place l'existence d'un monde caché ; ce monde est à la fois celui du psychisme de l'enfant et celui sur lequel il s'étaye au début : la scène sexuelle cachée de ses parents entre eux.

Charlotte, qui sait peut-être que Julien est dans les W.C., demande à aller faire pipi. Les deux enfants commencent à jouer dans les W.C... Au bout d'un moment je vais les voir, mais Charlotte n'est plus dans les W.C... Elle s'est installée dans la petite maison avec la tétine d'Antoine. Elle a fait pipi et la tétine se trouve par terre.

Nous voyons là Charlotte véritablement en train de jouer avec Julien d'abord, puis toute seule dans la chambre, les fantasmes qu'elle entretient en elle au sujet des relations de ses parents entre eux. Que font-ils avec ce genre de tétine masculine ? Tétine semblable ou mise en rapport avec le sexe de Julien ou d'Antoine ? C'est l'aspect caché de la scène primitive qui permet à l'enfant de penser à cela, et c'est cet aspect caché qu'elle reproduit en s'isolant dans les W.C. puis dans la maison. L'excitation sexuelle se concrétise encore, là, par une excitation urinaire. Quand des couples d'enfants se rendent ensemble aux W.C. il semble qu'ils cherchent à vivre ensemble une expérience calquée sur ce que chacun imagine de la scène sexuelle de ses parents entre eux. Peu de mots s'échangent à ce sujet. L'accord est implicite ; le vécu commun. Les touchers sexuels – tels que ceux pratiqués par Laura sur Julien – sont assez peu fréquents. Il semble que les enfants se réunissent plutôt pour penser ensemble à la scène que leur cachent leurs parents.

Laurent a envie de faire pipi et vient me dire : « Pipi ! Pipi ! ». Il attend que je lui dise d'y aller. Je l'y engage. Mais Charlotte est là et Laurent la prend par l'épaule afin qu'elle vienne avec lui. Ce qu'elle fait volontiers. Laurent s'assoit sur les W.C... Charlotte fait de même. Ils s'installent là pour un long moment. Entre temps, ils se lèvent et vont s'asseoir, culotte baissée, sur un petit rebord au fond des toilettes. Ils ne se parlent quasiment pas, mais communiquent de façon implicite ce qu'ils désirent imaginer en le jouant ensemble. Ils se pensent véritablement comme deux parents dans leur intimité. Ils vont s'asseoir à nouveau sur la cuvette des W.C. quand Laura arrive. Elle fait tout à fait figure d'enfant intrus dans la chambre des parents. Elle demande à Charlotte de se lever parce qu'elle a envie de faire pipi : pur prétexte qui ne trompe pas plus Charlotte qu'une mère ne serait trompée par l'intrusion nocturne des cris de son enfant qui désire qu'on s'occupe de lui. Ici, la petite fille Laura semble vouloir occuper la place de sa maman Charlotte. Cette dernière renvoie l'intruse en disant qu'elle est en train de faire caca. Argument majeur, qui lui permet d'occuper les W.C. pendant un long moment. En effet, quand les enfants n'ont pas envie de sortir des W.C. ils trouvent toujours ce mot magique qui leur permet d'y rester plus longtemps.

Faute de prendre la place de Charlotte, Laura se tourne vers Laurent. Faute de pouvoir s'identifier à la mère, Laura s'identifierait bien au père ; l'essentiel pour le moment est de participer à cette merveilleuse scène primitive que ces parents fortuits jouent entre eux ! Le principal est de n'être pas dehors. Mais le père Laurent ne veut pas non plus céder sa place ! Il veut rester avec Charlotte. N'est-ce pas elle qu'il a choisie ? Laura, comme un bébé contrit abandonne tristement la partie et s'en retourne jouer.

Ce que Charlotte et Laurent sont en train d'imaginer, lorsqu'ils se retrouvent de la sorte dans les W.C., se complète d'une interrogation sur l'aboutissement des relations sexuelles parentales : la création des bébés. C'est pourquoi la réponse de Charlotte à Laura ne concerne pas seulement son désir de demeurer avec Laura ; elle dit aussi une part de vérité se rapportant à sa conception sur la fabrication des bébés. Selon elle, les bébés se font de la même façon qu'elle fait son caca. Aussi lorsqu'elle répond qu'elle est en train de faire caca, elle dit aussi implicitement : « Laisse ta maman tranquille ; elle est en train de faire un bébé ! ». Beaucoup d'enfants aimeraient qu'il en soient ainsi, chez les filles comme chez les garçons ! Les filles n'auraient pas besoin d'attendre ainsi d'être en âge de procréer, non plus que d'avoir à se constituer psychiquement en tant que femme pour cela. Les garçons, de leur côté, n'auraient pas à se vivre privés de la capacité de mettre au monde des enfants. Si au niveau de l'analité l'égalité des sexes est totale, c'est au prix de la perte d'une créativité réciproque.

Nous sommes à la sieste. Julien ne dort pas, met la main sur son sexe et serre les jambes. Je lui demande ce qui se passe. Il dit : « Pipi ! ». Il se lève de son lit. Ève le rejoint aussitôt dans les W.C... Ils s'assoient tous deux, discutent, se lèvent. Julien retourne vers son lit. Ève le suit. Mais tandis que Julien se couche, les choses n'en restent pas là avec Ève qui s'assoit sur son lit pour discuter avec Laura. Elle lui montre les W.C. lui indiquant probablement que certaines choses peuvent encore se passer là... Laura finit par se lever. Ève la suit. Dans les W.C., Laura se tourne vers Ève et lui dit : « Je fais caca ! ». Ève répond : « Fais caca ! ». Laura retire sa culotte. Ève la lui prend et la jette par terre. Je leur demande si elles ont fini. Ève regarde entre ses jambes dans la cuvette et dit : « caca ! ». Effectivement, tout comme Laura, elle a déféqué. Mais comme d'habitude, elle en a mis partout sur la cuvette et sa culotte est sale. Elle prend du papier et essuie le caca sur la cuvette. Elle s'applique. Je lui essuie les fesses. Elle me fait remarquer que sa culotte est sale. Je lui donne une autre culotte et, comme elle a quelques difficultés à la mettre, je veux l'aider mais elle refuse.

Nous assistons dans cette séquence en ses deux temps, tout d'abord à l'efflorescence au travers de touchers masturbatoires, des fantasmes concernant les relations sexuelles parentales ; mais ensuite, alors que le rôle du garçon comme celui du père se limite là, celui de la fille et de la mère se poursuit. C'est pourquoi tandis que Julien va se coucher, Ève, elle, pense que son rôle n'est pas terminé : après les relations sexuelles, un bébé doit faire son apparition. Nous assistons ensuite à la naissance du beau « bébé caca » qu'Ève considère entre ses jambes. Nous comprenons alors qu'étant de la sorte capable d'engendrer un bébé, elle ne tient pas du tout à ce que l'éducatrice lui fasse sentir qu'elle n'est en fait qu'une petite fille à qui une aide est proposée afin de remettc sa culotte !

3 – L'aspect caché des fantasmes

Toutes les interrogations de l'enfant sont empreintes du mystère qu'il sait résider dans l'acte sexuel de ses parents, d'autant qu'à l'issue de cet acte le mystère de la vie apparaît. Mais ce que sa toute-puissance infantile transforme ou élabore à partir de cet acte, nous l'avons vu, conserve le caractère caché qu'a la sexualité de ses parents eux-mêmes. C'est cela qui permet à l'enfant d'avoir lui aussi, en son fort intérieur, une sexualité privée où la réalité de ses parents ne fait pas intrusion. Les enfants qui sont, par malheur, exposés à la sexualité de leurs parents, sont fortement troublés de ce fait, non seulement dans leur vie affective mais aussi dans le développement de leur pensée. Un espace protégé où leur vie fantasmatique se développe à l'abri de la réalité qu'ils doivent imaginer avant que de pouvoir la vivre un jour, demeure indispensable à leur santé psychique. C'est toute l'épaisseur de cette vie qui apparaît dans l'attitude fort intriguée de Barbara.

Elle vient me prévenir que Laurent est parti seul aux W.C... Dieu sait ce qui pourrait s'y passer ! J'explique à Barbara que Laurent est devenu grand et qu'il va seul aux W.C... Mais Barbara conserve dans son esprit l'idée que les W.C. sont le lieu d'un mystère...

Quand les enfants se retrouvent à deux dans les W.C., ils s'amusent énormément on les entend discuter, tirer la chasse d'eau eux-mêmes... mais surtout ils jouent avec la porte et finissent par la fermer... Depuis la chute du paradis, la sexualité n'existe qu'en lien avec le fait qu'elle est cachée.

Une après-midi, tous les enfants dorment, exceptés les trois voisins que sont Julien, Ève et Laura. Profitant de mon absence, ils se lèvent tous les trois et vont dans les W.C... Aussitôt qu'elles me voient arriver, Ève et Laura retournent dans leur lit tandis que Julien, lui, s'installe sur la cuvette des W.C... Les filles ont-elles davantage de fantasmes à me cacher que ce garçon qui ne craint pas de rester là à me persuader qu'il ne faisait qu'uriner comme un gentil petit garçon qui ne veut pas salir son lit ?

Ainsi donc les enfants conservent leurs secrets et ils en savent davantage sur eux-mêmes, entre eux, qu'ils ne nous en laissent paraître à nous, les adultes qui nous introduisons du dehors dans leur monde. Les histoires qu'on leur lit leur servent cependant de transition entre notre monde et le leur. Il n'est pas rare de voir un enfant demander d'aller faire pipi au beau milieu d'une histoire, mais surtout de s'oublier tandis qu'il vit, au travers du récit, la réalité de ses propres fantasmes. Nous avons vu de la sorte Émilie uriner bien malgré elle au milieu d'une histoire ; nous avons vu comment elle n'avait pas supporté non plus que sa place auprès de la cuisinière, autrement dit auprès de sa mère, soit prise par un garçon.

Mais ce que nous n'avons pas vu, c'est que pour accroître sa colère un autre garçon, Laurent, tandis que je la nettoyais, s'est mis à piétiner l'urine d'Émilie répandue sur le sol ! Apercevant cela, Émilie a recommencé à pleurer de plus belle : « Lolo ! Pipi ! Lolo ! Pipi ! » criait-elle, appelant Laurent « Lolo ».

Laurent avait saisi mieux que nous le sens caché de l'urine d'Émilie et abondait dans ce sens au point de déclencher la rage de la petite fille. Il avait bien compris l'essai d'Émilie qui tentait de la sorte de s'identifier au garçon. Mais Laurent en piétinant son urine, la piétinait elle-même et la « rabaissait » de façon triomphante à sa place de fille, la place d'un être sans pénis ou sans « pipi ». Émilie le comprenait aussi mieux que nous.

Un autre exemple nous permettra de conclure ce chapitre en montrant comment les enfants peuvent trouver entre eux le chemin de la compréhension quand les adultes échouent à le faire.

Ce matin, nous avons raconté une histoire et les enfants sont regroupés autour de moi afin de discuter du contenu de celle-ci. Lisa est triste parce que son frère, qu'elle aime beaucoup, est parti la veille. Elle dit tout à coup dans la conversation : « Mon pantalon est mouillé ! ». Je lui demande pourquoi. Elle me répond : « Maman va venir me chercher et m'en apporter un autre ».

Lisa devait avoir son pantalon mouillé depuis longtemps, mais elle a choisi ce moment où nous nous sommes retrouvés en groupe pour me le dire.

Le lendemain, Lisa se met à pleurer soudainement. J'appelle Lisa et lui dis : « Tu pleures parce que ton frère est parti et que tu as du chagrin ? ». Elle me répond : « Oui ! ». Je lui donne sa poupée et lui propose de retourner dans le groupe. Julien intervient alors. Il lui dit :

« Tu as des problèmes ? Tu as des larmes. Ça va mieux ? Non ? Pourquoi, tu veux ta maman ? ».

Lisa tourne le dos à Julien et continue de pleurer doucement. Puis elle cache son bébé sous le radiateur et dit : « Il n'y a plus de bébé ! ».

Julien : « Tu as emmené ton bébé à la piscine. Maintenant tu ne pleures plus. C'est bien ça ? ».

Lisa lui sourit. Le contact est établi à nouveau.

Nous voyons ici qu'un couple s'est aussi formé ; il ne reprend pas dans ses explorations sexuelles l'aspect sensuel des relations parentales mais il en intègre plutôt l'aspect tendre. Julien a su mieux que l'éducatrice atteindre un niveau de contact profond avec Lisa. Mais ce contact n'a peut-être été possible que parce que Lisa avait l'assurance qu'un adulte cherchait d'abord à la comprendre. Julien en jouant au grand frère est devenu l'ami de Lisa. Elle lui a suffisamment fait confiance pour attendre de lui une interprétation : elle lui en a donné l'occasion en cachant son bébé sous le radiateur. « Il n'y a plus de bébé », pas plus que de grand frère, ni de maman près de Lisa. Mais le génial Julien à l'intuition d'inventer un lien entre cet acte et l'idée d'une piscine probablement intra-utérine. C'est là que les mamans plongent leur nouveau bébé quand elles abandonnent leur petite fille... Lisa se sent comprise. Elle est capable de regagner la compagnie des autres.

CHAPITRE 3

L'OBÉISSANCE

L'obéissance est un sujet qui demeure à l'arrière-plan continuellement, et trop souvent à l'avant-plan, des questions que se posent les éducateurs, les parents et les maîtres. Il en arrive parfois à prendre la place de toute autre préoccupation concernant l'enfant, de telle sorte que les rapports d'un adulte avec ce dernier s'imposent, dans les pires moments, sous la forme de cette unique question : va-t-il m'obéir ? Afin de tenter de mieux comprendre ce qui peut pousser un adulte à en arriver là, nous aimerions, analyser ici ce que met en jeu, chez un enfant, un acte d'obéissance. Ce que l'enfant doit perdre et ce qu'il pense acquérir. Nous serons par-là même amenés à explorer en quoi les adultes ont si difficilement parfois la conviction ou la capacité de se faire obéir.

I – L'objet de la désobéissance

C'est l'heure du goûter. Il y a des tartines au chocolat et nous décidons de mettre des serviettes aux plus petits et donc à Antoine, d'autant qu'il porte une chemise très claire. Quand je m'approche de lui et lui noue sa serviette, il se met à hurler. Ce ne sont que des cris. Je ne cède pas. Les enfants continuent de goûter. J'explique à Antoine pourquoi je lui ai mis une serviette. La crise dure cinq bonnes minutes puis il se calme. Je raconte le soir la scène à sa mère qui m'apprend qu'Antoine a horreur des serviettes et refuse d'en mettre au moment du repas. Le midi pourtant, à la crèche, il a toujours accepté sa serviette mais là nous sommes au goûter où, généralement, les enfants n'ont pas de serviette. C'est donc un changement par rapport à ses habitudes. Et Antoine plus encore que d'autres enfants, aime beaucoup ses habitudes.

Nous aimerions, à travers cet exemple, introduire notre sujet car nous trouvons là en jeu ce qui nous paraît au centre d'un certain nombre d'actes de désobéissance : la possessivité, la toute-puissance, l'angoisse.

Que fait un enfant quand il obéit ou quand il désobéit ? Il se confronte à l'ordre de l'adulte dont il doit accepter la place et l'autorité. Mais quel est l'enjeu de celle-ci ? Il est de deux ordres, souvent confondus. Il s'agit d'abord pour l'enfant de posséder l'objet de son désir. Là, il veut être tout-puissant. Il s'agit ensuite d'affirmer son identité, sa place et sa volonté face à celles de l'adulte. Et là encore il veut être tout-puissant. Le tout petit enfant veut se croire le centre du monde et ce, d'autant plus qu'il est faible et dépendant des adultes. Il transforme en son esprit l'ordre de la réalité qui ne pénètre en lui que peu à peu. Autrement dit, il y a une part qui, chez l'enfant, se reconnaît soumise aux exigences de la réalité, qu'il confond avec les exigences et l'autorité de l'adulte. Il y a une part qui reconnaît la nécessité d'un bavoir afin de ne pas salir la chemise blanche ; ou plutôt, qui reconnaît que la chemise sera tachée si le bavoir n'est pas mis. Et il y a une part qui ne reconnaît pas cela : elle vit dans un monde d'omnipotence où tout doit être magique ; où seul règne le bon vouloir de « sa majesté le bébé » : là, Antoine décrète que le chocolat ne tache pas, ou qu'il est libre de faire ces taches puisque, comme par un coup de baguette magique, la chemise devra redevenir propre sans qu'il ne fasse rien pour cela ; ou même, dans un comble d'omnipotence, il peut déclarer en son for intérieur que le chocolat, c'est propre ! En ce domaine, aucun jugement de réalité ne doit s'opposer à ce qu'il décide. Telle est l'omnipotence infantile qui diminue au fur et à mesure que l'enfant grandit, c'est-à-dire qu'il reconnaît les lois qui régissent la réalité externe. Or, l'adulte est là le personnage par excellence qui porte ces lois et sur qui l'enfant défléchit toute sa haine lorsque, au lieu de les lui épargner, l'adulte l'y soumet au contraire. L'enfant n'est plus alors l'être d'exception qu'il se croyait être mais vit sous la loi commune. S'ouvre alors pour lui le monde de la rivalité dont l'omnipotence le tenait éloigné. Voilà donc que l'accès à cet objet désiré – le chocolat pour Antoine –, s'il n'est pas régulé par l'enfant lui-même, s'il l'est par une autorité, devient possible à des rivaux ? Si entre Antoine et son chocolat s'impose la présence d'une serviette et, par elle, d'un personnage tiers entre son désir et l'objet qui le satisfait, tout aussi bien alors l'existence d'un père et des limitations qu'il entraîne peut barrer à Antoine la route qui le mène à la possession totale de sa mère. Et possession totale signifie ici, interdiction pour la mère d'avoir non seulement ce mari qui fait de sa présence une discontinuité, mais aussi d'autres enfants qui se partageraient le chocolat !

« Sa majesté le bébé » devrait alors attendre que maman ait nourri ses autres bébés avant que de le nourrir lui-même et pendant ce temps d'attente, en face de quoi ne doit-il donc pas se trouver ? La faim, la frustration d'être seul, alors que l'autre bébé est dans les bras de sa mère ou en train de recevoir son attention. Il doit faire face à la colère qui s'élève en lui à cette idée et cependant tenter de maintenir au fond de lui un bon lien avec sa mère afin de continuer à l'aimer quand elle sera disponible à nouveau pour lui. Ceci est tout un travail qui précisément l'aide à grandir, à penser, à consolider sa confiance dans le fait qu'une telle expérience est non seulement dépassable, mais bonne pour lui. L'enfant perçoit alors que cette fonction paternelle à laquelle il doit obéir, et qui fut primitivement représentée par la serviette dans l'histoire d'Antoine, si elle limite son accès à l'objet et protège de la sorte l'identité de ce dernier, protège en même temps l'identité de l'enfant. Nous avons là, débutante chez ce dernier, la représentation d'une bonne police avec tous les sacrifices mais aussi tous les avantages que cela comporte. Sans cette police, qui fait obéir à une loi qui frustre mais qui protège aussi, s'instaurerait avec le règne de l'omnipotence une autre loi, celle de la jungle où ni la propriété ni l'identité de chacun ne sont plus respectées.

Regardons Ève : elle fait mine de vider sa cuillère dans l'assiette de Stéphane. J'interviens aussitôt. Malgré cela, tout en me regardant, Ève vide sa cuillère dans l'assiette de Stéphane. Je remets ce qu'elle a vidé dans son assiette. Ève, d'un air dégoûté repousse sa cuillère et baisse les yeux mécontente. Elle ne veut plus manger.

Nous voyons là comment l'éducatrice doit défendre la possession de chacun.

Stéphane et Juliette sont depuis un bon moment sur la balançoire et je leur demande de laisser la place à Antoine et à Christophe. Juliette obéit immédiatement. Stéphane, lui, attend et ne bouge pas. Juliette va le voir et lui demande d'un ton très autoritaire de descendre. Elle lui crie dessus. Stéphane finit par descendre. Juliette demeure près de la balançoire tandis que Stéphane va s'emparer du ballon de Julien à qui il fait vivre la frustration qu'il vient de subir. Or, cinq minutes plus tard, le couple Juliette - Stéphane se retrouve sur la balançoire.

Lequel y a grimpé le premier ? Nous ne le savons pas mais nous voyons à quel point l'enfant demeure vigilant afin que l'objet dont il doit se priver ne passe dans les mains d'un privilégié. A ce moment nous aurions du mal à distinguer ce qui dans l'ardeur à s'emparer de l'objet revient au désir véritable que l'enfant en a, de ce qui revient au souci jaloux de ne guère permettre à l'autre d'en avoir plus que soi. C'est là que nous voyons comment la possessivité de l'objet se mêle au contrôle tout-puissant que l'enfant en a. Il se peut même que l'enfant se départisse de la jouissance de son objet à condition que cet acte, au lieu de signer sa faiblesse et la nécessité d'un partage, l'assure au contraire qu'il est le maître incontesté de l'objet convoité :

Un matin, les enfants jouent sur la terrasse. Julien a fait du vélo. Depuis un bon moment, Antoine tourne autour de nous et s'adresse enfin à la stagiaire pour lui demander un vélo.

La stagiaire : « Julien ! Tu veux bien prêter ton vélo à Antoine parce qu'il n'en a pas ? ».

Fait qui nous paraît incroyable, Julien se lève aussitôt et laisse son vélo à Antoine. La stagiaire ajoute à l'intention de Julien qu'il aura son vélo tout à l'heure.

Mais est-ce bien là l'enjeu ? Il semble que Julien, ainsi que nous le soulignions, ait moins le désir de jouer avec son objet que celui d'être assuré qu'il en a le contrôle. Or, quelle meilleure preuve en aurait-il que cette liberté habilement induite par la formulation de l'adulte ? On ne prête en principe, que ce que l'on possède et, dans cette circonstance, l'enfant démuni n'est pas Julien, mais Antoine. C'est lui le personnage dépendant qui, par sa demande, assure Julien de sa puissance. Cela suffit à le satisfaire.

II – Réactions vis-à-vis de l'autorité

Il est frappant de constater que les phénomènes de désobéissance sont beaucoup plus fréquents dans les jeux des enfants plutôt que dans les activités habituelles qui les réunissent en groupe : venir l'asseoir pour le jus de fruit, aller à table, se coucher, s'habiller… Nous notons là, bien sûr quelques éléments de désobéissance, tels que le refus de se coucher ou de s'habiller, mais ils sont en général beaucoup moins importants que ceux qui sont présents dans les jeux. Là, comme libérés des contraintes à partir du moment où leur imagination peut agir au-dehors ce qui se pense au-dedans d'eux-mêmes, les enfants débordent à tout instant les limites qu'on impose à leur impétuosité : ils montent sur les tables, ouvrent les robinets, jouent avec les portes, mettent des jouets dans les W.C., ouvrent les placards... Ils franchissent, dans le libre courant de leurs jeux, les interdits nécessités par la vie en collectivité. L'enfant ne sait guère encore, contrôler du dedans de lui-même ses pulsions. Il compte sur l'adulte, au-dehors, pour le faire. Mais là, il est intéressant de remarquer qu'une activité fonctionnelle de groupe joue un rôle semblable à celui d'un adulte assurant la continuité d'une barrière aux pulsions de l'enfant ainsi qu'à son omnipotence. Le groupe, dans l'automatisme de son fonctionnement, pense à sa place. L'individualité de l'enfant s'en trouve effacée d'autant. Nous reviendrons sur ce point qu'en tant qu'adultes nous connaissons tous très bien, parce que nous le vivons nous-mêmes. Mais, tandis que chez l'adulte l'adaptation aux impératifs groupaux peut devenir à tel point son mode de vie que la vie propre de son imagination en est effacée, chez l'enfant de deux ans, ce ne sont que de brefs instants qui le rassemblent de la sorte dans une identité de groupe, jusqu'à ce que son identité propre et, derrière elle, son omnipotence reprennent leurs droits. Nous pouvons distinguer différentes étapes dans la reconnaissance de l'autorité de l'adulte. A chacune de ces étapes correspondent des processus mentaux qui traduisent l'attitude de l'enfant vis à-vis non seulement de cette autorité, mais de la réalité externe elle-même comme nous le disions plus haut.

1 – Le déni total

L'enfant possède un certain nombre de moyens de défense contre la perception d'un interdit. Le plus fondamental est précisément d'obturer sa perception de l'interdit : il peut, comme on le dit communément, faire le sourd ou fermer les yeux. Ceci a l'avantage de lui permettre de satisfaire impunément son désir et de le protéger, en outre, contre les émotions qui surgiraient en lui s'il prenait conscience et respectait cet interdit : il pourrait alors se mettre en colère et vouloir attaquer la personne qui inflige une restriction à sa toute-puissance. D'autant qu'il aime cette personne par ailleurs. Il peut même avoir à subir de la part de celle-ci une punition et devoir penser à ce problème insoluble : la personne qu'il aime le fait aussi souffrir ! Autant s'éloigner de tous ces conflits et affirmer, dans l'assurance que donne la toute-puissance, que l'interdiction n'existe pas. Si l'enfant a été pris en flagrant délit, il maintiendra alors son déni.

Le soir, les enfants profitent toujours de l'arrivée des parents pour se faufiler dans le couloir. Ceci n'est pas permis car, du couloir à la sortie, il n'y a qu'un pas. Stéphane voyant que je discute avec le père de Julien, s'échappe dans le couloir. Je l'appelle et lui demande de revenir. Il ne bouge pas et attend que j'aille le chercher. Cinq minutes plus tard, même sortie et là Stéphane s'est en outre assis sur un train qu'il pousse au travers de la porte. Il se dirige vers l'escalier menant à la porte donnant sur la rue. Je vais le chercher et reste cette fois près de lui. Quand je puis parler à Stéphane et lui expliquer que je ne veux pas qu'il aille dans le couloir, il me regarde avec des yeux étonnés et paraît ne pas comprendre…

Ceci est l'exemple d'un enfant chez qui le déni de l'interdit se situe à un niveau très profond : il a si bien voulu effacer en lui le souvenir des paroles de l'éducatrice qu'il y est parvenu : la toute-puissance de sa pensée a triomphé de la réalité externe et l'adulte apparaît à la fin non plus comme un être gênant mais comme un être incompréhensible.

Tout autre est l'exemple que nous offre Julien. Chez lui, le déni de l'autorité de l'éducatrice, plus délibéré, est plus proche de sa conscience parce que plus proche de sa capacité de le formuler :

Je demande à Julien de retirer ses chaussures. Il fait comme s'il ne m'avait pas entendue. Je répète mon ordre et Julien fait alors mine de s'enfuir. Je lui demande pourquoi il ne veut pas obéir. Il me répond : « Parce que c'est comme ça ! ».

Jugeant l'ordre de l'éducatrice absurde, il lui répond par l'absurde. Jugeant que l'adulte est un être qui a le droit d'être omnipotent tandis que lui ne l'a pas, il lui répond en miroir. Il ne comprend pas, ou plutôt il préfère ne pas comprendre que l'adulte est un être soumis aux mêmes lois que lui vis-à-vis de la réalité externe du monde. Il préférerait vivre dans un univers où ne régnerait que le bon vouloir de chacun ; où la restriction de l'un viendrait de l'omnipotence de l'autre. Il ne verrait jamais ainsi qu'il existe un autre ordre des choses auquel l'adulte, sur lequel il s'appuie aussi, est contraint d'obéir. Cet ordre, celui de la réalité externe et de ses lois est vécu par l'enfant comme affaiblissant l'adulte qui s'y soumet.

Comment ? Ce papa, si puissant qu'il lui suffirait d'un rien pour mettre à l'abri son enfant de tous les dangers du monde, devrait lui-même obéir à des lois ? Les puissants monarques des contes de fées ne seraient plus au sommet de tout ? Qui assurerait l'enfant alors d'une protection absolue, sans faille comme l'est le monde de l'omnipotence ? Non, à l'enfant tout-puissant doit correspondre un parent tout-puissant.

Ce parent, il suffit de le séduire et de lui faire croire que son bon vouloir est rempli. Il n'est que de dire qu'une chose est, pour qu'elle soit. Tout le travail de reconnaissance et de vérification lié à la réalité externe est nié. Si le parent imaginaire de l'enfant accepte sa toute-puissance, il est ainsi très bon. Idéalement bon. On comprend que s'il n'est pas tel que l'enfant le désire et s'il fait prévaloir les droits de la réalité externe, il peut devenir tout de suite mauvais dans l'esprit de l'enfant.

L'enfant, à ce niveau, attend donc en partie une complicité de la part de l'adulte et ce dernier, hélas, est souvent prêt à l'accepter pour différentes raisons dont la principale est la peur qu'il éprouve envers l'omnipotence de son enfant. Plutôt que de se confronter à lui, avec tous les désagréments que cela comporte, il préfère rire avec lui. Pourquoi une telle démission qui prive l'enfant d'une expérience profitable pour lui : celle où sa propre omnipotence, contenue par un ordre supérieur, ne le met pas lui-même en danger ? Celle où l'adulte qui n'en a pas peur, lui apprend de la sorte à n'en avoir pas peur lui-même ? C'est que la peur de l'adulte s'origine dans son propre monde interne où il n'est guère parvenu à se construire une structure assez puissante pour mettre en échec son omnipotence infantile. Les circonstances externes peuvent permettre à cette dernière de demeurer plus ou moins en veilleuse. Mais l'enfant réel la réveille et provoque ainsi, parfois, les réactions rigides et défensives de l'adulte menacé, des années après, par l'enfant qu'il fut autrefois. Les petits enfants de la section nous donnent nombre d'exemples de cette omnipotence défiant, avec l'autorité, le témoignage même de la réalité des faits.

Ainsi Julien, après avoir renvoyé l'adulte par son impératif « c'est comme ça ! », s'adresse à moi quelques temps plus tard. Le repas est terminé.

Julien : « J'ai mis mes chaussures et mon pantalon sur le lit ».

Moi : « C'est bien, Julien ! C'est la première fois que tu le fais aussi rapidement ».

En effet, Julien, attend toujours que l'on répète trois fois l'ordre de ranger ses affaires avant de se décider.

Julien : « Oui, sinon, si je ne le fais pas, j'ai une fessée ».

Moi : « Qui te donne la fessée ? ».

Julien : « Anne ».

En réalité, Julien n'a pas rangé ses affaires ! Elles sont restées comme d'habitude sur la table. Je demande alors à Julien d'aller les mettre sur le lit. Ce qu'il fait.

Nous ne pouvons guère parler dans ce cas réellement de mensonge. Le comédien s'est pris à son jeu et Julien est le premier convaincu que les choses sont comme il le souhaite. En ce sens il y a deux Julien : celui qui reconnaît la réalité externe et celui qui veut l'ignorer. Il arrive à l'enfant d'utiliser un processus similaire, – universellement connu d'ailleurs avec l'expression : « diviser pour mieux régner » –, afin de continuer à croire à la satisfaction idéale et sans entrave de ses désirs. Ce n'est pas alors sa personne même qu'il sépare en deux, mais l'adulte et son autorité.

Il s'agit toujours de Julien, quoiqu'il ne soit pas le seul à être enclin à ce mécanisme.

Au lever de la sieste, au moment où les enfants attendent d'être appelés pour se lever de leur lit, Julien peu désireux de se soumettre à cet ordre, me demande la permission d'aller faire pipi. Il y va et revient sur son lit. Trois minutes plus tard, l'auxiliaire, Patricia, entre dans la section et Julien lui demande à elle aussi, la permission d'aller faire pipi. Patricia va presque lui dire « oui » quand j'interviens et dis à Julien de rester sur son lit. Je lui explique qu'il vient d'y aller. Julien paraît contrarié et s'adresse à Patricia : « Pourquoi Anne elle ne veut pas que j'aille faire pipi ? ». Patricia renouvelle les explications données et la contrariété de Julien passe en très peu de temps. Il s'amuse à présent sur son lit.

Nous voyons là un enfant à même de profiter de la présence nouvelle d'un adulte afin d'annuler l'ordre donné par un autre. Patricia ignore ce qui vient de se passer entre Anne et Julien, de même que Julien dans l'exemple précédent voulait ignorer qu'il n'avait pas rangé ses affaires. Mais Anne est là pour rétablir un lien entre des adultes que Julien voulait séparer, afin de profiter de cette absence de lien. Elle rétablit de même un lien entre deux parties de Julien : celle qui reconnaît ce que l'autre méconnaît. Julien en est contrarié dans la mesure où son omnipotence réduite ne peut guère plus manipuler les adultes, ainsi que des parents unis. Il doit reconnaître la réalité externe et la résistance qu'elle offre à ses tentatives de démantèlement qui visent au seul profit de son bon plaisir. Le monde externe est fait de lois. Il s'agit pour l'enfant de les intérioriser afin d'en structurer son monde interne.

2 – *La lutte tenace*

Nous sommes toujours étonnés de constater la coexistence, chez l'enfant, des capacités de déni dont on vient de parler et de la perspicacité de son observation mise au service de ce même déni. Nous en avons eu un petit aperçu dans la rapidité avec laquelle Julien a su tirer parti de l'entrée de Patricia dans la section. Du même ordre est la ténacité avec laquelle l'enfant mesure la détermination de l'adulte à faire respecter sa parole. Une sorte d'épreuve s'instaure alors entre la solidité de l'omnipotence face à la force de la loi des adultes. En voici quelques exemples :

a) Ludovic vient de poser sur la table son nounours, son chien et son chiffon. Stéphane prend l'ours de Ludovic qui se met à crier. Stéphane repose le nounours et s'en va. Mais il recommence une seconde fois. Je demande à Stéphane d'arrêter. Il redonne le nounours, s'en va jouer, mais vient à nouveau le reprendre.

b) Les enfants jouent sur la terrasse. Ludovic s'est amusé à mettre des légos dans un train. Au moment de ranger les jouets, je demande à Ludovic de ranger ses légos. Manifestement, Ludovic n'en a pas envie. Il veut continuer à jouer et, pour cela, il attend que je parte. Mais je reste près de lui et répète mon ordre. Avec réticence, il commence à ranger lentement un légo. Il attend mon départ mais je suis toujours là. Je sens que si je veux que Ludovic range ses légos, je devrai rester jusqu'à la fin. Ludovic le sait très bien. Il commence alors peu à peu à ranger ses légos, puis de plus en plus vite et au bout de peu de temps, il aura tout rangé.

c) Après avoir répété pour la vingtième fois, à Christophe qu'il ne fallait pas monter sur les verrières de la terrasse car il y a de l'eau dessus et cela peut être dangereux, Christophe, qui n'accepte pas la chose, reste tout près. Il m'observe, puis il lance une voiture dans l'eau. Il me regarde et sourit. Je m'approche et je le préviens que s'il continue je me fâcherai très fort. Christophe sourit toujours mais, me voyant déterminée à l'observer, il s'en va.

d) Je suis assise sur le sol avec les enfants, occupée à lire des livres. Barbara se trouve à côté de nous et joue avec un biberon. Ève arrive et veut le biberon. Barbara se met à pleurer au moment où Ève s'apprête à le prendre. Je demande à Ève de laisser le biberon à Barbara. Ève me regarde et ne me quitte pas des yeux. Ce face-à-face durera un bon moment. Elle attend que j'abandonne la place et que je continue à lire les histoires. Mais, voyant que mon attention est toujours très présente, elle donne une petite tape à Barbara qui ne réagit pas car ceci est très léger, et elle s'en va.

Quel est l'enjeu de cette détermination de l'enfant ? Ce qui paraît premier dans l'épreuve de force engagée de la sorte, est la séparation totale entre l'adulte et l'enfant : tout se passe comme si l'enfant s'était délesté totalement au profit de l'adulte de sa capacité de coopérer avec les interdits et les impératifs de la réalité externe. Nous assistons ainsi à une confrontation de forces qui ne se passe plus, pour le moment, à l'intérieur de l'enfant lui-même comme ce peut être le cas lorsqu'il hésite à obéir, mais entre l'adulte et l'enfant.

L'adulte porte seul alors les aspects évolués de l'enfant, ainsi que sa « bonne » police interne, tandis que l'enfant garde lui, l'omnipotence acharnée qui ne veut pas céder sa place. Autrement dit, l'enfant soumet son expérience de la solidité de son monde interne et des « bons » objets qui le peuplent à la solidité de l'objet externe, dont il met à l'épreuve la valeur à présent. L'attitude de l'adulte a donc une grande importance pour lui car, secondairement, c'est à l'intérieur de l'enfant lui-même qu'une lutte semblable se met en place : pour être capable de résister à ses désirs tout-puissants qui exigent une satisfaction immédiate ne passant par aucun travail, l'enfant doit avoir trouvé d'abord au-dehors un adulte qui résiste à ces mêmes désirs. Il y a de nombreux parents, nous le verrons plus bas, qui n'osent pas se confronter ainsi à l'enfant et qui, pour des raisons personnelles, croient à ce moment qu'ils ne seront plus aimés. Or c'est bien au prix de cette confrontation là que l'adulte peut non seulement aider véritablement l'enfant, mais aussi être aimé plus profondément. Que penser d'un adulte qui répondrait au sourire séducteur de Christophe (qui le défie aussi de cette manière) par un sourire charmé ? Ne transmettrait-il pas à l'enfant la complicité profonde qu'il aurait avec lui dans le but de transgresser la loi ? Le charme, la ténacité de l'enfant contre l'exigence de grandir. Lorsque Ève abandonne la place, en faisant payer son retrait d'une légère tape contre Barbara elle part mécontente, comme en témoigne cette tape, mais aussi rassurée : l'adulte n'a pas cédé. Il importe donc de considérer que derrière cette lutte qui peut prendre la forme d'une bouderie il y a un test : l'enfant peut-il compter sur l'adulte pour le soutenir dans les assauts qu'il perçoit en lui-même ?

a) Ève est debout sur sa chaise. Je lui demande de s'asseoir. Elle me répond : « Non ! ».

Moi : « Si ! Ève. Tu t'assois ! ».

Ève répond encore « Non » mais elle finit par s'asseoir tout en répétant : « Non ! ».

b) Je demande à Charlotte de m'apporter ses chaussures. Elle dit : « Non ! » avec un grand sourire. Je joue d'abord avec elle : « Comment ? Tu ne veux pas m'apporter tes chaussures ? ».

Elle me répond toujours « Non » avec un grand sourire. Charlotte sent très bien que je m'amuse avec elle. Quand je lui dis « non ? » pour rire, elle répond « oui ». Je change alors de ton et elle apporte tout naturellement ses chaussures, mais seulement au second appel.

Nous voyons que dans l'épreuve que l'enfant fait subir à l'adulte, dans le test des limites qu'il sent ainsi, il cherche à garder la face vis-à- vis de lui-même. Ève s'assoit en répétant un dernier « Non ». Charlotte obéit, mais après avoir fait semblant de contrôler toute la situation et en attendant que l'éducatrice renouvelle son ordre. Telle est, comme un dernier écho de la partie omnipotente qui s'efface, la marque de sa blessure. Mais l'enfant sait très bien à la fin se rendre au principe de réalité et reconnaître la place de l'adulte.

Il la reconnaît seulement à condition que l'adulte y demeure. L'enfant juge l'adulte et quand ce dernier peut être pris en défaut, l'enfant ne manque pas de mêler à sa tristesse une part de triomphe sur celui qui, d'habitude, remet l'enfant à sa place. Nous allons voir par où passe chez l'enfant ce sentiment de triomphe et ce qu'il saisit de l'adulte à cet effet.

Après qu'il fut répété trois fois à Christophe de retirer ses chaussettes et de se coucher, celui-ci continue à jouer et à se cacher sous son lit. Je me mets en colère et lui donne une fessée. Christophe paraît triste et furieux. Je lui fais comprendre que j'attends qu'il retire ses chaussettes. Je le répète et il se décide enfin à les retirer. Il se couche alors aussitôt dans son lit et me regarde en souriant. Ceci est fréquent chez Christophe quand il est grondé, il vous regarde avec un grand sourire, et vous nargue.

L'enfant est parvenu à faire sortir des limites de son contrôle sur lui-même celui dont le rôle précisément est de faire respecter les limites. Aussi quand Christophe obéit enfin, il a le sourire triomphant de celui qui a fait payer cher à l'autre sa victoire. L'adulte, à ses yeux, s'est abaissé par sa colère au rang d'un enfant qui ne se contient plus lui-même.

Ce matin, nous interdisons aux enfants de monter sur les verrières : il y a de l'eau dessus. Christophe y monte immédiatement. Je répète mon interdit et Laura, de son côté, s'apprête aussi à monter. Je lui demande si elle a entendu mon interdiction. Laura a parfaitement entendu et me fait remarquer très justement que le bord de la verrière est sec et qu'elle veut, avec Lisa marcher sur ce bord !

Quel plaisir de prendre l'adulte en défaut et de respecter l'interdit tout en passant outre les paroles de celui qui le porte. Christophe fut moins habile que Laura, il a grossièrement désobéi. Laura, elle, a désobéi savamment. Elle en a remontré à l'éducatrice et l'a prise au mot. C'est bien toujours une question de limite : mais là c'est Laura qui la définit !

3 – La fureur d'obéir

Lorsque l'omnipotence de l'enfant se heurte à l'interdit de l'adulte et doit s'y soumettre directement, des manifestations de rage peuvent faire leur apparition. Ceci est flagrant durant la période d'apprentissage de la propreté : à ce moment, comme on l'a vu, l'enfant en contrôlant l'émission de ses produits corporels, peut contrôler ainsi l'adulte qui l'oblige à les perdre. Il s'attribue une autonomie fondée sur cette base et ce qui est valable pour la propreté l'est aussi pour l'obéissance. L'enfant qui ne permet pas à l'adulte d'introduire une restriction dans la liberté totale de ses évacuations, ne lui permet pas davantage de restreindre son bon vouloir. Les produits corporels peuvent alors porter, sous sa forme la plus primitive, la moins élaborée, cette rage qui prend l'enfant devant le pouvoir de l'adulte. Ces produits, vécus comme dangereux à ce moment, donnent aussi à l'enfant le sentiment de posséder une arme qu'il lance en réponse aux intrusions de l'adulte dans le monde de son omnipotence.

a) Julien est en pleine période d'opposition ; on lui dit de ne pas taper sur la table avec sa cuillère, il le fait ; on lui demande de rester assis au goûter, il se lève...

Aujourd'hui il est sorti de table tout seul. Je me suis enfin fâchée et lui ai donné une fessée. Julien s'est assis à nouveau mais immédiatement il a fait pipi dans sa culotte.

b) Après avoir défendu aux enfants de monter sur la table Lisa, malgré cette interdiction, continue d'y monter. Patricia, l'auxiliaire, se fâche et Lisa se met à pleurer. Ceci est assez rare chez Lisa qui se fait rarement disputer. Nous l'envoyons se calmer sur son lit puis nous l'appelons pour qu'elle vienne manger. Le repas se déroule très bien. Lisa mange normalement et sa colère est apparemment oubliée. Mais l'après-midi, au lever de la sieste, nous nous apercevons que Lisa, propre depuis longtemps, a fait pipi au lit ce jour-là.

Même acte involontaire dans les deux cas où l'enfant riposte à l'adulte grâce aux moyens qui lui sont propres. L'acte d'uriner donne à la toute-puissance de l'enfant le dernier mot. Il n'a accepté de se soumettre à l'adulte que superficiellement : plus inconsciemment, il se venge. Nous allons voir bientôt un type de revanche plus élaborée que cette expression directement corporelle de la colère de l'enfant. Cette élaboration porte la marque d'une reconnaissance plus grande de l'ordre adulte, de la loi et de la réalité externe.

a) Quand nous demandons à Ève d'obéir, sa première réaction est de dire « Non ! », de le répéter, de s'énerver et de s'agiter. Au moment où j'interviens réellement, et où je commence à me fâcher, Ève se met à hurler. Ces hurlements peuvent durer longtemps. Quand je vois qu'elle ne se calme pas, je l'envoie piquer sa crise dans « la petite maison », construction qui se situe dans la salle de jeux. Elle revient quand elle est calmée.

b) Au moment de partir, je donne à l'enfant sa culotte personnelle et la mère retire celle de la crèche. Émilie ne veut pas mettre sa culotte. Sa mère ne lui demande pas son avis et la lui met. Quand Émilie veut la retirer, la mère paraît très calme et lui dit qu'elle peut partir sans culotte. Nous discutons la mère et moi mais Émilie, dans les bras de sa mère continue à essayer de retirer sa culotte, l'air furieux. Sa mère lui demande alors de me dire au revoir. Habituellement, Émilie a beaucoup de plaisir à venir m'embrasser. Mais ce soir, elle refuse catégoriquement et part dans les bras de sa mère, l'air contrarié.

c) Barbara, à qui je viens de demander de céder sa place sur la balançoire à un autre enfant, ne s'y oppose pas. Elle obéit rapidement. Mais Barbara est contrariée et donne un coup de pied dans la balançoire.

d) Les enfants jouent dans la cour ; Juliette tient un ballon dans ses bras. Ludovic le veut et il fait tomber Juliette pour le lui prendre. Je demande à Ludovic de laisser Juliette jouer avec le ballon. Juliette reprend le ballon et Ludovic furieux, donne une grande tape dans le ballon.

e) Christophe vient de s'amuser à mettre un jouet dans les W.C... Je lui interdis de jouer avec l'eau des W.C... Cinq minutes plus tard, il recommence et va tremper ses mains dans la cuvette. Je me fâche, gronde Christophe et essaie de lui faire comprendre que je ne veux pas de cela. Christophe s'en va et donne un grand coup de pied dans un panier.

f) Christophe a mis des patins à roulettes. Deux enfants tiennent sa main afin de l'aider à avancer. L'un deux est Laurent ; mais Juliette veut lui faire lâcher prise afin de tenir elle-même la main de Christophe. Laurent ne cède pas, Juliette commence à pleurer. J'interviens pour expliquer à Juliette que ce sera tout à l'heure son tour de tenir la main de Christophe. Elle se met en colère et, s'en allant, elle va faire tomber Benoît.

Nous voyons dans cet exemple comment un interdit mal accepté peut produire une série de réactions en chaîne : la cause originelle en est perdue et les effets prennent l'aspect d'une mécanique absurde.

La manifestation furieuse d'Ève est une première reconnaissance que l'interdit de l'adulte est plus fort que son omnipotence. Elle n'urine pas, elle hurle : puisqu'elle n'est plus libre à ce moment elle a le sentiment qu'elle n'est plus aimée. La sécurité que lui procure sa « petite maison » entraîne chez elle le sentiment qu'elle est au centre du monde, parfaitement aimée, là où rien ne lui résiste : le bébé d'autrefois au milieu de ses coussins. Elle en sort calmée.

Nous voyons avec Émilie le premier exemple d'une enfant qui fait payer à l'autre la contrainte qui la soumet. Peu importe quel est cet autre : ce n'est pas l'objet même à qui elle en veut qui reçoit directement sa colère : là, c'est l'éducatrice qu'elle n'aime plus et refuse d'embrasser, au prix de quoi elle continuera de bien aimer sa mère et de rester dans ses bras. Dans les exemples suivants nous voyons Barbara, Juliette et Christophe, s'adapter en fin de compte plus ou moins promptement aux ordres de l'adulte et accepter d'être « raisonnables » à condition de faire taire leur colère contre l'adulte pour la défléchir sur des objets : au lieu de donner un coup de pied à l'éducatrice, Christophe frappe un panier.

Mais peut-être n'est-ce pas que la contrainte qui pousse Barbara, par exemple, à obéir rapidement : elle est aussi une petite fille qui possède en elle le désir de grandir et de se conformer, pour cela, à ce qu'elle sait être le bon comportement. Elle sait qu'elle doit faire preuve de générosité, se montrer capable de perdre et de partager avec un autre enfant comme avec ses frères et sœurs, sa mère qui n'est pas toute à elle. Elle le sait et elle le veut. Mais, pour ce faire, elle doit séparer d'elle-même, l'enfant omnipotente qui ne l'entend pas ainsi. C'est cette dernière qui, furieuse de ne pas contrôler la situation, s'en prend à la balançoire plutôt qu'à qui l'en prive.

La crise de rage, cependant, n'est pas l'ultime borne d'un processus de reconnaissance où la perte de contrôle sur l'objet ne signifie pas obligatoirement que tout est perdu en soi. Une telle situation serait intolérable. Nous verrons dans le dernier chapitre comment au travers d'une identification avec l'objet perdu, qui se rapproche d'une absorption à l'intérieur de soi de l'objet que l'on perd au-dehors, l'enfant apprend à supporter la privation de la satisfaction immédiate, la frustration enfin. Cela s'accompagne obligatoirement du sentiment qu'il est possible de vivre une perte, qu'il est une autre voie que celle de l'omnipotence, qu'on ne meurt pas d'une expérience douloureuse et qu'elle conduit surtout vers un au-delà de l'état primitif infantile fonctionnant en « tout ou rien ».

Les pleurs de l'enfant changent alors de tonalité et nous avons tendance davantage à nous diriger vers lui.

Benoît vient d'arriver dans la section des « grands ». Il désire toujours le même jouet : c'est un train sur lequel l'enfant peut monter et qu'il peut faire avancer avec ses pieds. Je dois intervenir assez souvent, soit pour demander à Benoît de prêter le jouet, soit parce qu'il a renversé un enfant sur le sol afin de le récupérer. Rien que le fait de dire « non ! » à Benoît, d'une voix douce et sans menace, afin de lui interdire de pousser ses copains, entraîne un accès de rage. De désespoir, il se jette par terre. Il pleure et c'est la crise.

Or au bout de quelques temps, l'attitude de Benoît évolue : nous pouvons lui interdire quelque chose. Il ne se jette pas par terre mais commence à pleurer doucement. La rage s'est transformée en chagrin et, par conséquent, son refus total d'envisager la perte d'un objet s'est mué en une douloureuse reconnaissance.

C'est donc à ce moment, pourrions-nous dire, que Benoît commence à accepter de perdre la section des moyens et tous les investissements qu'il y avait opérés et qu'il avait déplacés, en changeant de section, sur un seul objet, ce train qu'il ne pouvait pas quitter. Nous voyons donc que l'acceptation de partager ce train avec d'autres enfants entraîne une obéissance non seulement à l'éducatrice mais, à travers cela, à la loi plus générale du détachement des objets primitifs. A ce moment précis, en abandonnant son train aux autres, Benoît travaille à nouveau plus profondément avec ce que lui fait le départ de sa mère. Il ne peut empêcher ce dernier pas plus que l'omnipotence, qui n'est qu'un fantasme, ne peut empêcher aux lois de la vie d'exister. Il s'agit donc pour nous de comprendre au mieux l'enjeu qui, au niveau de l'enfant, le fait s'accrocher au refus d'obéir, à tel moment donné de sa vie. S'agit-il d'une tentative de freiner, comme ce l'est ici pour Benoît, un mouvement trop rapide de reconnaissance qu'un objet se perd ? S'agit-il d'un « non » nécessaire où l'enfant délimite ainsi par lui-même la zone frontalière qui sépare son identité de celle de l'adulte ?

Comparons les positions d'Ève et de Julien :

a) « Ève, nous dit sa mère, ne veut pas mettre les habits que je lui propose le matin. Elle adore sa robe en laine bleue. Je suis obligée de la laver tout les jours parce qu'elle ne veut rien mettre d'autre. J'adopte une stratégie : je cache sa robe bleue la veille pour qu'elle ne la voie pas ! ».

b) Au moment du jus de fruits, je demande à Julien de venir avec les autres enfants. Mais il refuse, prétextant qu'il ne veut pas boire de jus de fruits. Je le laisse. Il demande à aller faire pipi, revient et c'est alors à Patricia, l'auxiliaire, qu'il s'adresse : « Je veux boire mon jus de fruits ! » dit-il. Julien va s'asseoir alors avec les autres enfants.

Nous trouvons chez Ève, comme chez Benoît, le même attachement profond à un seul objet. C'est grâce à cet objet prenant valeur quasiment d'un fétiche qu'elle peut accepter de se séparer de sa mère. Elle refuse de changer de robe : elle refuse de changer de vision sur sa mère. Celle-ci doit demeurer toujours comme une « petite maman bleue » et n'avoir jamais la couleur d'une maman qui s'en va et qui s'en va avec papa par exemple, ou avec un autre enfant. Comprendre cela aide à éviter une grande confrontation avec l'enfant. Cette dernière deviendrait une lutte d'omnipotence et déplacerait le problème : elle ferait oublier la compréhension du chagrin de l'enfant qui se cache derrière son obstination.

Une telle lutte ne mène à rien et met en jeu tout autre chose que la loi qui interdit à l'enfant d'empiéter sur l'identité des autres ou de se mettre en danger lui-même.

Julien, lui, met sa légère manifestation d'omnipotence au service de l'acquisition d'une autonomie de décision : il veut bien prendre son jus de fruit mais à condition d'avoir le sentiment qu'il ne dépend pas complètement pour cela de la personne qui le lui donne. C'est Anne qui le demande. Entre temps, il est allé s'assurer aux W.C. qu'il pouvait lui-même fabriquer aussi une sorte de « jus de fruits » sous la forme de son urine. A un niveau très profond les différents liquides émanant du corps maternel et du corps propre (les larmes, l'urine, le lait), sont vécus comme équivalents. Ainsi Julien est rassuré sur le fait qu'il peut ne pas perdre son jus de fruits, offert à présent, mais… qui sait jusqu'à quand ? S'il le fabriquait lui-même, en imaginant que son urine est comme un lait nourricier, il n'en manquerait jamais. Si l'adulte lui permet d'avoir un moment le sentiment, non pas tant qu'il fabrique totalement son « jus de fruits » en allant au W.C., mais qu'il peut décider librement de le prendre de la main de l'adulte, l'enfant est rassuré : au prix d'un contrôle partiel sur l'adulte il peut construire en même temps et sa dépendance et son autonomie vis-à-vis de lui.

On voit donc que dans ces cas la lutte directe ne sert à rien, puisque l'enjeu est ailleurs et que les manifestations d'omnipotence sont soumises à une force qui va dans le sens du développement. Car c'est aussi le véritable désir de l'enfant que de devenir un jour un adulte. Il ne faut donc pas méconnaître la part qui, dans l'obéissance à l'adulte revient à la volonté de lui ressembler et, pour cela, de se conformer à ce qu'il exige mais aussi à ce qu'il désire.

Ceci se mêle au plaisir de faire plaisir à l'adulte, de devenir grand et d'avoir une responsabilité.

Ainsi le soir, quand je demande de ramasser les jouets, certains enfants le font volontiers. Au moment du jus de fruits, nous demandons un jour à Antoine de ramasser les verres. L'enfant ne refuse jamais une telle proposition. Antoine se lève d'un bond mais d'autres enfants se sont manifestés pour être choisis. Quel pouvoir ! Antoine, très fier, ramasse les verres de chacun.

Antoine : « Stéphanie ne veut pas me donner son verre ! ».

J'interviens pour qu'elle obéisse et Antoine porte les verres : « C'est lourd ! » dit-il. Je lui propose de l'aider mais il refuse.

Antoine : « Je veux porter tout seul sur la table ! ».

Juste avant le repas, nous demandons à un enfant de regarder s'il reste des serviettes dans le petit placard de la salle de bains, juste à la hauteur de l'enfant. Aujourd'hui c'est le tour d'Émilie. Elle se précipite, le sourire aux lèvres et court dans la salle de bains. Elle revient avec une pile impressionnante de serviettes serrées près de son cœur. Elle sourit toujours et pose les serviettes sur la table.

Un autre jour, après l'activité de collage, je demande à Laurent s'il veut laver les pinceaux et les pots dans le lavabo. Il accepte aussitôt, conscient du privilège qu'il a par rapport aux autres enfants. Habituellement, par manque de temps, nous lavons nous-mêmes les pinceaux et les pots. C'est la fête pour Laurent qui a ainsi le plaisir de jouer à l'eau. Je lui explique qu'il doit frotter les poils du pinceau. Mais Laurent trouve sûrement mes explications trop longues :

Laurent : « Arrête ! Laurent veut faire cela tout seul ».

Nous voyons ici à quel point l'enfant désire s'identifier à l'adulte et comment cela peut stimuler sa propre croissance. Mais pour souhaiter authentiquement cela, l'adulte doit être un modèle qu'il puisse admirer avant tout.

L'enfant teste, nous l'avons vu, la résistance de l'adulte. Il ne se fie qu'à un être solide, mais aussi à un être cohérent : il ne supporte alors de sa part ni injustice, ni mensonge.

Au moment du goûter, Antoine par mégarde renverse son verre. Patricia lui demande de faire attention. Le goûter terminé, j'appelle

Antoine afin de lui laver les mains. Il ne bouge pas. Au second appel, il me dit : « Non ! ». Patricia intervient à son tour, mais en vain. Je dis à Antoine : « Maintenant, tu viens ! ». Je me dirige vers lui et le prends par la main. Antoine ne dit rien. Je m'adresse à lui : « Tu es fâché parce que Patricia t'a grondé ! ».

Antoine : « Oui, Patricia elle est pas gentille ! ».

Il est très rare qu'Antoine n'obéisse pas et il y a toujours une explication à son refus. Là, nous pouvons observer que la susceptibilité d'Antoine a été blessée par le fait que Patricia, qu'il aime beaucoup par ailleurs, n'a pas vu qu'il n'avait pas fait exprès de renverser son verre. Qu'elle lui demande de faire attention comme s'il avait eu une « mauvaise intention », a été vécu par Antoine comme une injustice. Patricia aurait dû voir clair et ne pas renvoyer à Antoine une image de lui qu'il jugeait fausse : celle d'un enfant « méchant ». Patricia pour être « gentille » aurait dû continuer à considérer Antoine comme le bébé à qui l'on pardonne ses maladresses sans exiger de lui qu'il soit responsable de ses actes. Pour Antoine à ce moment, être responsable, c'est être accusé, là, d'une mauvaise intention. Et comme il n'en avait pas, l'adulte ne devait rien lui dire…

Un matin, Barbara arrive dans la section des grands. La mère demande où elle doit conduire sa fille, mais Barbara veut aller dans la cour. Je l'interdis à Barbara en lui expliquant qu'il a plu et que le sable est mouillé. Barbara veut voir cela et se précipite dans la cour. La mère dit : « Elle veut vérifier ».

C'est vrai. Comment obéir à un adulte qui mentirait ? Barbara constate d'elle-même que l'adulte obéit aux mêmes lois qu'elle : celles de la réalité externe. Ces lois, quand elle sont reconnues, c'est l'adulte, et l'adulte seul qui doit les dicter. L'enfant ne supporte pas qu'un autre enfant lui impose sérieusement d'obéir à ses ordres. Pourtant, par jeu, il peut se prêter à cela et, nous le verrons bientôt, les enfants ne se privent pas d'imiter l'adulte qui commande d'autres enfants, lesquels doivent obéir. Mais c'est un jeu qui reproduit des rapports de force. Il ne les crée pas. Un enfant tolère mal que son compagnon de jeu veuille s'arroger véritablement l'identité d'un adulte : où en serait l'ordre des choses ? Au travers de la confusion des générations nous aboutirions à une réelle confusion mentale chez l'enfant.

Christophe est monté sur la verrière. Je l'appelle. Je n'en dis pas davantage mais aussitôt Laura et Lisa s'écrient de concert en direction de Christophe : « Descendez ! Descendez ! ». Christophe descend et les deux filles se précipitent sur lui pour lui donner une fessée. Christophe qui sourit, se prête à ce jeu.

Au lever de la sieste, Marjolaine et Charlotte s'habillent. Marjolaine traîne ; Patricia lui demande de mettre ses chaussettes. Charlotte intervient comme pour prolonger l'ordre de Patricia : « Essaye ! Essaye ! ». Aussitôt Marjolaine piquée au vif lui réplique : « Ce n'est pas toi qui commande, c'est ma maman ! ».

On voit que Christophe accepte à la différence de Marjolaine de se prêter au jeu de l'autre. Peut-être que Charlotte prenait son rôle au sérieux ; peut-être même que Marjolaine aurait bien répondu de la même façon à Patricia, dans le sens où l'on n'accepte d'obéir qu'aux personnes que l'on choisit librement de placer près de soi. Obéir volontiers et non pas sous la contrainte. Marjolaine nous le rappelle ; mais aussi Christophe qui se laisse donner volontiers la fessée par le clan des filles. Le petit garçon ne demande pas mieux que de se prêter à ce jeu. Qui sait si ses protagonistes n'en profitent pas d'ailleurs pour y trouver un plaisir, répété dans le sourire de Christophe, proche du plaisir que procurent les ébats des personnes dont le sexe est différent ?

4 – L'imitation de l'adulte

Avant que l'enfant ne se comporte ainsi que l'adulte le souhaite en retrouvant constamment, au-dedans de lui, un modèle qui jusqu'alors devait être présent au-dehors, il va tenter d'imiter ce modèle. C'est la première manière de lui faire prendre le chemin du dedans. Mais cette imitation a son revers : elle donne à l'enfant le sentiment d'être adulte immédiatement et elle supprime de la sorte magiquement le long apprentissage qui fait passer de l'état d'enfant qui assimile peu à peu ses modèles, avec toutes les maladresses qui demeurent en lui, à l'état de l'adulte, qui vit constamment grâce à ses modèles intériorisés et avec lesquels il entretient des liens de ressemblance et non d'imitation.

Nous avons vu au début qu'Antoine n'aimait pas porter de serviette de table à la maison. Le père nous confie : « Si nous voulons qu'Antoine mette une serviette, nous sommes obligés de nous en mettre aussi une autour du cou. Si nous n'en avons pas, Antoine refuse de mettre la sienne ! ».

Dans cet exemple extrême, nous voyons qu'Antoine accepte bien d'obéir aux adultes mais à condition que cette obéissance ne lui fasse pas sentir son état d'enfant. Aussi les adultes doivent-ils redevenir enfants eux-mêmes afin d'annuler les différences. A ce prix, l'amour-propre d'Antoine n'est pas blessé : s'il obéit aux parents, ce n'est que pour faire comme eux !

Avec cet exemple, nous nous approchons de la prise de possession magique d'une attitude parentale. Par cette opération, l'enfant imagine qu'il n'est pas un enfant mais réellement un parent. Il lui suffit pour cela, de la même façon que l'on entre dans la peau d'un personnage, d'adopter les faits et gestes des adultes. La superficialité de ce mécanisme se trahit dans le fait que ce « pseudo-parent » a toujours besoin d'un réel enfant qui joue (de plus ou moins de bonne grâce) ce jeu avec lui. En effet, en ce qui concerne l'obéissance, comme en d'autres domaines, l'enfant n'imite pas toujours l'adulte tel qu'il est, mais tel qu'il lui apparaît.

Julien a pris un petit objet en plastique et l'a mis dans son assiette. Je lui dis : « Tu ne fais pas ça ! C'est une bêtise. As-tu compris pourquoi ? ».

Julien : « Oui ! ».

Barbara s'adresse alors à Julien du même ton que moi : « Tu ne mets pas l'objet dans l'assiette ! C'est la cuillère qu'on met dans l'assiette ! ».

Évidemment que Barbara fait la leçon à Julien au lieu de se la faire à elle-même. Elle ne sait pas qu'en adoptant le discours de l'adulte elle a laissé dans Julien, la petite Barbara qui prend elle aussi plaisir à remplir son assiette d'objets en plastique !

C'est le début de la sieste. Barbara me demande la permission d'aller faire pipi. Elle se lève et passe devant le lit de Christophe. Il est assis et s'amuse « Tu te couches ! Tu te couches ! » dit-elle d'un ton autoritaire !

Barbara est bien aise – forte de la permission de l'adulte – d'être debout. Elle en profite pour jouer à l'adulte elle-même et se confirmer dans l'idée que la petite fille qui s'amuse en se baladant au lieu d'aller se coucher, ce n'est pas elle, c'est Christophe.

Voici deux autres exemples où c'est Antoine qui se complaît encore à prendre un ton policier :

a) Stéphane vient de jeter tous les légos par terre et je lui demande de les ramasser. J'attends, assise sur une table que celui-ci les range. Antoine vient s'asseoir à côté de moi et dit, en prenant un ton autoritaire : « Stéphane ! Tu ranges ! ».

b) Au début de la sieste, nous intervenons très régulièrement auprès de Julien, Laura, Ève, Christophe, Marjolaine, et Stéphane pour les recoucher. Antoine désobéit très rarement et ne s'oppose jamais. Aujourd'hui, les enfants sont particulièrement déchaînés au moment de se coucher. Antoine, qui est déjà dans son lit, se redresse et dit d'un ton très autoritaire : « Maintenant tu arrêtes ! Arrêtes ! Arrêtes ! Il faut dormir ! ».

Nous entrevoyons là aussi à quel prix, mais ce n'est que très partiellement le cas d'Antoine, un enfant peut se montrer conforme aux souhaits d'un adulte : il peut s'y plier passivement, l'imiter et projeter dans les autres avec ses capacités de révolte, celles d'être actif aussi. Dans ces conditions, l'enfant qui n'obéit pas n'est pas seulement un autre enfant, mais aussi une partie d'Antoine que ce dernier ne reconnaît pas et qu'il veut corriger d'une façon semblable à celle d'un adulte, afin de la contrôler.

a) Cela fait un bon moment que Ludovic ne se décide pas à s'habiller. Les enfants sont tous dans la cour. Frédéric, un des enfants de la section des moyens entre dans la salle. Nous intervenons deux fois pour l'emmener dehors. Il revient pour la troisième fois. Ludovic lui lance d'abord : « Tu vas dans la cour ou je te fous une claque ! ».

b) A table, nous demandons à Benoît s'il a envie de faire pipi. Ève se trouve à une autre table mais elle a tout entendu. Elle s'écrie aussitôt qu'elle a envie de faire pipi. Je dis « Non ! » à Ève en expliquant qu'elle a fait avant le repas. Elle me demande la chose une dernière fois puis s'adresse à Patricia : « Pipi ! Pipi ! ». Patricia lui fait comprendre que ce n'est pas elle qui a pris la décision. Charlotte se trouve assise à côté d'Ève et lui pince la joue afin de lui faire mieux sentir qu'elle ne doit pas aller faire pipi !

c) A cinq heures et demie je propose aux enfants de lire le livre : « Xandy et le monstre ». Julien veut, une fois l'histoire racontée, la dire lui-même à nouveau aux enfants. Il tourne les pages du livre et dit : « Et…

Et... ». Puis, me voyant me lever pour calmer des enfants qui font trop de bruit, il se lève aussi et va donner une fessée à Christophe qui est monté sur la table.

Ne voyons nous pas au travers de tous ces exemples comment l'enfant peut s'imaginer grand à bon compte, c'est-à-dire en projetant sur les autres non seulement l'enfant qui obéit, et qui donc se sent petit, mais aussi l'enfant qui obéit à un maître sévère ? Charlotte ne fait-elle pas vivre à Ève ce qu'elle-même a senti lorsque, contrainte de se soumettre à un ordre qu'elle refusait, elle a senti cette contrainte comme un pincement douloureux ? Ludovic ne brandit-t-il pas devant Frédéric la même menace qu'il sent peser sur lui-même lorsque, pas plus que Frédéric, il ne se soumet à l'ordre de l'adulte ? Outre cela, nous pouvons constater le décalage qu'il y a entre la réelle correction de l'adulte et la violence dont elle est revêtue dans l'esprit de l'enfant. Ceci est dû, moins à l'expérience qu'a eu l'enfant d'un adulte qui le corrige, qu'à l'image qu'il conserve de cet adulte en lui. Or cette image est transformée par la colère qu'a l'enfant d'être ainsi corrigé : l'adulte qui arrête la satisfaction toute-puissante de l'enfant est accusé de tous les crimes et, par conséquent, revêt en son esprit une forme « monstrueuse qui pince », qui « fout des claques » et peut-être même davantage, comme nous le verrons au chapitre suivant.

5 – L'intériorisation des interdits de l'adulte.

On peut se demander comment l'enfant parvient à passer d'une position où il joue au faux-adulte à une position où il se construit peu à peu en tant qu'adulte véritable : c'est-à-dire en tant que personne qui, pour exiger l'obéissance à une règle, s'y est d'abord soumise elle-même. Le processus qui permet ce passage est celui que l'on appelle « intériorisation ». Nous y reviendrons au dernier chapitre et cela en sera le principal sujet. Qu'il nous suffise de dire ici que l'enfant, en intériorisant son parent et tous les attributs qui lui sont attachés, est sur la voie de s'identifier à lui véritablement. Il ne peut plus alors se contenter de l'imiter puisqu'il a en lui-même un parent qui le regarde, dont il n'a pas pris la place mais qui, au contraire, observe impitoyablement parfois si le comportement de l'enfant est conforme à ce qu'il exige. Sinon il sévit. C'est ainsi que nous voyons des enfants se punir eux-mêmes, parfois involontairement et toujours inconsciemment puisque ce mouvement est interne, pour des fautes plus ou moins bénignes qu'ils ont commises ou failli commettre.

Les parents ne doivent pas ignorer l'existence de ce processus interne chez leur enfant. Faute de quoi, ce dernier ne se sentirait pas compris. Un adulte qui ne sait pas percevoir, le moment venu, qu'il y a dans l'enfant une police qui l'avertit ou qui le punit au-delà de la correction qu'il pourrait lui-même lui donner, manque d'apporter à l'enfant tout ce qu'implique la différenciation et la consolidation des liens entre le dedans et le dehors de son psychisme. Si un parent, par exemple, commence à disputer fortement son enfant sans percevoir que ce dernier manifeste déjà des signes de culpabilité, il ne l'aide pas à nuancer son monde, à sentir que la punition n'a pas de valeur en soi, qu'elle est mise au service de la reconnaissance de la réalité externe et que derrière la sévérité de cette dernière, il est un parent compatissant pour l'enfant et pour la tâche difficile qu'il accomplit afin de grandir.

Les enfants sont dans la cour. Ève joue avec un chariot dans lequel elle a mis un animal en plastique. Stéphane arrive et veut prendre le chariot. Ève commence à pleurer. J'interviens à ce moment pour demander à Stéphane de rendre le chariot à Ève. Mais il essaie de le garder et s'y agrippe. Je me lève. Stéphane abandonne le chariot et s'empare maintenant de l'animal en plastique. Ève hurle. Seconde intervention de ma part. Stéphane remet alors à contrecœur l'animal dans le chariot. Puis il vient vers moi et me montre sa main en disant : « Bobo ! Bobo ! ». Ce n'est pas la première fois que Stéphane réagit de cette façon. Depuis un certain temps, quand je lui demande d'obéir il me montre toujours sa main en expliquant qu'elle lui fait mal.

Nous voyons surgir, au travers de cet exemple, une voix qui, des profondeurs de l'enfant, rappelle la loi du talion : la main qui a péché sera punie. La main « voleuse » ou « curieuse » de Stéphane a « bobo ». Tout se passerait comme si l'interdiction s'était transformée à l'intérieur de Stéphane en une menace corporelle portant sur la partie du corps qui a commis le délit. Mais, dira-t-on, l'éducatrice n'a jamais dit à Stéphane qu'elle lui frapperait la main ! Non. Cependant si l'éducatrice s'est adressée à la compréhension de Stéphane, ce dernier n'entend pas que la voix de l'éducatrice. Au fond de lui et en dehors de lui, il est une autre voix : celle d'un enfant. Ève en l'occurrence, qui clame que cette main, lui prenant son bien, doit être battue, mordue, coupée peut-être. Si la vengeance s'exerçait directement à la manière de la justice d'autrefois, ou de celle que les enfants s'appliquent, sans attendre la loi des adultes, voilà ce qui se passerait. Il est donc important de considérer que si l'enfant n'obéissait pas à la sévère loi des adultes, loi qui se fonde sur l'acceptation de la frustration, ils devraient se soumettre au principe cruel de la rétorsion : « œil pour œil, dent pour dent », qui constitue un des premiers essais de mise en ordre dans le chaos du monde interne. Mais c'est un ordre fondé sur la satisfaction du désir et la suppression des différences : celui qui m'a pris mon bien devra vivre lui-même ce qu'il m'a fait vivre. Je me suis senti dépouillé, il se sentira dépouillé. Ainsi il n'y aura pas d'écart entre nous ; et je n'aurai pas à penser ni élaborer le difficile problème qui se pose sans cesse à l'homme : l'un possède ce dont l'autre est privé. Cette loi primitive exercée par le corps, inscrite dans le corps, Stéphane nous la rappelle avec son « bobo ! ». Elle constitue déjà un écho de son monde interne dont le fonctionnement, là, est en décalage avec l'expérience du monde externe. Dans ce dernier, Ève et l'éducatrice ne se fondent pas en une seule personne, furieuse et prête à foncer sur la main qui a péché. Si Ève hurle, l'éducatrice interdit. Si l'enfant saute aux yeux d'un rival, l'adulte, lui, est là pour médiatiser les rapports et interdire aussi bien à l'enfant voleur de voler, qu'à l'enfant lésé de se venger ainsi. L'adulte instaure un autre ordre grâce auquel Stéphane, précisément, peut garder sa main sans danger. Et c'est à ce même adulte qui propose la pensée plutôt que l'acte, que Stéphane vient demander consolation et compréhension pour ce qui surgit en lui d'un monde où l'acte remplace la pensée. Ainsi, par l'attitude de l'adulte, l'enfant apprend à conserver en lui non plus seulement la voix qui prône la rétorsion, mais aussi celle qui fait un barrage à ses pulsions. C'est cette dernière voix que peu à peu il entend au dedans de lui alors que l'adulte se tait au dehors.

Examinons les exemples suivants :

a) Laurent a pris le verre de Barbara qui se met à pleurer. Après avoir demandé à qui appartient ce verre, je dis à Laurent de le rendre à Barbara. Il obéit mais baisse les yeux, l'air contrarié. Quand il me regarde, se sentant observé, il détourne son propre regard, volontairement.

b) Après le goûter, je lave par terre. Les enfants savent très bien qu'il ne faut pas marcher à cet endroit. Christophe s'approche de la place mouillée et s'amuse à marcher à la limite de l'interdit. Je le regarde à ce moment précis mais je ne dis rien. Christophe me regarde et, se sentant observé, il comprend tout de suite et va jouer ailleurs.

Nous voyons avec l'exemple de Christophe comment le rappel à l'ordre muet s'enracine à l'intérieur de lui. L'éducatrice n'a rien dit sur le moment, mais Christophe a pourtant levé les yeux vers elle afin de se voir confirmer, quoiqu'il lui en coûte, par une police externe ce que lui dictait déjà sa police interne. C'est sous l'impact de la rencontre de ces deux ordres que Christophe s'en va : un ordre externe et un ordre interne dont on ne peut guère se débarrasser en le projetant dehors, en en faisant un simple ordre externe qu'il ne s'agit plus ensuite que de contourner.

Laurent, lui, nous montre quelque chose de plus. L'éducatrice a dû reformuler l'interdit que l'enfant connaissait bien du dedans de lui. Mais, ce faisant, elle a réveillé en lui ce regard intérieur qui n'a pas fait, là, que de montrer à Laurent la voie à suivre. Ce regard lui a aussi fait honte. Honte de l'avoir surpris dans une attitude peu flatteuse par rapport à l'image qu'il aimerait avoir de lui-même et qui se reflète, comme en un miroir, dans le regard de l'éducatrice. Aussi détourne-t-il volontairement son regard.

6 – Les adultes et l'obéissance.

Essayons de nous approcher maintenant de l'attitude des parents réels vis-à-vis de leur enfant, et particulièrement de l'attitude du père. C'est à lui que revient le rôle, dans le vécu de l'enfant, de séparer ce dernier de sa mère. Essayons aussi de confronter cette autorité parentale à celle qu'exerce sur l'enfant l'institution de la crèche et à celle qui en est le porte-parole, l'éducatrice.

L'accueil du matin et le départ du soir, lorsque les parents accompagnent puis reprennent leur enfant de la crèche, sont des moments privilégiés de rencontre et donc et confrontation d'opinions des parents entre eux. Ils aiment non seulement se parler, mais se parler surtout devant l'éducatrice : c'est à elle qu'ils disent indirectement ce qu'il se disent entre eux, et c'est grâce à elle que ce moment s'instaure. Moins consciemment, c'est d'elle qu'ils attendent un avis. Le fait qu'elle écoute le plus souvent les avis des autres plutôt qu'elle ne donne le sien stimule précisément ces rencontres.

Un matin, la mère de François arrive et s'installe. Elle commence à discuter avec la maman de Vincent. Puis c'est le tour du père de Christophe et de la maman de Benoît.

Le père de Christophe se plaint du manque d'autorité de sa femme. La mère de François répond que c'est facile de dire ça ! : « Moi, mon mari n'est pas là pendant la semaine. Ça se passe très bien ! Quand il arrive le week-end et qu'il dit qu'il faut mettre un peu d'ordre, plus rien ne va ! ».

Le père de Christophe s'explique : « Je ne peux pas toujours intervenir et n'avoir que des rapports d'autorité avec Christophe ! Mais ce matin, il refusait de s'habiller et ma femme ne s'en sortait pas ! Il faisait caprice sur caprice ! J'ai été obligé d'intervenir et Christophe a fini par se calmer ! ». La mère de François concède : « C'est vrai que c'est un âge difficile, il n'écoute rien ». La mère de Benoît remet de l'huile sur le feu de la discussion : « Quand mon enfant est en colère, je reste toujours calme. Mais si c'est mon mari, la tension monte tout de suite. Le soir il est grognon, il ne veut pas faire ce que je lui dis ».

La mère de Vincent ne dit rien sur ce point mais reprend l'idée que les enfants de deux à trois ans sont dans un âge critique.

La mère de Benoît s'introduit dans la discussion en tentant de trouver une explication au comportement de son fils : « Benoît faisait sur le pot de juillet à octobre. C'était bien. Puis il a été hospitalisé pour l'opération de son œil. Depuis, il refuse catégoriquement le pot ».

Pendant la discussion, la mère de François descend son fils de la table où il était monté une première et une deuxième fois. Mais il continue et sa mère se fâche. Elle lui dit : « Il n'y a pas de raison pour que toi tu marches sur la table et pas les autres ! ». François s'en va. Or, le sac de sa mère étant posé sur une table, il commence à en vider le contenu... La mère de François conclut : « Il commence à y avoir beaucoup d'enfants ici, plus nous... Il faut que je me décide à partir ! ».

Si nous analysons cette petite discussion, nous pouvons y trouver matière à détailler notre propos. Différents thèmes, en effet, y sont abordés et nous nous proposerons un peu plus bas de les développer.

Quand la mère de François s'installe, nous savons qu'elle a besoin de parler. Ainsi est-ce elle qui, la première, reprend la balle au bond quand, de manière provocante, le père de Christophe se plaint de sa femme. En effet : voilà un homme qui reproche à sa femme de n'avoir pas d'autorité. Mais, ce faisant, il se vante implicitement, lui, d'en avoir. La mère de François se sent piquée au vif dans son amour-propre et répond brutalement qu'en matière d'ordre et d'autorité, elle s'y connaît mieux qu'un homme. Ce dernier est inutile en somme puisque rien ne va quand il est présent et qu'absent, l'entente règne entre la mère et l'enfant. N'est-il donc pas surtout question ici de la place et de l'importance d'un père ? Derrière le problème de l'ordre dans la maison surgit celui de la justification de l'existence d'un père. Le père de Christophe le montre bien : s'il veut que sa femme fasse preuve d'un peu plus d'autorité, c'est pour n'être pas seul à porter le mauvais rôle et risquer de n'être pas aimé par l'enfant ; la mère doit montrer à ce dernier qu'elle participe aussi de cette autorité détestée. Mais il peut advenir, comme la mère de François nous en donne l'exemple, qu'une collusion s'installe entre la mère et l'enfant, de telle sorte que le père et tout ce qu'il représente, soit exclu. C'est un trouble-fête dans l'esprit de la mère qui, au lieu d'amener la paix, n'entraîne que la dispute. Mais n'oublions pas que tout n'est pas aussi idyllique dans le paysage présenté par la mère de François : François est en train de faire les 400 coups pendant que sa mère parle et, lorsqu'elle veut l'arrêter, elle est bien obligée d'emprunter seule une voix paternelle. N'est-ce pas de cela qu'elle est fatiguée et pour cela qu'elle s'assoit ici afin de discuter dans le but d'être comprise ? Ne devons-nous pas entendre son discours alors dans un sens tout à fait opposé à celui qu'elle met en avant ? L'homme dont elle prétend se passer n'est-ce pas justement celui dont elle se plaint de l'absence ? Son mari, elle le dit, n'est pas à la maison. Devant un tel manque de soutien, elle prend secondairement l'attitude de faire comme s'il était inutile. Aussi lorsqu'elle entend un homme, le père de Christophe, se plaindre d'une femme, elle bondit sur l'occasion et s'adresse à lui avec acrimonie, comme en silence elle s'adresse peut-être aussi à son mari : les hommes ne servent à rien puisqu'ils laissent tout reposer sur le dos des femmes ! Qu'ils ne viennent pas ensuite se plaindre d'un manque d'autorité qu'ils n'exercent pas !

On voit que chacun réclame de l'aide : l'homme envers la femme, la femme envers l'homme. Tout ceci pour l'enfant, en face duquel il s'agit d'établir une entente afin de le comprendre ; c'est ce que souligne à la fin la mère de Benoît : si l'enfant refuse le pot, il y a une raison à cela, et c'est aux adultes de la saisir. C'est pourquoi ils doivent retrouver leur place et leur responsabilité : la mère de François doit cesser de se plaindre et de vouloir se faire écouter, afin d'assumer à nouveau un rôle d'adulte face à son enfant.

Reprenons quelques éléments introduits par l'exemple précédent :

Nous avons vu comment la mère de François a tendance à s'allier à son fils contre le père en prétendant qu'on peut se passer de ce dernier. Elle n'est pas la seule à raisonner ainsi mais, ce faisant, elle ne se rend pas compte qu'elle est en collusion complète avec les désirs régressifs de son enfant à qui l'existence d'un tiers paternel paraît inutile.

Les mères pensent ainsi souvent que leur enfant a bien le temps de se soumettre et de reconnaître les règles du monde adulte. Ne veulent-elles pas alors continuer à vivre avec leur enfant l'illusion fœtale d'un univers au service du bébé ? Ce n'est que dans un second temps qu'elles se rendent compte de la tyrannie que cela implique. La mère de Benoît se veut calme et raisonnable face à la désobéissance de son enfant. Mais derrière ce calme nous devinons un certain détachement vis-à-vis d'une confrontation directe avec l'enfant. Là encore, c'est le père qui a le mauvais rôle et qui risque de ne plus être aimé. La croyance sous-jacente à ce genre de conduite serait non pas un « Qui aime bien châtie bien », mais un « Qui aime bien ne refuse rien ».

La mère de Benoît nous tient donc ce discours : « Avec Benoît j'essaie de garder mon calme et je ne me fâche plus fort que si sa sécurité est en jeu. Mais mon mari n'est pas du tout comme moi : si Benoît fait une bêtise ou pique une crise, il se met en colère et devient violent. Il ne peut pas se retenir. Je lui ai conseillé d'emmener Benoît dans sa chambre et de le laisser. A table, Benoît ne veut plus de sa chaise de bébé. Il a maintenant une chaise d'adulte. C'est pénible parce qu'il veut en descendre tout le temps et aller chercher lui-même ses affaires. Je l'en empêche, mais ce n'est pas facile. Mon mari veut qu'il comprenne les règles tout de suite. Mais moi je pense qu'il a bien le temps ! ».

C'est cette dernière phrase qui trahit l'état d'esprit sous-jacent de la mère : ce n'est pas Benoît qui a bien le temps, c'est elle, le croit-elle du moins, qui a bien le temps de se confronter réellement à lui et de se fâcher non simplement pour le protéger, mais pour préserver sa vie de femme en union avec le père, vie à laquelle son enfant n'a guère le droit de se mêler.

Retrouvons la mère de François, elle qui prétend qu'un père absent est préférable à un père présent.

François vient d'avoir des troubles du sommeil et des crises de diarrhées non expliquées par les médecins consultés, mais peut-être davantage par la grossesse de la mère ainsi que par le prochain déménagement des parents.

La mère me demande : « Comment va François en ce moment ? ».

Moi : « François va mieux. Il est actif et a cessé de faire dans sa culotte ».

La mère : « Oui, je crois que ça va bien. Son père est parti et je suis plus disponible pour m'occuper d'eux. Quand leur père est là, on discute ensemble et il fait taire les enfants pour parler. En fait, ça se passe mieux quand il n'est pas là. Les enfants le ressentent ! ».

Nous retrouvons là, directement exprimée, cette collusion existant entre une mère et son enfant afin d'exclure le père. Le parler franc de la mère de François nous permet d'approcher la cause de son soulagement et de son désir d'éloigner son mari : la colère de l'enfant face à la conscience de l'existence d'un couple parental est telle, son désordre interne prend de telles proportions, (au point qu'il avait des diarrhées), que la mère capitule : au lieu de s'aider de la présence d'un père afin de contenir les émotions de son enfant, elle lui fait croire que ce père n'existe pas et que donc ces émotions désagréables n'existent pas non plus. Si l'enfant est soulagé, cette victoire à la Pyrrhus n'est que momentanée : l'enfant sait que son père existe et qu'il n'est pas seul à posséder sa mère ; la preuve en est qu'elle attend un autre bébé. Mais la mère n'a pas suffisamment travaillé, avec le soutien du père la colère de l'enfant. Elle l'a plutôt évitée, aussi cette dernière n'a pu prendre qu'une forme somatique : celle de diarrhées. Ce qui ne fut pas compris psychiquement s'exprime somatiquement.

Avec le père de Christophe, nous avons vu une autre plainte : celle d'un père à qui l'on délègue l'entière responsabilité d'un rôle autoritaire. Voyons à présent de quelle façon l'enfant peut souffrir de cet état de fait.

Un soir, la mère de Christophe vient chercher son enfant juste au moment où il s'amuse avec la porte. La mère veut l'arrêter : elle reconnaît que c'est dangereux et qu'il peut se coincer les doigts. Mais Christophe pique une crise de colère : il ne veut pas qu'on l'empêche de faire ce qui lui plaît. La mère ne parvient ni à le calmer ni à le faire obéir. Elle veut l'asseoir afin de l'habiller, mais Christophe déploie une telle force qu'elle n'arrive à rien. Elle semble complètement perdue et désemparée. Curieusement alors, Christophe se rapproche de moi comme s'il venait chercher un secours ou un réconfort. Il a le visage plein de larmes. La mère vient m'expliquer ce qui s'est passé. Après quoi, elle peut reprendre Christophe et réussir tant bien que mal à l'habiller.

Il est ici très apparent que l'enfant souffre de l'incapacité de la mère à arrêter fermement le contrôle omnipotent qu'il exerce sur elle, comme sur la porte qu'il manipule dangereusement pour lui. De la même façon, l'enfant perçoit que son omnipotence, qui ne rencontre rien de solide chez la mère afin d'y mettre un frein, risque de l'emporter lui-même. C'est pourquoi il va chercher dans l'éducatrice la présence d'un père capable, par la loi qu'il impose, – et il en a fait l'expérience –, de protéger l'enfant contre un danger qui vient du dedans de lui-même. Après cette réassurance, il retrouve sa mère : ce qu'elle ne lui a pas fourni de sécurité au travers d'un ordre imposé contre les risques d'un chaos pulsionnel, l'éducatrice le lui a rappelé. Elle a joué le rôle qu'il poussait sa mère à remplir, mais que cette dernière n'a pas su tenir. Il est donc intéressant de constater que derrière les manifestations d'une provocation omnipotente de l'enfant vis-à-vis de sa mère, c'est la présence d'un père et du rôle d'endiguement de ces mêmes manifestations qui est recherchée. Structuré, réassuré par le contact avec l'éducatrice, l'enfant peut retourner vers sa mère.

Cette fermeté tant attendue de la part d'un père ou d'un parent se traduit souvent par une fessée : acte qui vise souvent à mettre une limite physique entre l'adulte et l'enfant.

Le père de Ludovic raconte que celui-ci a eu une fessée ce matin, et pourtant il n'a pas l'air du tout contrarié en arrivant à la crèche.

Le père : « Cela fait trois jours qu'il me cherche ! Ce matin, au petit déjeuner, il ne voulait pas manger. Il mettait la nourriture par terre. Je sentais qu'il me provoquait. Eh bien, ça n'a pas raté : il a eu une fessée. Il n'a même pas pleuré ! Et maintenant ça va tout à fait bien ! ».

Or la fessée est comme ces remèdes dont il ne s'agit pas d'abuser et qui n'entraînent des effets qu'à condition d'être accompagnés d'un régime convenable, c'est-à-dire d'un contexte où cet acte prend un sens durable : celui de la marque d'une borne à l'omnipotence infantile. Autrement elle est sans valeur.

Ainsi le père de Stéphane, en arrivant un matin, nous raconte ceci : « Ce matin, je voulais amener Stéphane plus tôt à la crèche. Mais celui-ci n'écoute rien et refuse de prendre son biberon. Ainsi j'ai été obligé de lui donner une fessée. Il n'arrête pas de pleurer. Il n'aime pas quand je suis pressé ! Je sais qu'il ne faut pas lui donner la fessée tout le temps, mais quoi faire ? Ou alors, attendre qu'il soit décidé ? ».

Nous voyons à quel point ce père peut osciller entre une attitude de contrôle omnipotent sur l'enfant, – et utiliser pour cela le « truc » que serait la fessée –, et une attitude de laisser faire absolu, où c'est l'enfant alors qui contrôlerait son parent. N'y a-t-il pas derrière une telle absence de fermeté un manque de référence interne, de la part du père ? Autrement dit, nous pouvons supposer que le père ne trouve pas en lui-même la voix d'un père intérieur qui dicte sa loi et remet à sa place l'enfant qui prend vie en lui avec l'existence de Stéphane. Ce manque de référence interne peut aboutir à deux comportements de la part des parents :

a) *Soit charmer l'enfant :* le parent essaie alors, plutôt que de se confronter à l'enfant, de détourner son attention. Ce faisant, il ne permet pas à l'enfant de faire une expérience importante pour lui : celle d'un adulte plus fort que sa colère. Il donnerait ainsi un démenti au fantasme selon lequel la colère de l'enfant, supérieure à tout, est dangereuse plus que tout et risque de le détruire lui-même. Nous en avons vu un exemple plus haut avec Christophe.

La mère de Charlotte nous raconte que, devant son incapacité à corriger sa fille des « bêtises » qui se répètent toujours, elle essaie d'attirer son attention sur autre chose.

Le père d'Émilie arrive en matin en ayant laissé dans les mains de sa fille un pot en verre. Il me demande de surcroît si cela est dangereux pour les autres enfants ! Je lui réponds par l'affirmative. Il prend alors le pot des mains de sa fille et le met dans sa poche, sans explication. Émilie se met à pleurer. Elle demande à son père où est le pot. Le père lui répond qu'il est perdu. Puis, s'adressant à moi : « C'est de ma faute si elle pleure. Je n'aurais pas du lui donner le pot ! ». Après quoi le père, laissant sa fille pleurer, ne s'attarde pas et part rapidement.

Nous voyons dans la conduite de ce père, dérobade, maladresse, brutalité : il ne croit pas au fond de lui-même qu'il est possible qu'un enfant supporte la frustration. Or, c'est à l'intérieur du père qu'existe cet enfant dont la rage, déclenchée de la sorte, lui fait peur. Il veut le faire taire et le contrôler par la force : c'est pourquoi il ne parle pas à Émilie et lui prend le pot sans explication. Mais il est désemparé ensuite par le résultat qu'il obtient : au lieu d'être en face d'une enfant soumise, il doit se confronter à ses pleurs. Que fait-il alors ? Il se dérobe ; il dit que l'objet est perdu. Il n'ose pas prendre la responsabilité de recevoir contre lui la colère de sa fille. Aurait-il peur de n'être plus aimé ? Il semble qu'il ait surtout peur d'un manque de ressources internes pour traiter cette colère. Il la fait se « perdre », ainsi que ce pot soit disant « perdu », et se perdre avec elle toute l'expérience que ferait Émilie d'un père qui saurait la tenir.

b) Soit corriger l'enfant de façon à le contrôler brutalement.

Le père de Christophe discute avec nous du problème de l'autorité :

Le père : « Avec les enfants têtus, les paroles ne suffisent pas. Il faut passer aux actes. Ce matin, il ne voulait pas mettre ses chaussures ; je l'ai puni et l'ai envoyé dans les W.C. ».

Moi : « Pourquoi les W.C. ? ».

Le père : « Parce que je ne veux pas le punir dans sa chambre. Après il ne voudra plus y aller ».

Moi : « Il est dans le noir ? ».

Le père : « Normalement oui. Mais maintenant il est assez grand pour allumer la lumière ! Ma femme, elle discute beaucoup trop et n'a aucune autorité sur Christophe. Quand il était petit, cela allait ; mais parfois j'étais obligé d'intervenir, quand elle l'entendait pleurer, pour l'empêcher d'y aller. Mais maintenant, Christophe a grandi et elle se trouve complètement dominée par lui ! ».

Nous devinons que pour ce père la taille de la correction est à la mesure de la taille de son enfant et que cette dernière est elle-même à la mesure de la peur qu'il provoque en lui. Au lieu d'aider sa femme et de penser avec elle comment comprendre et contenir l'omnipotence de Christophe, le père s'isole de façon tout aussi omnipotente afin de corriger seul son enfant, tout en se plaignant de la mollesse de sa femme. La violence de la réaction du père (qui envoie son fils dans les W.C.), participe moins de l'autorité d'un adulte que de la manière infantile dont un enfant contrôle l'objet qu'il désire. Les parents s'enferment rapidement, avec de tels mécanismes, dans une lutte d'omnipotence vis-à-vis de leur enfant, au point qu'à la fin on se demande parfois si ce n'est pas de l'enfant que surgit l'attitude la plus « adulte ». L'enfant réel est donc quelquefois davantage en contact avec les aspects les plus évolués de lui-même, tandis que l'adulte est dominé par les aspects infantiles d'un contrôle omnipotent. Les rôles sont alors inversés. Tel est ce qui se passe dans cette scène de fin de journée :

Vincent est dans les bras de sa mère. Il laisse tomber son phoque. La mère lui demande de le ramasser et, à cet effet, le repose par terre. Vincent refuse et tend les bras vers sa mère pour être repris par elle. Mais elle ne veut pas le reprendre tant qu'il n'a pas ramassé le phoque. Vincent se met à pleurer. Sa mère attend et il ne bouge pas. A la fin, Christophe arrive. Il donne le phoque à Vincent. Ce dernier tend alors les bras immédiatement vers sa mère qui le reprend enfin.

Pourquoi Vincent ne ramassait-il pas le phoque qu'il avait fait tomber lui-même ? Ce que sa mère refusait de comprendre, Christophe l'a compris. Christophe s'est identifié à la souffrance de Vincent que sa mère a laissé tomber toute la journée, comme ce phoque laissé tomber à présent qu'il est dans ses bras. Il lui montre ainsi ce qu'il sent qu'elle a fait de lui. Il aurait voulu qu'elle comprenne cela et que, par le geste de ramasser le phoque, elle lui signifie qu'elle a bien saisi ce qu'il a vécu durant son absence et l'aide qu'il lui demande : le ramasser, le porter vraiment afin de pouvoir un jour se porter tout seul. Mais la mère ne supporte pas ce message (probablement en raison de la culpabilité qu'elle ressent d'avoir fait vivre cela à son enfant), et elle le transforme en un acte qui n'a plus de sens ; un acte de désobéissance absurde. La lutte qui s'engage du côté de la mère semble prendre un tour omnipotent, tandis que Vincent ayant perdu les bras de sa mère se retrouve dans un état aussi désolé que le petit phoque jeté sur le sol un instant plus tôt. S'il ne bouge pas, c'est qu'il attend d'être compris. Et c'est Christophe qui joue alors le rôle d'un parent qui comprend avec compassion la détresse de l'enfant et la soulage ainsi.

7 – La place de l'éducatrice.

La rencontre qui s'instaure entre les adultes, entre les parents et l'éducatrice, maintient-elle la responsabilité à part entière de ces personnes ? Ce n'est guère le cas malheureusement la plupart du temps. Les parents réagissent souvent face à l'éducatrice, comme des enfants face aux parents. Ils n'affirment alors ni leur place ni leur autorité. S'agit-il d'un phénomène lié à la situation particulière qu'ils vivent là : devoir se confronter à une personne qui a eu une relation avec leur enfant toute la journée ? Ou s'agit-il d'un trait plus général de leur personnalité ? Nous ne pourrions nous prononcer avec certitude mais nous pouvons cependant émettre l'hypothèse que ce qu'on observe à la crèche est l'indice de ce qui demeure chez les parents une fois qu'ils nous ont quittés.

La première tendance que nous observons est celle qui consiste à se décharger sur le personnel de la crèche non seulement des soins de l'enfant, mais aussi de la responsabilité que ces parents ont vis-à-vis de cet enfant. Ils ont du mal à concevoir le partage des responsabilités et la coopération entre adultes au sujet d'un enfant. Mais nous observons aussi que cette difficulté ne se limite pas aux rapports existants entre le dehors et le dedans de la famille ; elle se tient au cœur du couple lui-même. En effet, comment serait-il possible qu'un parent établisse une alliance de responsabilités entre lui et un autre adulte, s'il ne peut parvenir à établir une telle alliance dans son propre couple ? Voyons ce que nous montrent les parents de Stéphane :

Ils arrivent ce matin à la crèche. La discussion s'engageant entre eux et moi, Stéphane profite de ce moment pour jouer avec le couvercle du coffre. Première intervention de la mère : « Non Stéphane ! N'y touche pas, tu vas te faire mal ! »...

La discussion reprend entre nous. Stéphane continue de jouer avec le couvercle. Seconde intervention de la mère, d'un ton plus énervé : « Ça suffit maintenant ! Tu arrêtes ! ». Stéphane continue. Le père ne dit rien. C'est à ce moment que j'interviens. Je m'approche de Stéphane et lui dit d'un ton calme : « Stéphane si tu continues à jouer avec le coffre, maintenant je me fâche ».

Stéphane réagit tout de suite : il se met à pleurer et se précipite vers sa mère. Celle-ci le rejette et lui explique : « Ah non ! Tu l'as mérité, je t'avais prévenu ! ». Le père intervient alors pour la première fois ; il me dit : « C'est normal ! C'est le problème de la double autorité ! ».

L'effacement remarquable du père au moment précis où la mère aurait eu le plus besoin de son aide face à l'absence de limites de l'enfant a poussé l'éducatrice à jouer son rôle. La seule autorité de la mère ne suffit pas, elle doit être liée à celle d'un père. Ce dont il est question est effectivement du problème de la double autorité, mais non pas dans le sens où le père voulait l'entendre d'abord : l'incompatibilité de deux autorités juxtaposées l'une à l'autre. Le problème qui est mis en avant est plutôt celui de la capacité d'être deux, d'exercer chacun sa part d'autorité sans prendre la place de l'autre et sans lui déléguer la sienne. Avec le père de Julien, nous sentons une certaine prise de responsabilité pour son rôle de parent. Mais nous percevons aussi que le contact avec une institution et l'éducatrice qui, pour lui, la représente, réveille en lui momentanément un petit enfant soumis devant nous comme devant ses propres parents.

Julien est allé ouvrir le robinet et sort de la salle de bains les cheveux trempés. J'explique à Julien que je ne suis pas contente et qu'il est interdit d'ouvrir le robinet. Julien ne dit rien.

Moi : « Que va dire papa ? ».

Julien : « Que c'est une bêtise. Il va me donner une fessée et puis maman aussi. Mais moi je vais leur donner une fessée ! ».

Le père arrive et Julien lui raconte spontanément ce qui s'est passé.

Moi : « Julien m'a dit que vous alliez lui donner une fessée ».

Le père : (qui paraît surpris et amusé). « Mais je ne lui donne jamais de fessée ! Et sa mère non plus ! ». Il s'adresse à son fils : « Julien, ce n'est pas bien d'ouvrir le robinet, il ne faut pas faire ça ! Anne n'est pas contente ! ».

Je n'ai pourtant rien dit de tel au père. Il paraît gêné de la bêtise de Julien, alors que celle-ci est tout à fait naturelle. Il semble presque qu'il veuille lui demander de s'excuser auprès de moi afin d'obtenir mon pardon.

On voit donc là comment ce père s'est rapidement identifié à son fils et s'est placé face à l'éducatrice non pas, à la fin, en tant que parent mais presque en tant qu'enfant qui aurait commis la faute lui-même ! L'éducatrice n'a plus été l'adulte avec laquelle on parle de l'enfant mais celle auprès de qui l'on s'excuse non pas pour l'enfant, mais comme l'enfant. Nous entrevoyons là comment le personnel de la crèche peut être vécu par les parents à un niveau qui renvoie ces derniers aux relations qu'ils ont eues avec leurs propres parents ; ces relations sommeillent toujours au fond d'eux-mêmes. Prenons pour conclure, un exemple qui illustre de façon flagrante de que nous venons de dire.

Juliette a pris le canard d'Ève. Apercevant la mère et la fille qui s'en vont dans le couloir, je demande à Juliette de me donner le canard avant de partir.

Juliette : « Non ! ».

La mère : « Je vous le donnerai, demain ! ».

Moi : « Ce n'est pas possible ; c'est le canard d'Ève. Si c'était un jouet de la crèche ce serait différent ».

La mère : « Donne le canard, Juliette ! ».

Juliette refuse et se met à pleurer.

La mère : « Tu vas le donner à Ève ».

Juliette refuse toujours. La mère insiste légèrement et Juliette se décide enfin, à aller donner son jouet à Ève.

La mère : « Ça va pour donner les affaires... Elle est gentille... Cela ne pose pas de problèmes... ! ».

Quoiqu'en dise la mère, nous voyons là que son attitude de collusion avec sa fille au début traduit tout ce qu'au long de ce chapitre nous avons souligné : le déni de l'autorité paternelle qui sépare le petit enfant de sa mère. Quand cette autorité est respectée, commencent alors d'autres problèmes...

CHAPITRE 4

LE SOMMEIL

Le sommeil ne se commande pas. En ce sens, il est très lié à la vie psychique et à tout son mystère. Un trouble du sommeil inquiète à ce niveau les parents : car si ces derniers peuvent demander impérativement à leur enfant d'obéir ou d'accepter stoïquement la séparation du matin, leur pouvoir s'arrête devant les turbulences qui agitent la paix nocturne. L'enfant ne peut dormir et se contrôler en même temps. C'est pourquoi, ce qu'il peut tant bien que mal étouffer durant le jour, réapparaît la nuit. Ce qui n'a pas été l'objet d'une consolation et d'une compréhension durant les heures de présence réelle des parents, le jour, devient l'objet d'une terreur durant leur absence, la nuit. Car, nous le verrons, la nuit est faite d'absence : absence psychique des parents, même si leur présence physique tend à faire oublier que leur esprit est vécu comme étant essentiellement ailleurs. C'est donc à ce propos que des parents, ordinairement accoutumés à croire au pouvoir de la volonté dans le contrôle des revendications infantiles et des conflits psychiques qu'elles suscitent, commencent à s'interroger. Le cri d'un réveil nocturne perce parfois la cuirasse des idées préconçues des parents. Ils doivent, en principe, se mettre alors à penser à ce qui se passe dans le psychisme de leur enfant. Le font-il toujours ? C'est ce que ce chapitre peut nous aider à sentir ainsi qu'à mieux comprendre : l'angoisse qui s'éveille chez l'enfant qui ne peut dormir.

Le père de Julien raconte ce matin à Patricia, l'auxiliaire, que son fils s'est réveillé cette nuit en hurlant et qu'il ne voulait ni son père ni sa mère. Il était tout froid. Le père semble très inquiet et demande à Patricia de surveiller le comportement de son enfant dans la journée. Dans l'après-midi, ce qui est inhabituel, le père téléphone pour prendre des nouvelles. Le soir, le père discute avec moi. Il me demande si Patricia m'a raconté la nuit de Julien. Il m'explique ce qui s'est passé. Julien s'est réveillé en hurlant et en disant : « Pipi ! pipi ! ». Il avait déjà fait dans son pyjama, ce qui ne lui arrive jamais. « Le plus inquiétant pense le père, ce n'est pas qu'il ne voulait pas me voir ; ça je sais que c'est normal, c'est le complexe d'Œdipe ! Mais ce qui n'est pas normal, c'est qu'il ne voulait pas voir sa mère. Il ne parlait pas ; cela a duré vingt minutes… En ce moment il nous parle de la mort et il fait des tas d'associations. Il y a quelques jours, je l'ai fait tomber de la poussette. C'est vrai… un enfant se laisse aller, il fait confiance à l'adulte et… je suis rentré dans une gouttière ! Julien a eu un peu mal à la tête, mais c'est tout ! En l'emmenant au square, un enfant qui jouait est tombé d'assez haut. Les pompiers sont venus et l'enfant était à demi-conscient. Cela paraissait sérieux. Julien s'est mis alors à parler de la mort de la mère de Sylvie, ma femme. Tout cela n'est pas facile… Il faudrait que Sylvie ne travaille pas ! ».

A la crèche, nous nous sommes aperçues, la veille, que nous avions oublié Julien sur la terrasse. Il s'était caché au moment d'en descendre. Nous sommes arrivés dans la section sans lui. Mais la directrice nous le ramena dix minutes plus tard : elle l'avait entendu pleurer. De nouveau parmi nous, Julien n'a pas eu l'air très ému. Le lendemain, juste avant de se mettre à table, Julien s'est caché dans la petite maison.

Le surlendemain, tandis que nous sommes à nouveau sur la terrasse et que nous appelons les enfants pour qu'ils boivent leur jus de fruit, Patricia s'aperçoit qu'il manque Julien. Il s'est caché dans la cabane. Patricia lui demande ce qu'il fait là. Julien répond qu'il ne voulait pas qu'on le trouve. Le lendemain du jour où le père nous a parlé, la mère de Julien arrive à la crèche. « Mon mari vous a parlé de la nuit de Julien ? dit-elle, c'est la première fois qu'il se réveille de cette façon. Habituellement, quand il se réveille c'est parce qu'il a envie de faire pipi ou qu'il veut un câlin. Cela dure cinq minutes et c'est fini. Mais là, on ne peut pas le calmer. Il ne veut pas me voir et dit que je suis méchante ».

Moi : « Vous parle-t-il de bébé ? ».

La mère : « Oui ».

Moi : « Avez-vous l'intention d'avoir un autre enfant ? ».

La mère : « J'ai expliqué à Julien que peut-être, dans l'avenir il y aurait un bébé ; mais pour l'instant, non ».

Curieusement, à partir du discours de la mère de Julien, j'avais l'impression qu'il y aurait un autre bébé et, en même temps, cela n'était pas sûr. Sa position n'était pas franche. Les parents ont constaté que Julien semblait s'ennuyer le soir. Il arrive plusieurs fois dans la journée que Julien dise qu'il est fatigué. Il va alors s'allonger sur les coussins dans la petite maison.

La mère : « Ce matin, Julien ne voulait pas venir à la crèche. Il se comportait comme si nous repartions à la maison ».

Moi : « Cela vous inquiète-t-il ? ».

La mère : « Oui, vraiment ; je me sens culpabilisée ! ».

Il nous a paru que cet exemple pouvait, grâce à la richesse de réflexions qu'il propose, introduire avantageusement ce chapitre dans les thèmes qui y seront abordés. Qu'y trouvons-nous en effet ? Tout d'abord, du côté des parents, un père qui s'inquiète. Il ne comprend pas ce qui se passe. Il ne peut le penser ni le faire entrer dans l'ordre des idées préconçues qu'il possède sur le comportement des enfants. Ce n'est pas un refus d'obéissance classique : l'enfant ne se maîtrise pas. Le père est démuni : il ne peut penser de lui-même, alors il a recours au « prêt-à-porter » du savoir psychanalytique dans lequel malheureusement, ou plutôt peut-être heureusement, l'enfant n'entre pas d'emblée. En effet, ce savoir n'est utilisé là que comme un « truc » qui, au lieu d'aider à mieux comprendre l'enfant, vise au contraire à ne pas penser à la complexité de la situation psychique qu'il vit en lui-même. S'il ne s'agit pas du « Complexe d'Œdipe » le père est démuni. Il s'agit probablement d'un aspect de ce « complexe » travaillé par l'enfant, puisque le propre de ce « complexe » est de placer un enfant face au couple de ses parents. Mais nous voyons ici que l'enjeu, pour l'adulte, est d'accepter de vivre un moment ce que l'enfant souffre et ce sur quoi il s'interroge avec douleur au point de ne pouvoir dormir. Ce que nous procure de connaissances les investigations psychanalytiques et un livre comme celui-ci, ne sont utiles que dans la mesure où cela ne prend pas la place d'une authentique réflexion des parents sur ce que vit leur enfant avec eux. L'enfant sent très bien si ses parents, concernés par lui, inventent pour lui des « solutions », des idées qui ne s'appliquent qu'à lui. L'enfant sent enfin qu'il suscite en ses parents un réel travail mental. Ce n'est que secondairement que les parents peuvent s'apercevoir que ce qu'ils ont vécu et trouvé dans ce travail avec leur enfant, d'autres parents l'ont aussi trouvé de leur côté et d'une autre manière. S'ils s'aident pour cela des réflexions de spécialistes de l'enfance, ils ne doivent guère oublier que ces derniers ne sont pas là pour penser à leur place. Or nous voyons qu'à partir du moment où le comportement de Julien n'entre pas dans une catégorie connue de comportements, son père est désemparé.

Il est utile qu'un parent vive cet état de perplexité, dans la mesure où cela l'aide à considérer que son enfant a un psychisme et donc une fragilité psychique qui nécessite d'être respectée. L'enfant a un monde à lui qui n'est pas celui des parents. Ceci est aussi une idée douloureuse à appréhender par les parents et le père de Julien nous le montre encore. De même qu'il est plus aisé d'appliquer des idées toutes faites sur le comportement d'un enfant, plutôt que d'accepter qu'il nous soit d'abord inconnu, de même il est plus confortable de se vivre soi-même comme la cause unique du malaise de l'enfant, plutôt que de se penser en dehors de ce qui habite sa tête pour le moment. Le père de Julien, en s'accusant d'être la cause du malaise de son fils, imagine en même temps par conséquent que c'est de lui, directement, que son fils est préoccupé. Il est vrai que Julien pense à ses parents. Mais il le fait à sa façon et non d'une manière telle que le père peut l'appréhender clairement ou logiquement. Le père doit accepter de rester en dehors, dans sa réalité, de la vision que son fils a de lui. Nous pourrions dire que le père doit accepter d'être oublié par son fils et de n'être pas vu par lui comme il voudrait l'être. Le père a évidemment raison d'évoquer l'épisode du choc contre la gouttière et du square ; mais, nous le verrons, chez un enfant les événements de la vie externe ne prennent un sens, et là un sens douloureux, que dans la mesure où ils servent à confirmer le fil des préoccupations qu'il nourrit dans son monde interne. Sur ce point, Julien nous donne amplement à penser. Il joue sans cesse à la crèche, ce qui occupe ce monde interne qui est le sien. Il nous utilise pour cela : le Julien qui, la nuit, se réveille et cherche ses parents sans les trouver ; le Julien qui les croit cachés quelque part en train de faire un bébé peut-être, ce Julien est à la crèche, mais c'est nous qui le portons, c'est sur nous qu'il est projeté. C'est ainsi que nous sommes toujours en train de chercher, comme Julien ses parents la nuit, l'enfant que nous ne devons pas trouver.

La difficulté avec l'enfant est donc de faire la part de ce qui revient au domaine de sa vie psychique, par rapport à ce qui relève de l'attitude réelle des parents. Cela peut aider ainsi un parent à distinguer la raison de sa culpabilité. Quand la mère que Julien s'accuse en ce moment de crise, sait-elle qu'elle éprouve exactement ce que son fils souhaiterait qu'elle éprouve s'il lui passait par l'esprit d'avoir un autre bébé ?

Ceci est la part de ce qui revient à l'omnipotence du monde infantile de son fils. Mais sait-elle aussi distinguer cela d'une culpabilité issue de la réalité d'une séparation trop précoce d'avec son fils quand elle l'a conduit à trois mois à la crèche ? Nous voyons que le projet d'une naissance future est grevé, – dans le renouvellement d'un travail de séparation qu'il entraîne –, de tout ce qui n'a pas pu être élaboré plus tôt, étant donné la précocité de l'âge de l'enfant. Et c'est à cette place que nous pourrions insérer la réflexion du père de Julien. « Il faudrait que Sylvie ne travaille pas ! ». Quoiqu'il ait en tête une solution miracle, ce père ne se fait-il pas l'écho non seulement du désir mais aussi du besoin de l'enfant ?

Examinons à présent ce qu'il en est du côté de ce dernier quant à la sécurité de base qui lui est nécessaire pour avoir un bon sommeil. Cette sécurité dépend à la fois de la construction de l'identité de l'enfant, et du monde fantasmatique qui l'habite.

Nous allons étudier ces deux points successivement.

I – L'identité de l'enfant

S'endormir, c'est perdre le contact avec le monde extérieur pour se plonger dans sa chambre intérieure. Le passage d'un monde à l'autre suppose l'existence d'une sécurité de base où l'identité de l'enfant perdure : il doit sentir au fond de lui-même, pour cela, l'existence d'une continuité. S'il perd le contact avec toutes les stimulations qui suscitent en lui un échange avec le monde extérieur, il ne doit pas avec cela, avoir le sentiment de tout perdre. S'il perd le sol de la réalité externe où il repose ses pieds, s'il perd les personnes qui l'assurent par leur présence même de cette tenue, il doit trouver au fond de lui-même un équivalent à cela, une sorte de fond interne sur lequel s'abandonner. Ce fond s'est construit, ainsi que nous le verrons dans le dernier chapitre, par une intériorisation des expériences successives du caractère solide des parents.

Notre plongée dans le sommeil s'accompagne d'un vécu de chute. Si l'on ne s'accroche plus au dehors, il faut bien tomber quelque part. Chez les adultes, en général, cette petite impression de chute qui suit de quelques minutes l'endormissement prend des proportions réduites et sa perspective n'est pas en mesure d'entraver la profondeur du sommeil. Il n'en est pas toujours de même chez l'enfant plus fragile. Il n'est pas assuré autant que l'adulte de trouver au fond de lui cette présence permanente sur laquelle s'appuyer avec confiance : une sorte de « lit interne ». Quand l'enfant perd les bras externes de sa mère, au propre puis au figuré, il n'est pas sûr d'en retrouver au-dedans de lui, car le passage du monde externe au monde interne est encore confus pour lui. Ce qui existe au-dedans, au-dedans de ses fantasmes, mêlé à ses sensations, existe aussi au-dehors et, inversement, ce qui n'existe plus dehors risque d'être perdu dedans. L'enfant apprend peu à peu à distinguer ces deux mondes et à penser que ce qui advient dans l'un ne surgit pas toujours dans l'autre. L'endormissement est le moment clef d'une telle épreuve.

Quand nous observons les enfants qui s'endorment à la sieste, nous les voyons passer d'un état d'animation commune à un état de retrait. L'enfant cesse de bouger avec les autres ; il les regarde mais sans parler. Ses yeux deviennent vagues. Il s'endort assurément. Tout se passe comme si l'enfant lâchait peu à peu cette animation externe, ce cadre de vie pour le sentir exister au fond de lui-même. Au moment où ce « transfert » de sécurité s'est accompli, il s'endort. Ce « bain d'excitation » préalable l'assure, dans une certaine mesure, que dans son sommeil il va trouver le repos et non point la mort. Tel est bien le contenu de l'angoisse qui assaille l'enfant lorsqu'il ne peut pas s'endormir. Va-t-il cesser d'exister lui-même lorsqu'il aura fermé les yeux ? Ne trouvera-t-il plus rien dans sa nuit à quoi se raccrocher afin de ne pas tomber dans une chute sans fin ? C'est pourquoi les enfants angoissés ont tant besoin d'une présence humaine auprès de leur lit avant de s'endormir et c'est pourquoi aussi les éveils nocturnes sont terrifiants car ils surprennent un enfant isolé au milieu de sa nuit totalement incertain de retrouver avec le jour, son monde familier. Observons les enfants :

a) Juliette se réveille souvent en pleurant. Elle réclame sa maman ou geint parce qu'elle veut faire pipi.

b) Charlotte, malade et donc absente de la crèche durant quinze jours, s'est réveillée en criant au milieu de la sieste, à son retour. Pourtant durant toute la journée elle paraissait très contente de revenir à la crèche.

c) Émilie, en période d'adaptation dans la section des grands, a du mal à s'endormir à la fois à la sieste et le soir chez elle. Le père, (ainsi que le font beaucoup d'autres parents), s'explique ces réveils nocturnes par l'existence de cauchemars chez son enfant. « Que peut-on faire ? » nous dit la mère. « Il n'y a rien à faire ! ». La mère d'Émilie est cependant d'habitude très à l'écoute de son enfant. La frayeur qui suscite les réveils nocturnes de sa fille aurait-elle gagné la pensée de la mère au point que celle-ci ne puisse rien imaginer afin de soulager sa fille ?

Ce qui laisse un parent désemparé participe de ce qui laisse aussi l'enfant désemparé dans l'inconnu de la nuit. Tel est le point commun de ces réveils nocturnes. L'inconnu : quand Émilie s'éveille en hurlant, peut-être a-t-elle fait un cauchemar, mais la situation qu'elle vit présentement est aussi un cauchemar. Nous évoquerons un peu plus bas la fonction du rêve, chez l'enfant, mais nous pouvons dès à présent remarquer que le contenu de l'angoisse d'Émilie n'a pu demeurer dans son rêve : elle a fait éclater le rêve et provoqué un réveil. Nous ne pouvons rien prouver en ce domaine qui est celui de la vie psychique, mais nous pouvons supposer, afin de comprendre Émilie, que son angoisse est liée à la situation qu'elle vit : elle a perdu son milieu de vie habituel à la crèche et est passée dans un cadre nouveau, la section des grands. Elle n'y connaît presque personne. Superficiellement, elle s'est adaptée à ce qu'on lui a demandé. Profondément, et nous connaissons par ailleurs suffisamment Émilie pour penser que cette idée a son fondement, elle a craint de tout perdre. Elle n'a pas réalisé qu'il ne s'agissait que d'un déplacement et qu'elle échangeait un cadre pour un autre cadre. Elle a cru tout perdre au contraire et, dans la nuit, sans défense, c'est cela qu'elle revit : sa mère est partie, elle n'a plus ses amis, elle ne reconnaît plus les lieux, et maintenant il fait noir…

Il semble que la même aventure arrive à Charlotte, petite fille moins fragile qu'Émilie toutefois. Après son absence de quinze jours elle n'a pu qu'apparemment se réadapter à la crèche. Ce sont les aspects de sa personnalité les plus adultes qui ont été sollicités à l'état de veille : elle a bien reconnu ses lieux, elle a renoué ses liens amicaux ; mais au fond d'elle-même demeure une enfant qui n'est plus sûre de rien et qui revit, à cette occasion, ses premières séparations d'autrefois. Or, cette enfant réapparaît au milieu du sommeil de Charlotte. Quand elle s'endort à la sieste, dans un cadre qui n'a conservé que superficiellement son caractère familier, elle se vit dans la situation d'Émilie : elle ne sait pas, avant que l'expérience ne vienne le lui confirmer, que ce qu'elle a perdu peut être retrouvé, et que ce qui nous tient ne nous laisse pas aussi aisément tomber.

Nous comprenons mieux maintenant pourquoi l'enfant réclame souvent la présence d'un adulte près de lui au moment de s'endormir : il s'assure ainsi que sa chute dans le sommeil et l'oubli de sa conscience n'anéantissent pas pour autant la personne qui prend soin de lui. Qu'il s'éveille brusquement, il la trouvera près de lui, vivante et disposée à lui prouver que le monde existe toujours. Cela, nous l'avons remarqué depuis longtemps à la crèche : un enfant agité ou qui a du chagrin est aidé lorsque, pour l'endormir, on s'assoit à côté de son lit, sans même toujours le toucher ou lui caresser les cheveux. L'enfant a une sensibilité inconsciente au maintien d'un cadre durant son sommeil : tout changement à ce niveau ne passe pas inaperçu et suscite une angoisse à minima.

Ainsi Laurent se réveille toujours au moment où la personne qui surveille la sieste sort de la pièce pour être remplacée par une autre. Il s'endort, et se rendort par contre très bien.

Tout ceci nous amène à évoquer la raison qui pousse la majorité des enfants à conserver dans leur lit, afin de s'endormir, et même afin de le retrouver au creux de son sommeil, l'objet transitionnel dont nous avons déjà parlé au chapitre premier. L'enfant déplace alors sur son petit nounours son besoin d'une présence humaine continue près de lui. Une présence qui l'assure d'une transition possible entre le jour et la nuit comme, nous l'avons vu, elle l'assure de cette même transition entre le dehors et le dedans de lui-même. N'est-ce pas d'ailleurs sa fonction essentielle, puisque ce n'est qu'assuré de conserver au fond de lui ce que sa plongée dans le sommeil lui fait perdre au dehors, que l'enfant peut quitter avec sécurité ce même dehors ? L'objet transitionnel permet qu'existe un compromis entre l'exigence d'un contact continu et disponible à tout moment lors d'un réveil éventuel, et l'acceptation de l'absence de la continuité externe de ce contact, au profit de l'installation à l'intérieur de l'enfant de ce même contact. Lorsqu'il sent au cœur de son sommeil que sa mère est partie et qu'il est seul au point de ne plus même la sentir présente au fond de lui, l'enfant se souvient de ce qu'elle lui a laissé afin de la remplacer et de lui donner à penser que s'il ne la voit pas, elle existe toujours. C'est pourquoi l'objet transitionnel n'est pas simplement juxtaposé au corps de l'enfant. Ce dernier a besoin d'entretenir avec lui un réseau de gestes et de relations qui émanent directement de ceux qu'il avait avec sa mère lorsqu'il était bébé. Sa mère le berçait ; il se berce ou se balance auprès de son nounours. Il sentait comme une caresse la douceur de la peau du sein ou de la joue de sa mère ; il frotte sa propre joue contre la tendre peluche du nounours. Il aimait s'endormir au sein ou le biberon dans sa bouche ; il ne ferme ses yeux qu'en tétant son pouce…

Depuis plus d'un mois, Charlotte prend son pouce, allongée sur le ventre ou le dos et se balance très longtemps avant de trouver le sommeil. Stéphane a aussi beaucoup de mal à s'endormir et il est resté de longues périodes à se balancer à quatre pattes dans son lit avant de s'endormir. A présent il doit jouer dans son lit avec ses objets transitionnels, s'asseoir avant de dormir. Enfin il ne dort que fort peu.

Quelquefois cet élément supplémentaire qu'est la vie du regard maternel, sa vigilance, est perçu comme manquant à l'objet transitionnel et l'enfant exige alors qu'il soit remplacé par son équivalent : la lumière d'une lampe qui veille sur lui dans sa chambre, semblable aux yeux de sa mère attentifs à son sommeil.

Les parents de Juliette nous le confient : « Juliette faisait des cauchemars et s'éveillait plusieurs fois dans la nuit. A la fin, nous lui avons mis une veilleuse ; maintenant cela va mieux ».

Nous mesurons ce qu'il reste d'attachement presque rituel aux pratiques transitionnelles, par le désarroi de l'enfant privé de son objet coutumier. La réassurance que rien ne change autour de lui, au fond de lui, bien que son rapport au monde change, lui manque alors. Il ne peut s'endormir.

Tel est aujourd'hui le cas d'Antoine : il n'a pas avec lui la tétine dont il ne se sépare jamais et que ses parents ont oublié à la maison. Nous lui avons donné, en échange, pour la sieste son pull-over. Mais il nous a réclamé un petit bonhomme qu'il savait être resté dans le casier où, le matin, nous laissons ses vêtements. Effectivement nous l'y avons trouvé et le lui avons donné. Il tente de jouer avec lui, dans son lit, afin probablement de retrouver ainsi l'échange habituel qu'il entretient avec sa tétine. Mais le contact cutané, l'odeur, la forme ne sont plus les mêmes. Cette « fausse tétine » qui, Antoine l'espérait, lui ferait oublier la vraie, de la même façon qu'un objet transitionnel fait oublier, mais rappelle aussi, l'absence de l'objet réel, cette « fausse tétine » ne remplit pas son office. La différence l'emporte sur la ressemblance. Le changement sur la continuité. Antoine qui habituellement s'endort tout de suite, passe là une heure à jouer avec son bonhomme avant de fermer les yeux.

Une heure pendant laquelle l'enfant a travaillé à s'assurer que le monde où il va s'oublier n'est pas un inconnu et que, par conséquent, il possède une base de sécurité sur laquelle, avec confiance, il peut se reposer.

II — L'activité fantasmatique

A présent que l'enfant a trouvé un plancher solide où reposer durant son sommeil, nous pourrions penser que tout est dit et qu'il s'embarque pour un voyage paisible jusqu'à son réveil. Il n'en est rien. Ce même plancher sur lequel il s'appuie sert à dresser une scène intérieure où s'éveille, ainsi qu'en un théâtre nocturne, le spectacle de son monde psychique. C'est là que sont représentés tous ses rêves, les bons et les mauvais. C'est là que se mettent en forme ses désirs et ses craintes.

Il nous est arrivé de réunir un jour les enfants de la section et de leur demander s'ils rêvaient la nuit. Les réponses furent en général positives, quoique l'enfant confonde parfois le contenu de son rêve avec celui de son imagination diurne.

« A quoi rêvez-vous donc ? ».

Laurent : « Je vois la lune ; les gros camions. Je vois maman ; elle boit du café et n'aime pas le chocolat ».

Juliette : « Je vois la lune. Vincent. Maman elle fait un petit café ».

Marion : « Je veux la lumière ».

Antoine : « Je vois le soleil. Le biberon. Il fait mal. La lune, elle me fait mal aussi. Je vois des étoiles avec du café. Des tartines avec de la confiture ».

Émilie : « Je vois le loup. Il fait caca. Il prend le gilet ».

Les enfants racontent ce qu'ils voient chez eux dans leur chambres. Ainsi, Antoine : « Je vois le coffre à jouets... ».

Il n'est guère possible d'aller au-delà de ce que les enfants nous disent dans ce cadre. Nous ne pouvons que souligner la simplicité des images du rêve et la distance minime qui les sépare de la concrétude des objets désirés dans la vie quotidienne. Mais l'enfant sait aussi que ce ne sont que des images, même s'il en doute parfois. C'est pourquoi les histoires racontées aux enfants par l'adulte ont une telle importance pour eux. Bien plus que devant une T.V. qui devient un simple objet parmi les objets de son rêve, la personne réelle et vivante peut assurer l'enfant de la différence à faire entre l'histoire et la réalité : le rêve, l'image et l'objet externe. L'adulte qui raconte à l'enfant une histoire qui lui fait peur, lui transmet en même temps qu'il existe une présence humaine qui le protège et lui permet de comprendre sa peur. L'adulte montre qu'il a pensé au vécu de l'enfant pour lequel il a inventé cette histoire, même si cette dernière a été mille fois racontée. Ainsi la nuit, au fond de sa solitude, l'enfant a près de lui non pas la boîte d'une T.V., mais la chaleur d'un être humain qui lui murmure que ce qu'il voit n'est qu'une image ; non pas un réel danger mais une peur de l'esprit auquel celui de l'adulte se joint comme il l'a fait quand l'enfant était éveillé. Cela crée chez ce dernier une marge de sécurité où le rêve est remis à sa place de rêve.

Lorsque nous avons lu le livre : « Il y a un cauchemar dans mon placard », quelques enfants ont eu peur. Mais tandis que certains ont supporté cette peur, d'autres n'y ont pas résisté. Certains, comme Lisa, ont senti solidement établie en eux une barrière séparant la réalité de l'imagination. D'autres ont cru à la réalité des mots : pour eux le cauchemar, passant cette barrière, allait sortir du placard !

Ainsi, à la moitié du livre, Laura se lève et s'en va. Je lui demande si elle a peur. Elle me dit « Oui ! » ; tandis que Lisa, qui demeure, nous annonce que : « Le cauchemar c'est un rêve ! », et remet ainsi les choses à leur place : la vie interne dans les limites de son placard, la vie externe où elle est.

Ceci permet à Lisa non seulement de penser à son cauchemar – et même, grâce à la construction d'un cauchemar, à ses terreurs plus informelles – mais aussi d'être excitée sans danger par cela : si le cauchemar reste dans le placard, quel plaisir de jouer à se faire peur !

Les yeux de Lisa brillent tandis que nous continuons l'histoire, et elle nous répète avec joie qu'elle a peur !

L'histoire racontée, – Lisa le dit aussi –, est comme un rêve, mais un rêve porté par l'adulte et par un livre dans lequel l'enfant peut à son tour projeter son propre rêve. Ce n'est pas l'histoire qui crée les terreurs de l'enfant : elle ne fait que de mettre en forme des terreurs plus profondes que l'enfant ne peut pas dire et qui, dans cette mesure, le troublent bien davantage. Un cauchemar qui se raconte est moins terrifiant qu'un cauchemar sans nom. Voilà pourquoi nous ne sommes pas d'accord avec la façon dont les parents de Julien comprennent le malaise de leur fils :

Tandis que nous discutons de spectacles de marionnettes, la mère de Julien pense au sommeil de son fils : « Julien a commencé à mal dormir la nuit quand nous l'avons emmené voir un spectacle de marionnettes où il y avait un loup. Et pourtant c'était un loup gentil ! Depuis, il a très peur et dort très mal. Vraiment, ce jour-là, nous nous sommes complètement trompés sur le choix du spectacle ! ».

A un autre moment, un matin, tandis que nous voyons arriver Julien en pleine forme et que nous le faisons remarquer à la mère, celle-ci nous répond : « Oui ; mais il s'endort très tard. Il a peur du loup. Il faut inspecter la chambre tous les soirs. Il semble vouloir reculer le moment du sommeil parce qu'il fait des cauchemars. Il ne s'endort pas avant dix heures ; mais quand il s'endort tard, il arrive à dormir sans se réveiller ».

Ce qui a perturbé Julien, ce n'est pas la vision du « gentil loup » animé sur les planches du théâtre de marionnettes. C'est une terreur plus lointaine qui s'origine dans la vie psychique de Julien, dans ses fantasmes, et qui a trouvé au cours de ce spectacle la place où se représenter. Les racines de cette peur du loup plongent dans les pulsions mêmes de l'enfant face au couple de ses parents. La nuit qui couvre le sommeil de l'enfant et qui l'isole dans son lit, cache en même temps le lit des parents et les relations sexuelles qui s'y nouent. L'enfant devine ce qui s'y passe mais sa vision est déformée par l'amalgame qu'à son niveau il effectue entre ses propres sensations sexuelles à l'état naissant et l'intensité de ses pulsions, principalement orales. C'est pourquoi le loup en vient à être le symbole – ici concrètement vécu – d'une sexualité orale dangereuse. Pour l'enfant, la nuit, ses parents sont des loups qui se dévorent d'autant plus avidement et sauvagement entre eux, que l'enfant lui-même frustré des satisfactions orales attribuées alors aux parents se sent furieux comme un sauvage et avide des délicieuses nourritures qu'il n'a pas mais qui abondent dans le lit de ses parents, pense-t-il. Les bonnes relations sexuelles sont ainsi transformées dans son esprit et par sa propre colère en un monstre menaçant. Le père qui lui prend la mère, devient un loup dévorant.

Les exemples sont nombreux qui permettent de rattacher cette terreur du loup à ses origines à la fois orales et génitales.

Ayant choisi de lire le livre « Émilie n'a pas sommeil », je discute avec les enfants et demande à Lisa si, le soir, elle veut bien se coucher :

Lisa : « Non ».

Moi : « Pourquoi ? ».

Lisa : « Parce que je veux maman ».

Moi : « Et que fais-tu ? ».

Lisa : « Je demande une tartine de Nutella. Et puis je demande une biscotte. Je veux aller dans le lit de ma maman... Il y a le loup dans la forêt et il veut manger mon lit, et manger Lisa ».

Julien poursuit : « Il y a le loup dans ma maison. Je ne veux pas dormir et je veux maman qui est dans la cuisine ».

Moi : « Et que dit ta maman ? ».

Julien, prend le ton grave de l'adulte pour répondre : « Julien, il faut te coucher ! ».

Lorsque je range les livres dans l'armoire, Lisa vient vers moi et me réclame l'histoire du monstre.

Nous voyons comment Lisa vit la perspective de se retrouver seule dans son lit et de laisser sa mère au « loup ». Il est vrai que papa n'était pas un loup d'emblée. Mais l'appétit de Lisa est réveillé par ce qu'apporte la nuit : non point seulement le désir de faire de bonnes provisions en elle en perspective de l'insécurité nocturne, mais aussi l'ardeur génitale déplacée sur la sphère orale qui lui donne l'envie de dévorer maman, son mari et son lit ce qui, en retour, entraîne l'angoisse que le loup ne la dévore elle et son lit ! Avec Julien, nous avons encore une histoire de cuisine : la bonne maman qui donnait autrefois le sein n'est plus. Elle a fait une alliance avec le loup et prend le ton de la police paternelle pour ordonner à Julien d'aller malgré tout se coucher. Ne doit-il pas alors se rabattre sur ses bons souvenirs, sur ses expériences délicieuses où, seul, il était dans les bras de sa maman qui le berçait comme à présent il va bercer son nounours afin de croire encore au fond de lui qu'il ne sera jamais privé de Nutella ? ! Mais envisager que maman l'abandonne au loup et s'en aille donner son lait à un autre ! Un papa et – qui sait ? – peut-être même un bébé, alors que lui attend seul dans son lit d'être à nouveau gratifié ! Toutes les revanches sont alors permises et, dans sa tête, l'enfant se sent en droit de traiter une telle conduite, de monstrueuse. Or sitôt dit, sitôt fait dans le monde de l'imaginaire, et voilà que devant l'enfant se dresse le monstre dont nous parle Lisa. La rage de l'enfant a transformé la bonne cuisine et son cuisinier en monstre menaçant.

Voilà qu'à nouveau se pose le problème de la concrétude du fantasme et du maintien de ce dernier à l'intérieur de la réalité psychique qui l'a suscité. La violence de la pulsion risque encore de faire sortir le cauchemar du placard. Les barrières sont toujours fragiles qui séparent le contenant d'une histoire, – le livre, son récit, ainsi que la voix qui le porte –, et son contenu. En racontant l'histoire : « Il y a un cauchemar dans mon placard », Julien a tout de suite demandé à l'éducatrice s'il y avait un cauchemar dans son placard à elle ! Il n'était plus tout à fait sûr de pouvoir distinguer la différence entre la voix de l'éducatrice qui parle du loup et celle du loup lui-même et, par conséquent, de pouvoir distinguer le livre qui contient l'histoire, de la tête de l'éducatrice ou de son « placard » d'où surgirait encore le loup ! La crainte de trouver, au dehors, ce qu'habite la concrétude du monde interne de l'enfant, et le travail sur la limite à poser entre ces deux univers s'observe à chaque instant tant du côté des parents que de celui des éducateurs :

a) Je demande au père de Lisa si sa fille parle du loup. « Très souvent ! répond-il, mais je lui ai dit qu'il n'y avait pas de loup dans la maison. Or elle s'est exclamée : Si, dans les livres ! ».

b) Au moment de raconter l'histoire de Pierre et le loup, Ève s'assoit. Mais bientôt elle part soudain en disant : « Je vais voir maman ! ».

c) Nous lisons « Le petit chaperon rouge ». Quand nous arrivons à la page où le petit chaperon rouge dit : « Que tu as de grands bras ! », puis : « Que tu as de grandes dents, grand-mère ! », Julien commence à reculer progressivement jusqu'à ce qu'il soit collé au mur. Je lui demande s'il a peur.

Julien : « Oui ! J'ai peur que le loup me mange ! ».

Alors que tous les enfants sont assis autour de moi, Julien reste très souvent debout au moment des histoires ; comme s'il se tenait sur le qui-vive, prêt à partir le premier en cas de danger, c'est-à-dire au cas où le loup ne resterait pas dans le livre...

Lisa commence à douter que le livre ne soit le véritable repaire du loup lui-même qui, comme un diable de sa boîte, pourrait sortir de là. Ève semble croire que de ne pas parler du loup maintient le loup dans le livre et que la bouche qui va s'ouvrir pour en parler va, par un semblable chemin, le laisser s'échapper ! C'est pourquoi elle se sauve près de sa maman d'autrefois, celle qui, pense-t-elle, n'avait encore jamais vu le loup !

Je propose un jour aux enfants de leur raconter une histoire, non pas dans la grande salle de jeux, mais dans la petite salle où les adultes mangent. J'ai choisi les livres suivants : « Il y a un cauchemar dans mon placard », « Le petit chaperon rouge » et « Pierre et le loup ». Les enfants se précipitent vers moi et Barbara se met à pleurer, de peur que je ne l'emmène pas. A la différence du moment où nous descendons prendre le thé, les enfants veulent tous venir. Je choisis Barbara, Julien, Benoît et Jean-Baptiste. La porte ouverte, ils se mettent à courir et expriment leur joie en criant. Ève, qui se retrouve la dernière, ne paraît pas très rassurée. Tandis que les autres enfants descendent rapidement l'escalier qui mène au sous-sol où se trouve la salle à manger, Ève me réclame. Elle veut que je l'attende. Qui sait si, dans cette expédition nouvelle, elle n'allait pas demeurer seule dans l'inconnu, loin de tous ?... Nous entrons dans la salle et les enfants se jettent sur un divan qui se trouve là. Ils s'assoient.

Nous commençons par l'histoire de « Pierre et le loup ». Les enfants sont fascinés. Nous devons préciser que les images de ce livre sont en relief. Benoît, le pouce dans la bouche, collé contre moi, paraît subjugué. Il ne dira rien durant l'histoire.

Ève demande, en plein milieu du récit : « Où est papa ? ».

Barbara fait celle qui a peur.

Julien dit : « Le loup, il veut me manger ! ».

Jean-Baptiste ne paraît pas tellement concentré. Il se lève, se rassoit, écoute apparemment d'une oreille distraite.

La dernière page du livre représente le zoo, et le loup enfermé dans une cage. Les enfants se penchent en avant et regardent ce loup.

A aucun moment les enfants n'ont voulu toucher le livre mais, à la dernière page, Julien demande enfin s'il peut le toucher. Puis c'est le tour d'Ève, de Barbara et de Jean-Baptiste. Mais la crainte demeure : du doigt, ils l'effleurent à peine...

Nous saisissons au travers de cette séquence, à quel point les enfants sont excités et combien cet état participe de la situation particulière qu'ils s'apprêtent à vivre : aller dans la pièce des adultes, sinon dans la chambre des parents, et y entendre parler du loup ! On comprend que lorsqu'il apparaît, et de surcroît en relief, les enfants incertains de la limite qui le retient dans la fiction d'un récit, ont peur de le toucher. S'il les mordait soudain ?

Ce qui subjugue l'enfant en même temps est la grande correspondance qui existe entre le contenu de ses fantasmes et les éléments de l'histoire : il écoute, il frémit. Il se colle tout près de l'adulte qui le protège. Il apprend que l'on peut parler des choses les plus terribles sans pour autant les faire advenir. C'est un premier pas déjà sur le chemin de la pensée. C'est donc aussi un premier pas vers la capacité de laisser une place au sommeil : ce qui n'a pas été suffisamment pensé le jour brise les rêves de la nuit.

Lorsque notre sensibilité s'est éveillée à observer et à comprendre ce qui peut perturber le sommeil d'un enfant, nous nous trouvons plus vigilants à percevoir dans la vie quotidienne ce qui se rattache à ses préoccupations. Nous nous rendons compte alors que le loup ne surgit pas que d'un livre mais que beaucoup de situations sont, pour l'enfant, l'occasion de dire ses craintes.

Ainsi, Julien, dont on a vu un peu plus haut les troubles du sommeil, arrive un jour très à l'aise dans la cuisine et observe Catherine, une auxiliaire, en train de nettoyer les biberons. Or, ce qui intrigue le plus Julien, c'est l'existence d'une petite porte qui donne dans la pièce. Julien va l'ouvrir commençant à parler du loup qui se serait caché là... Puis il referme la porte. Il vient s'asseoir et manger avec un grand plaisir les tartines que je lui propose. Le dialogue suivant s'engage alors :

Julien : « Est-ce que quand tu étais petite tu étais ici ? ».

Moi : « Non, ma maman ne travaillait pas et me gardait à la maison ».

Julien : « Ma maman aussi elle travaille à la maison et quand je serai grand j'irai à l'école ».

Je m'amuse alors comme une enfant avec Julien et lui dit qu'il pourrait aller donner une petite fessée à Sophie (une auxiliaire) qui a le dos tourné. Julien s'approche d'elle sans faire de bruit et lui applique une légère fessée. Sophie se retourne et lui demande pourquoi il fait ça ! Julien répond : « Mais c'est pour de la rigolade ! ».

Nous voyons par cet exemple comment l'enfant peut, dans sa vie quotidienne, exprimer d'un trait ses préoccupations les plus profondes. Ce qui intrigue Julien, c'est l'existence d'un monde caché qui se confond avec celle d'un temps inconnu, passé ou futur. L'éducatrice qui distribue les tartines ramène Julien à la pensée d'une mère qui nourrit ses bébés, et ceci dans un lieu qui n'est pas celui de ses jeux habituels. Papa se cache-t-il dans quelque coin de la chambre ? Derrière une porte et prêt à bondir sur les enfants pour les dévorer à son tour comme des tartines ? Non, Julien est rassuré : le cauchemar est vraiment dans le placard. Mais il peut alors élever son interrogation à un autre niveau : si une maman est capable d'avoir une vie cachée, mêlée obscurément à l'ombre de cet insaisissable loup, elle est donc capable aussi d'avoir eu un autre visage que celui qu'elle présente à l'enfant ? Une réflexion sur le temps s'ouvre alors dans l'esprit de Julien : est-ce que les mamans ont été petites ? A son tour, il peut imaginer qu'un jour il sera grand ! Et, dans ce mystère, l'enfant aime se construire des repères en localisant les choses : cette maman que représente l'éducatrice, c'est bien dans ces lieux-ci que Julien peut appréhender avec ses yeux, qu'elle se trouvait lorsqu'elle était petite ? De même, c'est bien à la maison que travaille maman et non pas dans un lieu inconnu car, pour l'enfant, tout inconnu est bien près de ressembler au loup ! C'est donc dans cette perspective que Julien imagine son avenir. C'est avec les éléments de la vie qu'il connaît qu'il conceptualise la perte de son état d'enfant. Procédant par enjambées à sa mesure, il envisage comme étape dernière sa vie à l'école, comparable, selon lui, à celle d'un père qui se rend à son travail tandis que maman, elle, demeure à l'attendre à la maison. C'est dans ce contexte qu'il est intéressant de remarquer la réaction ludique de l'éducatrice. Elle a voulu jouer elle aussi à l'enfant, comme afin d'annuler un moment la douloureuse marche du temps évoquée par Julien. Et voilà deux enfants qui s'amusent à comploter leurs secrets derrière le dos de l'adulte ; l'auxiliaire, Sophie, n'y comprend rien. C'est de la même façon que plus tard Julien, (promu aussi spontanément au rang d'un adulte que l'éducatrice le fut à celui d'une enfant), complotera ses secrets avec cette même maman, derrière le dos de papa, réduit à l'état de petite fille innocente à qui l'on donne la fessée ! Si papa savait cela, il serait furieux comme un loup ! Mais Sophie, située hors du fil de cette histoire, tombe des nues : elle ne voit pas que c'était pour jouer « à la rigolade » les graves problèmes qui occupent Julien, que l'on s'était servi d'elle !

Quand l'éducatrice n'est pas disponible afin d'installer de semblables scènes, Julien les campe lui-même avec les enfants de son âge :

Ainsi, nous le voyons depuis quelques temps aller dans le lit de Laura au début de la sieste. Il complique cela en se cachant sous les draps et en faisant « coucou ! ». Stimulée par cette scène, Ève vient rejoindre Julien et Laura. Et voilà reconstitué le premier trio : un couple de parents unis par un bébé entre eux. Ce bébé étant évidemment celui qu'ils ont déjà fait, l'enfant qui s'introduit dans la scène, et non point celui qu'ils pourraient faire à nouveau !... Le jeu peut quelquefois s'étendre et permettre à un autre enfant d'occuper un rôle d'adulte dans un processus qui, ainsi, que nous l'avons vu au chapitre sur l'obéissance, consiste à imiter la fonction de quelqu'un en entrant dans sa peau : au milieu de la pagaille du coucher au moment de la sieste, Christophe surgit et donne la fessée à Marjolaine qui traînait. Il lui ordonne de se coucher !

Mais les choses avec les enfants ne sont jamais à lire d'un seul côté d'une lorgnette, ni même avec une seule lorgnette ! Christophe qui trône dans son rôle de policier, défenseur de la loi commune, se dispense de cette dernière par la même occasion : il s'oblige en effet, afin de remplir son rôle, à demeurer debout au lieu de se coucher. Outre cela, il obtient une satisfaction libidinale d'une suprême ambiguïté : celle de donner des fessées. Car si la fessée punit, elle représente aussi vaguement pour l'enfant la manière dont ses parents se gratifient mutuellement dans leurs ébats amoureux. La main qui frappe excite aussi le bas du corps de telle sorte qu'il est à craindre que ce nouveau policier, au lieu de répandre la paix, sème encore plus de désordre parmi les enfants réjouis de se faire fesser !

Virginie d'ailleurs, ne se débrouille-t-elle pas toute seule, dans son lit avec sa poupée ? Elle lui parle, la prend dans les bras et, pour finir..., lui donne la fessée !

Quand Barbara, s'arrogeant elle aussi une fonction policière qui décidément plaît aux garçons comme aux filles, s'avise de coucher Vincent, nous observons encore la satisfaction secondaire qu'elle en tire et le jeu érotique que, par ce biais, elle affiche sans crainte : pour forcer Vincent à ce coucher, elle-même s'appuie tout contre lui et l'embrasse très fort. Puis elle étend le drap et la couverture sur sa tête. Vincent tente bien de se dégager mais Barbara est la plus forte et l'oblige à rester allongé.

Nous ne pouvons nous empêcher ici de faire un rapprochement entre la brutalité de ces méthodes infantiles de coercition et l'impuissance des parents à contenir leur enfant. Car ce même Vincent réduit au silence par l'emprise de Barbara, réduit à son tour ses propres parents au silence par la violence de son agitation nocturne.

La mère vient un jour nous confier qu'elle est fatiguée : « Nous avons encore passé une nuit épouvantable ! Il a pleuré pendant une heure et demie quand nous l'avons recouché dans son lit ; lit que nous avons installé à l'entrée de notre chambre. Là, il s'est encore réveillé, mais c'est quand même mieux que dans notre lit ! Ce soir, je suis contente car il dort chez ses grands-parents. Là il n'y aura pas de problèmes. Je n'en peux plus et son père aussi ! ».

Nous pouvons imaginer que la même aventure est arrivée à Barbara ainsi qu'à beaucoup d'autres enfants. Aussi Barbara veut-elle étouffer par la violence, la violence de l'enfant frustré, de même qu'elle veut satisfaire sous un baiser écrasant, le désir qu'elle a de s'installer entre les baisers des parents, à la place même du bébé à venir.

Charlotte s'est absentée durant quinze jours ; elle est partie en vacances une semaine avec ses grands-parents et une semaine avec ses parents. Avant cette absence, Charlotte jouait souvent au bébé : elle mettait son pouce en bouche, voulait prendre la tétine d'Antoine, se réveillait à la sieste en pleurant. A son retour, elle semble aller beaucoup mieux : elle est plus indépendante ; elle n'a plus son pouce continuellement dans sa bouche et ne joue plus toute la journée au bébé.

Je demande un soir des nouvelles du sommeil de Charlotte à sa mère. Voici ce qu'elle me répond : « Cela va beaucoup mieux. Elle ne se réveille plus toutes les nuits, mais de temps en temps au bout de deux heures de sommeil. Cela doit correspondre à un cycle. Sauf hier, nous l'avons retrouvée au petit matin couchée entre nous deux et, comme nous avons le sommeil lourd, nous ne nous sommes aperçus de rien ! Mais j'ai remarqué que lorsque son père part pendant plusieurs jours, elle fait des nuits complètes sans me réveiller. En ce moment, je suis ennuyée car j'ai l'impression qu'elle ronge ses ongles. Peut-être lui ai-je supprimé trop tôt la tétine ; elle l'avait toute la journée dans la bouche ! Mais j'ai l'impression qu'il lui manque quelque chose. Je ne désire pas qu'elle se ronge les ongles. Que dois-je faire ? Elle joue beaucoup avec sa poupée qui a une tétine et souvent elle me demande de la lui mettre dans sa bouche. Charlotte imite le bébé d'une façon incroyable ! On sent qu'elle a observé des bébés : elle prend un jouet dans sa main comme si elle le découvrait et le porte à sa bouche. Je joue avec elle au bébé et à la maman... ».

Cet exemple introduit notre point suivant : l'événement réel qui déclenche l'inquiétude de l'enfant rencontre souvent sa préoccupation quant à la venue d'un successeur prêt à usurper la place qu'il occupe depuis sa naissance : celle du petit dernier. Aux aguets, Charlotte n'est tranquille que lorsque son père est sûrement éloigné de sa mère en ne dormant pas à la maison. Le reste du temps, elle s'identifie au bébé à venir : pourquoi donc ses parents devraient-ils en faire un autre puisque, – ne le voient-ils pas ? –, ils en ont toujours un près d'eux ? Mais, comme forcée de grandir par l'absence de ses parents, ou plutôt de retrouver son âge, Charlotte qui n'est plus un bébé commence à ronger ses ongles. La mère sent bien que ce symptôme est lié à un vécu de perte. Mais le manque dont elle parle n'est pas de ceux que l'on peut combler puisqu'il s'agit de la béance qui doit s'ouvrir entre une mère et son enfant afin de permettre à celui-ci de se séparer d'elle et de grandir. Charlotte vit cette perte de continuité maternelle comme une perte de continuité corporelle : un manque de tétine en bouche, une coupure aux extrémités de son corps, là où se terminent les doigts. C'est encore le jeu qui permettra à Charlotte de sortir de cette impasse : un jeu où grâce à sa mère, elle devient une petite adulte qui nourrit son propre bébé : sa poupée.

Ainsi que nous le soulignions, les angoisses latentes de l'enfant peuvent prendre corps en raison d'événements réels survenus dans sa vie quotidienne. Ces événements ne sont pas vus par les adultes sous le même angle que les enfants : soit ils sont insignifiants, soit ils ont de l'importance, mais pour d'autres raisons parfois que celles que perçoit l'adulte. Ce que nous voudrions simplement ici mettre en évidence, c'est l'impact bouleversant qu'a sur le monde de l'enfant tout changement qui survient dans son cadre habituel. Ceci retentit secondairement sur le calme de son sommeil.

La mère de Benoît nous raconte que son fils s'est réveillé à quatre heures ce matin : « Le soir, il ne veut pas dormir. Il met une heure, une heure et demie pour s'endormir ! Ça dépend... Et pourtant, il a eu son compte de jeux ! Je reste dans sa chambre, je joue avec lui... Ce matin, quand il s'est réveillé, j'ai essayé de le rendormir ; mais cela n'a pas été facile ; il voulait son père, et son père dormait !... Mais Benoît est très intrigué en ce moment car nous avons commencé à changer la disposition de sa chambre pour la naissance de notre futur bébé ! Le matin, quand il se réveille, il me demande où se trouve l'armoire ! ».

Benoît craint de perdre, avec son armoire, comme le pivot de son monde interne. Il s'appuie sur la permanence de l'organisation de sa chambre pour s'assurer de la permanence de l'organisation de son monde interne. Il n'est pas encore assez grand pour que celle-ci ne dépende pas de celle-là, c'est-à-dire pour que le dedans ne s'étaye pas sur ce que lui propose le dehors ; enfin de compte, pour que l'image qu'il construit de sa mère au-dedans de lui, ne dépende pas de celle que lui offre la réalité externe de sa mère. Que la chambre soit bouleversée, que sa mère attende un bébé, et il n'en faut pas plus pour que Benoît ait le sentiment de perdre, avec son armoire, sa mère réelle. Selon lui, elle ne doit pas changer. Comment dormir alors tranquille ? Si son armoire peut partir, pourquoi son lit ne partirait pas à son tour ? A quatre heures du matin, quand il se réveille, est-il toujours là ? C'est ce dont sa mère tente en vain de le persuader.

François s'est réveillé en pleurant à la sieste. Il a réclamé sa mère. Dans la journée, son comportement est perturbé : il n'écoute rien. Il s'oppose à ce qu'on lui dit ; il balance ses jouets par terre et prend ceux des autres. Un matin, je demande à sa mère s'il dort bien la nuit : « Oui, il dort très bien répond-elle, mais il est très excité en ce moment. C'est durant le week end, quand son père rentre de province où il travaille maintenant que François passe des nuits agitées ».

Voici trois semaines que le père de François s'absente durant la semaine. Mais, outre cela, la perspective d'un déménagement auprès du travail du père occupe l'esprit des parents.

François vit donc dans une insécurité semblable à celle de Benoît. Si la semaine lui offre un répit qui lui permet de bien dormir, c'est qu'il imagine que s'est éloigné de chez lui, avec son père, l'agent de toutes les perturbations, la cause de tous les déracinements. Pour un temps, il pense les avoir fait disparaître à jamais.

« Que pensez-vous d'un petit garçon qui refuse de s'endormir ? Que je vais voir... ? Avec qui je joue ? A qui je raconte des histoires ? Que je prends dans les bras ? Que je mets dans son lit en lui disant : Écoute Antoine, maintenant ça suffit, j'ai envie de regarder la T.V. ? Vraiment il est trop tard ! Il s'endort vers dix heures et demie et après la soirée est fichue ! ».

En ce moment, la mère d'Antoine amène son enfant plus tard à la crèche car cela lui fait mal au cœur de le réveiller le matin après qu'il ait ainsi veillé le soir. Outre cela, Antoine vient d'avoir une période de réveils nocturnes qui semble correspondre à une absence de trois jours du père. Il a aussi été malade et a eu une otite. Quelquefois, après l'avoir couché, la mère donne à Antoine un livre et des jouets. Elle lui laisse la lumière et le quitte avec ces mots : « Maintenant il est largement temps que tu dormes... quand tu le voudras... eh bien tu dormiras... ».

A la différence de ce qui se passe chez François, nous voyons que pour Antoine l'absence de son père entraîne chez lui un climat d'insécurité. Il ne vit pas alors sa mère comme suffisamment capable, par sa fermeté, d'assurer une limite à son réveil comme à son sommeil. Antoine a le sentiment, en la faisant céder, en la gardant près de lui, en la privant de T.V., qu'elle n'est pas assez forte mais qu'elle est aussi en colère peut-être... et comment dormir en laissant derrière soi une maman en colère ?

Quelques temps plus tard les choses rentrent dans l'ordre, mais un jour la grand-mère d'Antoine nous confie : « Antoine fait des cauchemars la nuit. Pensez-vous que cela puisse être lié au changement de travail de sa mère ? Je crois que c'est davantage ma fille qui vit mal la situation qu'Antoine ! Elle est partie pour deux jours, mais elle est très inquiète ! ».

Voici trois semaines que la mère d'Antoine a changé de travail et ses horaires ne lui permettent plus de venir chercher son fils le soir à la crèche. C'est la grand-mère qui le fait et, à chaque fois, elle demande de la part de la mère si le comportement d'Antoine a été normal dans la journée.

Nous retrouvons dans ce dernier exemple, à minima, la situation de Benoît : la chambre est bouleversée comme, ici, l'emploi du temps de la mère. Antoine ne peut pas plus compter sur elle à présent que Benoît sur la place de son armoire. Et si sa mère disparaissait ? Si elle ne venait plus jamais le chercher ? Dans l'esprit de l'enfant, seuls comptent les repères fiables. S'ils bougent, tout peut se mettre à bouger. L'enfant, s'il ne garde pas tout, craint alors de tout perdre…

La naissance d'un bébé n'entraîne pas obligatoirement des troubles du sommeil chez l'aîné. Il peut arriver encore, cependant, que des circonstances externes rendent cette expérience plus difficile à vivre chez un enfant qui l'aurait, autrement, supporté normalement, c'est-à-dire sans souffrance excessive. Tel est le cas de Laurent. C'est un enfant équilibré, capable de supporter que sa mère ait un autre bébé. Mais elle a eu des jumeaux ! Le partage qu'il a dû accepter s'est accru d'autant. Nous savons qu'une mère, face à deux jumeaux, n'a pas un moment de libre. Quand l'un finit de téter, l'autre commence.

C'est donc le second bébé qui prend la place, autrement laissée libre dans l'esprit de la mère pour Laurent. Ce dernier doit attendre un temps double avant qu'elle ne le regarde. Nous pouvons supposer qu'il était prêt à accepter une naissance ; mais deux !

Son père, qui paraît étonné, nous parle du changement d'humeur de son fils : « Il devient odieux ! Le soir, il ne s'endort pas avant minuit. Il réclame sa mère. Il pleure ».

Nous voyons donc que ce qui trouble le sommeil d'un enfant se situe à la conjonction d'éléments externes et internes. Le poids des premiers dépend de la signification que leur donnera l'existence des seconds.

Voyons à présent, comment les parents appréhendent cet embarras que constitue l'enfant qui ne veut pas dormir. Voyons s'ils tentent d'y penser. Le lecteur s'est aperçu que notre propos n'est pas de donner des conseils aux parents dans un domaine où les solutions toutes prêtes participent d'une pensée magique. Par conséquent, notre propos n'est pas non plus d'accuser les parents de ne pas appliquer certaines recettes. Les parents ont à tenir en leurs mains une situation fort complexe où leurs propres problèmes se mêlent à ceux de leur enfant. Seuls des spécialistes, familiers avec la compréhension psychanalytique des problèmes de l'enfance et de la famille, peuvent tenter de parler de chaque cas dans sa spécificité, au cours de consultations pour lesquelles ils sont sollicités. Nous ne pouvons ici qu'inviter les parents à réfléchir sur ce qu'ils retrouvent d'eux-mêmes dans les exemples qui vont suivre. A réfléchir aussi sur la difficulté qu'ont beaucoup de personnes à penser à ces choses. Tel est notre unique but, car telle est aussi notre conviction : notre position n'est point celle de nous substituer aux parents, mais de nous identifier momentanément à eux afin de mieux les comprendre. Ce n'est que dans cette mesure que nous pouvons leur parler et les inviter à penser à l'enjeu des difficultés qu'ils éprouvent. Nous ne voyons, pour notre part, point d'autre chemin qui mène à les élaborer.

Un soir, tandis que le père de Julien vient chercher son fils, je l'aborde en plaisantant :

Moi : « Julien était en train de parler du loup juste avant votre arrivée ! ».

Le père : « Oui, toutes les nuits il nous réveille cinq fois et nous parle du loup ».

Moi : « Qui se lève la nuit ? ».

Le père : « Chacun notre tour, selon notre courage ».

Moi : « Et que se passe-t-il ? ».

Le père : « Eh bien, il arrive que celui-ci vienne dormir avec nous, mais nous essayons de ne pas le faire ; ».

Le père dit avoir lu des tas de livres sur la psychologie du petit enfant ; mais entre le livre et la réalité...

Le père : « C'est difficile... ».

Il accuse la fatigue des parents qui se lèvent cinq fois par nuit. « Le soir, dit-il, si c'est moi qui le couche, il pleure mais finit par s'endormir : mais si c'est sa mère, ce sont des colères et il refuse totalement de s'endormir ».

Moi : « Que faites-vous quand Julien se réveille la nuit ? ».

Le père : « Je me lève et le prends dans mes bras. Je le promène dans la chambre, lumière éteinte ; au bout d'un moment, je le mets dans son lit. Il finit par s'endormir. Vingt minutes plus tard, il peut très bien se réveiller et pleurer... Je sais que c'est tout à fait normal et classique chez un enfant de cet âge-là... ».

Le père, qui nous donne l'impression d'être quelqu'un à l'écoute des problèmes de son enfant, ne semble cependant pas convaincu de ses propos. Il conclut en disant : « En fait, je crois qu'il aurait besoin d'un petit frère ou d'une petite sœur ! ».

Le père de Julien a raison dans le sens où telle est bien, au bout du compte, la préoccupation de son fils : la vie nocturne de ses parents va-t-elle aboutir à la naissance d'un autre enfant ? Et si celle-ci n'advient pas c'est donc que Julien, par ses pensées, aurait été assez puissant pour l'empêcher ? La rétorsion d'un loup furieux serait à craindre : le père, cinq fois par nuit, tente en vain d'assurer à son fils que ce loup n'existe pas. Tâche difficile puisque, ainsi qu'on l'a vu plus haut, c'est du dedans de Julien qu'il surgit, non seulement pour dévorer Julien mais aussi son père, son frère et sa sœur. L'ultime moyen d'arrêter cette angoisse est de coucher l'enfant avec ses parents. Mais c'est un calme qui se paie cher ; le père en a conscience sans trop savoir pourquoi ; comme une idée trouvée dans un livre qu'il essaie d'appliquer, il le dit : « Nous essayons de ne pas le faire... ».

Quand l'enfant se retrouve au milieu du lit des parents et qu'il s'apaise immédiatement, un double fantasme l'occupe en même temps. S'il jouit d'une sécurité de base, s'il est ainsi certain de ne pas perdre ceux qui la lui procurent, cela se fait aux dépens du contrôle qu'il exerce sur eux. L'enfant sait qu'installé au milieu du couple de ses parents il paralyse leurs relations sexuelles. C'est ce dont beaucoup de parents ont du mal à prendre conscience en raison de leurs propres fixations infantiles qui entretiennent une certaine complicité avec la conduite de leur enfant : ils retrouvent au fond d'eux-mêmes un enfant qui tente d'immobiliser ses parents et qui maintenant y parvient. L'apaisement momentané est très cher payé. En effet, non seulement l'enfant ne fait pas l'expérience de sa capacité à ne pas envahir le lit de ses parents, non seulement il n'apprend pas à s'appuyer sur des parents assez forts pour résister à son désir tout-puissant, mais surtout il a le fantasme d'avoir lui-même affaibli ses parents au point qu'ils n'aient pu que lui obéir et sacrifier leur vie intime à son omnipotence. Un cercle vicieux se dessine alors : plus l'enfant a le sentiment de contrôler ses parents, plus il a le fantasme qu'ils lui en veulent et se sont transformés à cause de cela, au fond de lui, en véritables monstres. Plus il doit donc les contrôler encore et, pour cela, passer sa nuit dans leur lit. Là il se rassure : ils sont toujours bons ; ils ne l'abandonnent pas.

La mère de Charlotte nous confie : « Cela fait à peu près un mois que nous passons des nuits épouvantables avec Charlotte. Cela a commencé juste avant sa période de maladie. Elle fait des cauchemars. J'ai tout essayé : je vais dans sa chambre ; son père y va aussi. Mais rien n'y fait. Par contre, la semaine où elle a été chez mes parents en convalescence, elle a très bien dormi. La nuit dernière, n'y tenant plus, je l'ai prise dans notre lit ».

Je commence à expliquer l'origine des réveils nocturnes des enfants de cet âge. Au mot « bébé » la mère me dit : « Et moi qui l'ai emmenée chez une amie enceinte et qui lui ai demandé si elle voudrait un petit frère ou une petite sœur ! Elle m'a répondu d'une façon catégorique : "Non !". Alors, vous pensez que c'est ça ? Je vais me replonger dans les bouquins de psycho pour étudier un peu plus... ».

Quand Charlotte se retrouve auprès de ses grands-parents elle se vit au fond d'elle-même auprès de parents qui n'ont plus l'âge de faire un bébé : elle peut dormir. Mais quand elle retrouve sa mère, elle n'en est plus sûre et elle la prévient de son désir. Les choses sont claires. Or il semble que la mère interpose entre ce que lui montre sa fille et l'appréhension qu'elle pourrait en avoir le paravent d'un livre de psychologie. On voit que le livre, dans ce cas, n'est pas utilisé afin d'attirer l'attention de la mère sur ce qu'elle ne sait pas observer, mais plutôt pour masquer sous la pensée d'un autre ce qu'elle vient d'observer elle-même. Ce n'est pas une introduction à la réflexion, c'est une fuite dans la littérature. Celle-ci ne lui servira de rien face au « non ! » de Charlotte, car ce n'est pas par un livre mais par un travail sur elle-même que la mère parviendra à résister à l'autorité de sa fille en cette matière.

« Juliette se réveille toutes les nuits », nous dit sa mère, «et toutes les heures ! Nous y allons chacun à notre tour. Elle pleure dans son sommeil. Nous la caressons et elle se rendort tout de suite. Il arrive que nous la prenions dans notre lit : elle continue de pleurer et ne s'aperçoit même pas qu'elle est dans notre lit ! ».

Moi : « A quand remontent ces réveils nocturnes ? ».

La mère : Au 27 décembre, au changement de lune ! Mais ça dure trop longtemps pour que cela puisse être ça ! »

Le temps de Noël est souvent vécu par l'enfant comme celui où se prépare la naissance d'un nouveau bébé. Aussi la lune, qui fait gonfler les marées, gonfle aussi le ventre des mamans d'un « petit Jésus » dont il est possible que l'excitation du temps de Noël ait donné l'idée à l'enfant… Mais il est intéressant de voir comment parallèlement à sa fille, la mère n'attribue pas plus de conscience à celle-ci qu'elle n'en a elle-même de ce qui se joue là. Que ceci soit pour nous l'occasion de dire à ce propos, combien il semble qu'il soit aussi douloureux à l'être humain de penser, qu'à l'enfant de concevoir et d'accepter les capacités créatrices de ses parents : celles-ci vont de l'existence d'un couple qui l'exclut à la création d'un bébé qui l'exclut encore de sa position originelle. Mais il ne faut pas oublier que la capacité de penser de l'enfant s'étaye aussi en partie sur celle de ses parents : c'est dans la mesure où ils lui montrent comment ils appréhendent en tant que questions valant la peine d'être considérées par eux, ses soucis d'enfant, et qu'ils le font avec leurs capacités d'adultes, qu'un pont se crée entre eux et lui ; grâce à ce pont il pourra peu à peu travailler tout seul à penser, de la manière dont ses parents le lui ont montré. C'est pourquoi les solutions faciles, quand elles sont répétées, deviennent l'équivalent d'une simple drogue pour l'esprit.

La mère de Vincent a l'habitude des troubles du sommeil chez son fils, en réaction aux événements qui perturbent son cadre. Mais ce n'est qu'in extremis qu'elle adopte la solution du coucher dans le lit, puis dans la chambre des parents, tandis que la mère d'Ève n'essaie même plus de lutter ; elle a trouvé la solution miracle : le médicament !

« Vincent s'est couché tard dit-elle. Hier soir nous avions des invités. Nous avons fait la navette mon mari et moi pour essayer de l'endormir, mais rien à faire ! Mon mari s'est même endormi et nous avons vu

apparaître Vincent qui s'était levé tout seul de son lit et descendait l'escalier. N'y tenant plus, nous avons abandonné et Vincent s'est couché à deux heures en même temps que nous... ».

A un autre moment, cette mère me confie : « Je me sens fatiguée. Nous avons très mal dormi cette nuit et Vincent a pleuré pendant deux heures ! A la fin, nous l'avons pris dans notre lit ». Je lui demande depuis quand il se réveille ainsi.

La mère : « Juste avant qu'il vienne faire son adaptation à la crèche. Avant il ne se réveillait pas la nuit ». La mère d'Ève arrive et entre dans la discussion.

La mère d'Ève : « Vous savez, moi, j'en ai eu jusqu'à trois ans avec ma fille qui dormait avec nous. Je lui donnais un sirop. C'est très bien le sirop ! On le donnait au temps de nos grands-mères. Françoise Dolto a une théorie très précise sur les réveils nocturnes : elle dit qu'il faut que ce soit le père qui se lève la nuit. Ce qu'il y a, c'est que mon mari n'y croit pas... alors de toute façon, c'est moi qui me lève ».

La mère de Vincent : « Je n'ai pas envie de droguer mon enfant avec un sirop ! J'ai déjà une copine qui m'a dit qu'elle l'utilisait pour son enfant et celui-ci ne se réveillait pas... En juillet, Vincent dormait dans la même chambre que sa sœur aînée. Puis nous avons déménagé et il a passé le mois d'août chez ses grands-parents. Après cela nous l'avons pris dans notre chambre où il a son lit. Nous avons pensé qu'il y avait eu pour lui beaucoup de changements et que c'était bien de le prendre dans notre chambre. Mais maintenant il se réveille la nuit... ».

Un autre jour la mère d'Ève, qui cette fois-là n'avait pas « drogué » sa fille, nous rapporte que cette dernière s'est réveillée six fois dans la nuit !

La mère : « Elle nous a entendu rentrer avec son père et le bruit l'a réveillée. Impossible pour Ève de retrouver le sommeil ».

Moi : « Votre mari s'est-il levé ? ».

La mère : « Non, il ne se lève jamais. Même pour Laura il ne se levait pas non plus. Il dort. Cette nuit, il cuvait son vin blanc et ce matin, j'ai dû lui donner un cachet parce qu'il n'était pas bien ». Elle soupire légèrement, excédée par le comportement de son mari qui ne suit pas les conseils de Françoise Dolto et ne se lève jamais la nuit...

Mais elle s'exclame soudain, comme pensant à ce qui remplacerait au mieux l'absence de coopération de son mari : « Je n'y ai pas pensé, mais j'aurais dû lui donner un suppositoire ! Elle se serait endormie ».

La drogue appelle la drogue et, en cette occurrence, le médicament qui fait se taire les cris mais n'en touche pas l'origine, exacerbe en cette dernière une souffrance qui, faute d'être comprise, n'est jamais apaisée. La mère de Vincent, elle, cherche à saisir le malaise de son fils, psychiquement. Elle trouve justement ce qui tourne autour du problème : la difficulté à supporter le changement et les relations sexuelles des parents. Mais, au lieu de maintenir son fils à sa place – qui est celle d'un enfant non mêlé aux relations sexuelles de ses parents –, elle le plonge au contraire au cœur de ces dernières, par culpabilité. Elle se sent si coupable de lui avoir imposé récemment tant de changements qu'elle pense les annuler par cet acte. Mais derrière cette culpabilité-là nous trouvons celle d'une mère qui s'en veut d'avoir imposé à son fils, dans le passé, de par sa mise à la crèche, un changement trop précoce et dans l'avenir, peut-être prochain, un autre changement, par la conception d'un autre bébé. Elle s'identifie alors à l'enfant qui ne veut pas bouger mais ce faisant, alors qu'elle a l'intention de prévenir son désir, elle provoque son inquiétude. Dans une sorte de marche arrière où, on le voit, il est possible que les fantasmes de la mère induisent ceux de son enfant, Vincent redevient à nouveau le bébé intolérant qu'il avait cessé d'être.

Si la mère d'Ève se plaint du manque de soutien de son mari c'est qu'elle perçoit bien que l'existence, non purement physique mais psychique de ce dernier, entre elle et son enfant, lui permettrait non seulement de mieux penser à lui, mais aussi de se maintenir à sa place : de ne point régresser elle-même comme la mère de Vincent au niveau de son enfant, ou de ne point utiliser de « drogue ».

La mère de Benoît remarque la chose tout haut : « Depuis 15 jours Benoît dort mal. Il ne veut pas se coucher. Il veut jouer ou alors me réclame le pot... Il veut toujours quelque chose. Je reste avec lui et lui fait un petit câlin. Mais il pleure à nouveau quand je pars... Si c'est mon mari qui s'en occupe, il est beaucoup plus ferme que moi. Il lui dit : "Tu dors maintenant !". En général cela marche mieux avec lui. Quand c'est moi qui me lève, Benoît demande toujours où est papa. Quand c'est mon mari, il demande où je suis. Vraiment ! Je ne sais pas ce qu'il a ! Nous lui laissons la lumière allumée dans le couloir le temps qu'il s'endorme ».

L'intervention d'un père ne permet donc pas simplement à l'enfant de dormir ; elle permet aussi à la mère de se reposer. Mais nous voyons en outre qu'au travers des différenciations introduites de la sorte entre les qualités des parents – la mère plus douce, le père plus ferme –, c'est le lien des parents entre eux que l'enfant apprend à sentir. Et c'est sa propre bisexualité dont il prépare ainsi l'intégration. En effet, tout risque de se mélanger en lui quand les parents eux-mêmes ne respectent plus leur propre différence et n'imposent donc plus de limites. Tel est le danger que font courir les pères trop laxistes qui, plutôt que d'aider leur femmes, se substituent simplement à elles. Venant encore de la nuit de leur enfance, ils découvrent au fond d'eux-mêmes un enfant qui n'a pas dépassé l'épreuve d'une confrontation avec son propre père. Ils deviennent des pères qui maintenant évitent l'épreuve d'une confrontation avec leur propre fils.

Ainsi tout va pour le mieux, selon le père d'Antoine. Il arrive cependant un matin en nous annonçant qu'Antoine allait probablement faire une bonne sieste, car il s'est réveillé à quatre heures en pleurant.

Moi : « Que voulait-il ? ».

Antoine, qui a assisté à la conversation, répond : « Je voulais maman ! ».

Moi : « Avez-vous réussi à le consoler ? ».

Le père : « Oh oui ! Pas de problème ! Nous l'avons pris dans notre lit. Il s'est calmé tout de suite. Mais auparavant nous lui avons donné un biberon de lait. Quand Antoine se réveille la nuit, nous réussissons à le rendormir dans son lit. Mais là, vers quatre heures du matin, il sent le jour et ce n'est pas possible ».

Le père ne paraît ni inquiet, ni se poser de questions quant à l'origine des réveils nocturnes de son fils.

Le but de ce chapitre n'est pas d'inquiéter les parents mais de les faire se questionner sur la complexité du problème, ce qui n'est pas la même chose. Il n'est rien qui touche à un aspect du psychisme humain, qui ne concerne ce psychisme tout entier. Pourrions-nous ajouter, dans une vision plus globale, qu'il n'est rien qui ne concerne l'homme, qui ne touche aussi son psychisme ?

CHAPITRE 5

LA CONSTRUCTION DE L'IDENTITÉ

Voici quelques aperçus, tirés de la vie de tous les jours des enfants à la crèche, sur ce que nous apprend avec beaucoup plus de détails et de précision la clinique psychanalytique quant à la construction de l'identité d'une personne. Nous retrouverons ici des thèmes abordés dans les chapitres précédents car, lorsque nous parlons du psychisme d'un être humain, nous nous approchons toujours du problème de ses identifications. A fortiori, quand nous parlons des enfants ; car leur identité, véritablement en construction, prend des formes beaucoup plus labiles que chez l'adulte. C'est au travers de tout un processus que l'enfant passe de l'état d'être faible et incapable de pourvoir psychiquement à ses propres besoins à un état qui lui assure un minimum de fonctionnement adulte, c'est-à-dire : un minimum de stabilité, de permanence et de sentiment d'identité fondé sur une sécurité intérieure. Comment parvient-on à cela ? Comment cela se développe-t-il ? Comment avons-nous donc fait nous-mêmes ? L'observation des enfants, enrichie de ce que nous apprend la psychanalyse, nous permet de le comprendre mieux. De même que physiquement il faut manger pour grandir, de même psychiquement, pour arriver à atteindre le niveau d'un adulte, l'enfant doit assimiler des images parentales qui constituent en lui le fondement de son identité. Il devient ainsi « parent du dedans ». Ce n'est plus sa mère « du dehors » qui le console seulement c'est, lorsqu'il est seul, sa mère « du dedans ». A cette unique condition d'ailleurs il peut demeurer seul. Cet accomplissement qui s'achève psychiquement selon des lois comparables à celles qui physiquement régissent les processus de digestion alimentaire, s'il s'engage dans ses linéaments primitifs dès le début de la vie, est cependant recouvert d'abord par un autre grand processus propre à assurer à l'enfant un sentiment d'identité : au lieu de prendre la personne dont il a besoin à l'intérieur de lui, l'enfant s'appuie sur elle ou dans elle. Il possède ainsi momentanément une identité d'emprunt. Nous en suivrons les exemples ci-dessous. Mais, en principe, dans un développement normal, ce processus doit s'effacer peu à peu afin de permettre à l'enfant de se sentir exister malgré l'absence de ses premiers étayages.

Donnons pour commencer, au travers de quelques exemples, une idée de la fragilité que l'enfant conserve vis-à-vis de la séparation d'avec son parent, alors que toute une année passée dans la section des grands lui a permis d'apprendre que le parent qui le quitte le matin revient le chercher le soir. Mais un événement particulier, le départ puis le retour de vacances passées avec ses parents change pour l'enfant le vécu de la nouvelle séparation du matin. Étant donnée la précarité de son sentiment d'identité, il ne sait plus que la crèche qu'il a quittée un moment, lui a donné maintes fois la confirmation qu'il était possible de vivre un certain nombre d'heures en l'absence de ces parents. Il se retrouve soudain plus petit qu'il n'est et dans la nécessité de revivre les déchirements du début. Il se trouve reporté à l'époque où il ne savait pas que la séparation du matin n'était pas définitive. Voici différents types de réactions dont nous comprendrons mieux les tenants et les aboutissants dans le cours de ce chapitre.

Christophe a beaucoup pleuré le premier jour de son retour de vacances en juillet. Pendant trois ou quatre jours, la réadaptation a été difficile. Cette perturbation apparaît aussi à la sieste. Le lit de Christophe est placé entre celui de Lisa et celui de Ludovic. Ils rient tous trois, crient et s'énervent. J'interviens afin de les calmer mais ils continuent et particulièrement Christophe. Je lui dis à la fin : « Christophe, si tu ne te calmes pas, je déplace ton lit, et tu ne seras plus à côté de Ludovic et de Lisa ! ».

Christophe lance un « Non ! » de colère mais se calme peu à peu. Or, une fois endormi, il fera pipi dans son lit...

L'excitation de Christophe précédant le sommeil est réactionnelle à l'angoisse habituelle de perdre le contact avec le monde de ses objets familiers. Mais cette angoisse est accentuée par la reviviscence de la perte de ses parents à la crèche. Ludovic et Lisa suppléaient à leur absence et permettaient peut-être de la nier en riant. L'intervention de l'éducatrice a réduit Christophe à l'état d'un petit bébé qui ne veut pas perdre sa couche et qui fait pipi dedans.

Le père de Virginie arrive un matin, mais je ne vois pas Virginie qui est restée en retrait. « Elle boude », me dit le père qui va la chercher. Bientôt je la vois venir doucement, suçant son pouce et tenant sa couche en tissu. Ève, la grande amie de Virginie, fait du vélo et nous dit : « Virginie, c'est ma copine ! ».

Ève, depuis le retour de vacances de Virginie, ne se précipite plus vers sa copine comme autrefois. Elle la regarde mais ne bouge pas. D'autres enfants accourent près de Virginie. Celle-ci pique alors sa colère : elle s'allonge par terre et pleure. Le père nous confie : « Tous les matins c'est pareil ! Virginie fait des caprices. Elle veut choisir sa robe ; ça dure une demi-heure... et ce matin je me suis peut-être fâché un peu fort... ».

Virginie continue de pleurer puis s'arrête soudain et fait un baiser à son père, « Ah, ça c'est sympa ! » dit le père. Il comprend qu'il faut partir et s'en va. Virginie ne pleure plus mais elle reste assise, le pouce dans la bouche. Ève intervient à ce moment-là pour lui caresser la tête et les jambes.

Ève : « Virginie, elle ne veut pas venir là-bas... ».

Virginie se lève et Ève part jouer avec elle.

A la différence de Christophe, nous voyons ici que Virginie manifeste son refus de reconnaître qu'elle doit quitter le monde de ses parents, non par une excitation ludique, mais par une bouderie. Le moment de vérité, celui où elle accepte de quitter son père, correspond à l'instant où elle se met en colère. C'est ainsi qu'elle exprime sa reconnaissance et sa rage : elle quitte son père et elle ne retrouve plus la même Ève qui l'aidait à tout oublier. Mais, la crise passée, elle signifie à sa manière en embrassant son père qu'il peut partir. En effet, elle est alors capable d'aller elle-même jouer.

Le premier jour de son retour de vacances, Émilie se tient collée contre les jambes de son père qui demeure un bon moment à discuter avec moi. Quand son père va partir, Émilie pleure. J'essaie de la prendre sur mes genoux, mais Émilie se laisse glisser au sol. Elle accepte à la fin que je la prenne dans mes bras et s'arrête de pleurer, tenant toujours contre elle sa poupée. Je la fait descendre de mes bras, pensant qu'elle va pouvoir jouer. Elle ne dit rien. Je m'éloigne afin de rejoindre d'autres enfants et, peu de temps après, j'entends Émilie pleurer. Je l'appelle ; elle arrive et se met entre mes jambes. Elle ne pleure plus mais elle restera ainsi collée à moi toute la matinée.

Émilie est une petite fille susceptible de nous montrer davantage que d'autres le décalage qui existe entre les aspects les plus évolués d'un enfant et ce qui demeure en lui d'appartenance au bébé. Émilie ajoute à cela le caractère certain mais superficiel de son adaptation au monde qui l'entoure. C'est pourquoi, à peine un changement bouleverse-t-il ce monde pour elle, telle cette interruption des vacances, qu'elle perd son adaptation pour régresser, un moment, à un niveau plus primitif que ne le feraient d'autres enfants. Elle demeure collée et sans pensée, tel un bébé qui, pour être vraiment rassuré, doit sentir sa peau collée à celle de sa mère. Nous reviendrons un peu plus bas sur l'utilisation de ce collage comme façon de se donner momentanément une identité. Mais auparavant notons que l'angoisse sous-jacente à l'agitation de Christophe, la bouderie de Virginie et le collage d'Émilie ont un fondement commun sous des manifestations différentes : la peur de l'inconnu. Tout changement entraîne cette peur chez le petit enfant. Sa personne n'a pas encore une identité stable pour être assurée de rester entière quand la transformation du monde externe lui fait croire parallèlement à une transformation de son monde interne dont elle ne connaît pas l'issue. Tout mouvement, à ce stade, porte en soi l'écho d'une perte de base dont la sécurité se rétablit plus ou moins rapidement selon l'âge et l'état de l'enfant.

Sur la terrasse, Antoine a ramassé une feuille. L'air inquiet, il me demande : « Ça c'est quoi ? C'est une feuille ? ».

Moi : « Tu as peur ? ».

Antoine : « Oui ! ».

Quand les enfants jouent à se cacher derrière la cabane, Antoine a peur du lierre qui tombe dans le passage étroit.

Laurent entend un bruit. C'est celui d'une tondeuse. Mais la première fois que les enfants l'ont entendu, ils ont pensé à l'avion. Nous leur avons expliqué de quoi il s'agissait et depuis lors, à chaque fois que Laurent entend la tondeuse, il répète cette phrase : « Ce n'est pas l'avion, c'est la tondeuse ! ».

Devant la charge d'inconnu que porte pour Antoine l'étrange feuille de lierre et le mystère de derrière la cabane, devant la nouveauté du bruit de la tondeuse, Antoine puis Laurent s'accrochent d'une part au langage, d'autre part à ce qu'ils connaissent déjà : le premier aide à mettre une forme sur l'inconnu qui n'a pas de nom ; le second donne à cette forme l'image du familier. Ce n'est pas n'importe quoi, n'importe quel monstre qui commencerait à se mouvoir pour attraper le bras d'Antoine ; c'est une feuille. Ce n'est pas n'importe quel bruit annonciateur d'une présence malfaisante. Non ; c'est quelque chose comme un avion. C'est-à-dire que c'est un objet. Il suffit de le dénommer, donc de le différencier et, comme dans un dictionnaire, de chercher la page qui contient « tondeuse » par opposition à celle de « l'avion ».

Ludovic se retrouve avec cinq enfants de la section des « moyens », passés depuis le début de la semaine chez les « grands ». Curieusement, ces cinq « moyens » se sont assis à la même table avec Ludovic, isolant ce dernier du reste de ses copains de la section. Habituellement très bavard, Ludovic ne dit rien ; il ne bouge pas. Au moment de se coucher, il me réclame son chiffon et se met à pleurer. Il me demande s'il peut distribuer aux autres enfants leurs jouets personnels. Comme il doit attendre un peu, il continue de pleurer. Il a l'air vraiment triste et cette tristesse lui est venue d'un coup après le repas. Quand il tient son chiffon, Ludovic s'arrête immédiatement de pleurer.

La présence autour de Ludovic de ce monde des « moyens » à eu chez lui le même effet qu'une réelle perte de contact avec son univers familier. Serait-il moins triste de se retrouver d'un coup à l'école, éloigné de ce qu'il connaît ? Incapable de maintenir en lui le contact avec ses copains, bien qu'il puisse les voir à d'autres tables, Ludovic se vit isolé d'eux principalement parce qu'ils ne s'occupent pas de lui. Cette sphère d'inconnu qui l'a enveloppé d'un coup le pousse à régresser au niveau le plus primitif de la réassurance : tous les êtres humains peuvent lui tourner le dos, tous ses copains peuvent se transformer soudain en des inconnus surgis d'une autre section, mais son chiffon, lui, lui reste fidèle. Il ne change pas et l'assure que Ludovic, lui aussi, est toujours le même.

Il n'est pas de détresse, si profonde soit-elle qui ne soit soulagée par un processus dont nous avons déjà parlé en quelques mots : celui du collage à l'objet que l'on désire posséder ainsi. Mais cette possession primitive, si elle revêt un caractère d'absolu (car, en effet, quoi de plus total que l'adhésion d'une peau contre une autre peau), revêt en même temps un aspect très superficiel parce qu'aplati par opposition aux relations d'interpénétrations, que nous étudierons plus bas, où l'enfant à le sentiment d'être contenu dans sa mère ou bien de la contenir en lui.

Lorsque l'enfant se colle à sa mère ou à l'objet qui la remplace en son esprit, il réduit l'expérience qu'il a du contact avec elle à celle d'une surface agréable. Mais en même temps il se sent lui-même réduit à une sorte de surface semblable à celle contre laquelle il adhère. C'est l'avantage et l'inconvénient d'un tel processus. *L'avantage* : l'enfant a perdu l'épaisseur de sa souffrance avec la perte de la perception d'un espace de séparation. *L'inconvénient* : son identité en conséquence n'a guère plus d'épaisseur.

Voyons au travers de quelques exemples, qui trouveront leur complément dans la description des comportements d'imitation relevant en partie de ces conduites adhésives, de quoi il est question.

Ève, fort active, interpelle Charlotte qui aujourd'hui ne cherche pas à prendre des initiatives et nous semble vouloir le calme.

Ève se couche par terre et Charlotte vient se coller à elle. Quand Ève renouvelle son « au dodo ! », Charlotte qui ne semble pas vouloir jouer mais simplement être collée, fait mine de partir. Ève la retient ; elle retire ses chaussures et se couche. Charlotte se couche alors elle aussi complètement collée contre elle. Quand Laura veut lui prendre sa couverture Charlotte veut à son tour se coucher seule sur le coussin. Mais Ève refuse. Charlotte pleure. Marjolaine lui tire les cheveux. Charlotte, qui perd alors complètement la douce relation de collage qu'elle cherchait près d'Ève, abandonne la place et part se faire consoler par Corinne, une stagiaire éducatrice.

Là nous assistons essentiellement chez Charlotte à la quête d'un contact si proximal que toutes deux, Ève et Charlotte, ne devraient se sentir qu'une seule personne, (une seule couverture, un seul coussin), grâce à un contact de peau. C'est une relation de continuité : rien ne sépare le « dodo » de Charlotte de celui d'Ève.

A la fin du repas, Lisa me dit en prenant Laura dans ses bras : « Je suis la maman ! C'est le bébé ! ». Elle caresse le dos de Laura. Ludovic observe la scène. Il vient se coller contre Laura et tend ensuite les mains pour serrer le cou de Lisa. Laura se décolle alors et va s'asseoir sur les genoux de Lisa.

Ce que nous voyons là est un collage qui permet un contact avec l'objet désiré par personne interposée : ce n'est pas l'affection de Laura que Ludovic désire recevoir mais celle de Lisa, et si les bras de cette dernière sont occupés par Laura, Ludovic, qui n'arrache pas Laura de sa place, évite cet acte agressif en s'identifiant à elle par un simple collage : contre la peau de Laura il devient de la sorte Laura et peut indiquer de son bras, qui vise à serrer le cou de Lisa, l'objet de son réel désir. Mais Laura ne l'entend pas ainsi. Si Ludovic pensait se fondre en elle par ce contact de peau afin d'occuper sa position, elle le perçoit, elle, comme un parasite qui vient perturber sa relation à Lisa. Aussi déménage-t-elle pour se mettre en une place où elle puisse vivre avec plus de tranquillité sa relation à Lisa, laissant à nouveau Ludovic contempler le tableau d'un enviable bébé dans les bras de sa mère.

La mère de Laurent revient aujourd'hui pour continuer l'adaptation de ses deux bébés jumeaux. Cette fois-ci elle ne désire pas se montrer devant Laurent qui demeure collé à elle tout le temps de sa présence. La mère a même essayé, la veille, de nous amener Laurent sur la terrasse. Mais il s'est mis à hurler aussitôt. La mère semblait fatiguée des cris de Laurent. Je lui ai conseillé de garder Laurent avec elle.

La mère : « J'essaie quand même car il n'arrête pas de me coller ! ».

Comme Laurent continue de pleurer, la mère le reprend avec elle.

Aujourd'hui Laurent, accompagné plus tôt par son père, joue sur la terrasse. Il n'a pas vu sa mère arriver avec les jumeaux. Parmi les autres enfants qui jouent sur la terrasse avec lui, Charlotte a aperçu la mère de Laurent à travers la grille, en plongeant son regard dans la cour en contrebas. Elle s'empresse d'aller prévenir Laurent qui aperçoit sa mère à son tour. Cette dernière, qui a entendu le bruit fait par les enfants, tente de se cacher. Laurent pleure ; il voit le blouson de sa mère posé sur un rebord et reste accroché à la grille.

Je l'appelle, mais il refuse de venir. Je le prends de force et il se laisse tomber à terre. Je le décolle de la grille. Il hurle. Le prenant dans mes bras, je l'installe sur mes genoux. La réaction immédiate de Laurent est de vouloir descendre rejoindre sa mère ; mais je l'en empêche. Il continue de pleurer. Je lui parle de sa mère. Il pleure de plus en plus. Je lui explique que sa mère est venue adapter son petit frère et sa petite sœur et qu'elle viendra le chercher tout à l'heure. J'ai l'impression que Laurent ne m'entend pas. Il continue de pleurer, un doigt dans la bouche. Mais maintenant il ne bouge plus. Je lui dis aussi que je le laisserai partir quand il sera calmé :

Moi : « Je sais que tu as du chagrin ».

Laurent ne parle toujours pas ou ne prononce que le mot : « maman ! ».

Au bout de quinze minutes il paraît calmé et s'arrête net de pleurer. Il descend de mes genoux et, fait surprenant, il ne se dirige pas du tout vers la grille pour regarder si sa mère est dans la cour. Il ne semble pourtant pas avoir oublié son existence mais simplement accepté son absence. Il monte sur un vélo et commence à rouler. Il peut à nouveau revivre. Quand son père viendra le chercher il réclamera tout de suite sa mère, mais ce sera sans pleurer et sans le terrible déchirement du matin.

Cet exemple nous permet d'approcher le vécu d'un enfant collé à l'objet qu'il désire. Il y a le grand Laurent, capable de jouer comme avant et de se séparer de sa mère. Mais il y a l'autre Laurent, le frère aîné des jumeaux qui n'a pu appréhender ni accepter que ces deux bébés le séparent de sa mère. Et ces deux Laurent ne semblent s'être jamais rencontrés avant le moment où, de force, il est installé sur les genoux de l'éducatrice qui, reconnaissant son chagrin, fait un lien entre ce qu'il était, l'enfant unique qui ne laisse place à personne, et le grand frère d'à présent. Mais pour affronter cette expérience de rassemblement il a fallu que s'exerce la force d'un bras policier qui décolle Laurent d'une relation sans fin. Il a fallu que l'éducatrice, jouant le rôle d'un père, s'interpose non pas seulement entre Laurent et sa mère, mais entre les deux Laurent dont on vient de parler, afin de protéger celui qui est capable de grandir et d'être seul contre les exigences infantiles d'un autre Laurent qui ne supporte pas, lui, de grandir, c'est-à-dire d'être décollé. Bien qu'elle soit une femme, l'éducatrice a rempli cette fonction-là. Bien qu'elle entende Laurent crier elle a su ne pas s'en culpabiliser parce que convaincue, dans ce cas, du caractère néfaste d'un infini collage lorsque la mère et l'enfant sont capables, chacun de leur côté, de se séparer. Ce faisant elle a soulagé, dans ce rôle paternel assumé, la mère qui était épuisée, et l'enfant qui demandait à grandir. Cette coupure bénéfique à cet âge a permis à Laurent de commencer à penser à sa mère, en tant que mère d'autres enfants, au lieu de demeurer collé à elle et à l'image qu'il en avait : celle d'une mère qui ne pourrait, elle non plus, se décoller de son fils unique.

L'imitation est une conduite qui s'enracine en partie dans la relation de collage que nous venons d'évoquer en raison du caractère souvent superficiel de la pure imitation. Mais, à la différence du collage, elle s'effectue avec un minimum de conscience de séparation d'avec l'objet imité. L'imitation peut se complexifier dans ses intentions ; le collage, non. Suivons précisément quelques exemples du plus simple au plus complexe.

Ce matin, nous écoutons une cassette sur le magnétophone. Nous sommes un petit groupe de six ; les enfants s'intéressent beaucoup à la musique et aux chansons. J'ai croisé les jambes d'une certaine façon. Immédiatement Laura, en face de moi, croise les jambes de la même manière.

Telle est l'imitation qui vous renvoie votre portrait comme en un miroir. Mais à son tour l'enfant qui vous imite de la sorte se considérant en face de nous comme en un miroir, pense y découvrir son portrait et devenir ainsi ce qui lui plaît d'être à bon compte. Quand l'imitation se complexifie légèrement elle utilise un tiers comme point de référence à la similitude d'un comportement.

a) A table, Lisa ne veut pas de tomate. Laura, pour faire comme Lisa, refuse elle aussi la tomate.

b) Avant le repas je retire sa robe à Laura.

Lisa : « Tu me retires ma robe, comme Laura ! ».

c) Laura passe en vélo sur la terrasse et fait semblant de me donner quelque chose. Ludovic arrive aussitôt, me donne un ticket et repart.

Dans ces trois exemples nous voyons que ce qui soude le lien entre les deux personnages d'un couple qui s'imitent l'un l'autre, est un comportement semblable vis-à-vis d'un tiers commun. Laura et Lisa dans la journée ne se quittent jamais et ces imitations ne font que confirmer en elles qu'elles sont l'une à l'autre ou l'une pour l'autre comme deux jumelles qui, bien que décollées, demeurent pourtant identiques parce qu'elles ont vis-à-vis de leur mère ou de son substitut un comportement identique. Ludovic, lui, voudrait bien avoir auprès de Laura la place de

Lisa. Aussi fait-il, comme Laura le m^me geste vis-à-vis de moi : imiter son rival serait déjà magiquement prendre sa place.

Quand l'imitation s'inscrit dans des situations plus complexes, elle fait appel à des mécanismes et des intentions plus complexes aussi. La forme peut en paraître simple mais l'analyse ne l'est pas. Ainsi Julien et Émilie :

a) Julien arrive un matin accompagné par sa mère et dit, en prenant le ton de l'adulte : « Bonjour les enfants ! ».

b) Stéphane commence à lancer des jouets sur la tête d'Olivia puis la tape. Olivia à quatre pattes par terre, se balance d'avant en arrière. Stéphane se colle à elle et se balance à son tour. J'interviens plusieurs fois pour empêcher Stéphane de faire du mal à Olivia. Dix minutes plus tard, Émilie s'adresse à Stéphane d'un ton autoritaire.

Émilie : « Stéphane ! Stéphane ! ».

Ce qui signifie : « Arrête de lui faire mal ! ».

Marjolaine ajoute : « Arrête de l'embêter ! »

Depuis l'enjouement de Julien jusqu'au ton réprobateur d'Émilie et de Marjolaine il y a une imitation de l'adulte qui est mise au service des desseins cachés de l'enfant. Julien, en arrivant ainsi, clame bien haut qu'il est fort loin d'être lui-même un enfant dépendant de la présence d'un adulte. Il se comporte comme s'il ne devait pas se tourner en tant qu'enfant vers un parent qui s'en va, mais au contraire aborder en tant que parent lui-même, à l'abri des émotions de la perte, les enfants qu'il retrouve. Émilie et Marjolaine ne sont pas irréprochables et se sont conduites parfois avec la même brutalité que Stéphane. Toutes heureuses de voir à l'extérieur d'elles l'enfant méchant qui se conduit comme elles, elles ont beau jeu de lui reprocher son geste. Elles s'affirment ainsi sans effort du côté des parents qui punissent, eux dont elles entendent la voix en elles, quand elles ressemblent à Stéphane. Mais ne trouveraient-elles pas, secondairement, le même plaisir à punir Stéphane, qu'elles en auraient eu à en frapper Olivia ? Il est une frange d'ambiguïté où l'imitation de celui qui punit permet d'exercer son propre sadisme. L'imitation de l'autre, parfois, sous couvert de se constituer une identité en miroir, permet d'affirmer les limites de son territoire :

Ainsi Christophe et Vincent qui jouent à la balançoire, sont en parfaite symétrie. Soudain, Christophe met ses jambes au milieu de la balançoire. Vincent, pour conserver une symétrie de position mais aussi pour marquer une place, la sienne, qu'il ne laisserait pas empiéter, l'imite aussitôt.

L'imitation est donc l'articulation du collage régressif à l'autre, avec tous les bénéfices secondaires et les inconvénients que nous avons vus, et d'une conduite plus proprement associée à une identité séparée de l'autre : même si l'on est semblable, chacun a son territoire. La vie de groupe offre de nombreuses occasions de se sentir tous ensemble effectuant le même geste, ou se collant les uns aux autres dans un comportement identique : n'est-ce pas un aspect constitutif du groupe lui-même ? Un trait commun qui en soude les éléments mais qui s'accompagne de cette absence de pensée propre à tous les collages. A l'intérieur du groupe, les particularités existent côte à côte et il est intéressant d'observer cette même articulation entre l'individu et le groupe que celle que nous observions entre les conduites d'individuation et de collage à propos de l'imitation.

Ainsi un jour où tous les enfants de la section dansent deux par deux, Marjolaine observe Benoît éloigné du groupe et qui ne danse pas. Elle va le chercher. Ils se mettent à tourner, se tenant par la main. Petit à petit, Marjolaine entraîne Benoît afin de rejoindre le groupe et de danser eux aussi, au milieu des autres enfants.

Ainsi demeurent certains ponts d'identité absolue par lesquels l'enfant se sent appartenir au groupe de sa section ; de même chaque section appartient à la crèche etc… dans une figure d'emboîtements qui, s'ils ne se font pas toujours sentir avec évidence, n'en sont pas moins présents dans ce qui constitue le milieu de vie de l'enfant.

Approchons-nous à présent d'un autre groupe de processus, extrêmement vaste, qui consiste pour l'enfant, non pas à se coller à son objet mais à rester au-dedans de lui. Alors que le collage exige un minimum d'activité, le fait de se retrouver à l'intérieur d'un objet, lui, a été précédé, d'une activité certaine : une activité projective. L'enfant a le sentiment de mettre une partie de lui-même, sinon lui-même tout entier, à l'intérieur de l'autre. Cela a diverses fonctions et nous allons les examiner. Mais la première est de créer un lien entre deux personnes.

Juliette et laura jouent ensemble. Juliette a accepté de prêter sa petite voiture à la demande de Laura et, depuis ce moment précis Laura, qui ne joue jamais ou très rarement avec Juliette, ne va plus la quitter. Laura dit à Juliette : « On va aller dans la maison ; on va prendre l'ascenseur ; on va ouvrir la porte ». Pendant tout le jeu, Laura garde la voiture de Juliette. Laura va faire pipi sur le pot ; Juliette la suit et s'installe sur le pot d'à côté.

Nous voyons que lorsque Juliette a permis à Laura de tenir en main sa voiture, elle lui a délégué par le même chemin une partie d'elle-même qu'elle ne peut plus quitter ; c'est pourquoi elle ne peut plus quitter Laura ; elle s'éloignerait d'elle-même.

Julien me tend sa main : « Tiens ! C'est pour toi ! C'est un cadeau ! C'est un bateau mais il n'est pas en panne ! ».

Vincent veut alors me donner des jeux. Julien intervient tout de suite : « Toi, tu ne dis pas ça parce que c'est moi qui le dis ! ».

Vincent veut lui aussi me donner un jouet à ce moment.

Ici le geste de Julien est équivalent à une réelle installation sur moi dont il prend ainsi possession. En me donnant son bateau c'est une partie de lui-même qu'il me délègue afin de ne se sentir, lui aussi, peut-être jamais « en panne », c'est-à-dire toujours auprès de quelqu'un. C'est pourquoi il ne supporte pas que d'autres enfants l'imitent. Il ne veut pas que Vincent dise la même chose que lui, car il n'a pas pu, ni osé l'empêcher de faire la même chose. Il se sent alors dépossédé de sa propriété : il veut être seul, faute de quoi il craint d'avoir le sentiment de ne pas être du tout. D'être « en panne ».

Effectuons un pas de plus dans la compréhension du concept de projection que nous venons d'aborder avec cette mise en place de parties de soi à l'intérieur de quelqu'un d'autre, et voyons à présent en quoi ce processus peut se rattacher à la constitution d'un sentiment d'identité. Il suffit de repenser à la chose pour s'apercevoir qu'à cet âge les exemples fourmillent.

a) Assise tout la matinée sur une petite chaise, je me lève, appelée par un enfant. Ève se précipite alors sur ma chaise pour s'y asseoir à ma place.

b) Les déguisements sont sortis. Charlotte a pris des chaussures d'adulte à talons hauts. Un sac accroché à l'épaule, à la manière d'une dame, elle marche inlassablement au travers de la pièce. Elle est très fière et regarde ses pieds.

Cela s'appelle : entrer dans la peau de l'autre. Il suffit de choisir dans la peau de qui l'on entre pour avoir le sentiment, tout à fait magique et fantasmatique, c'est-à-dire ne résistant pas à la réalité des faits du monde extérieur, d'être devenu celui dans lequel on s'est introduit. L'adulte est pour les enfants la personne qu'ils désirent devenir d'emblée, s'ils n'ont pas le statut d'un bébé. Or est-il un moyen plus prompt, plus total pour ce faire, que d'entrer dans la place ou les vêtements d'un adulte et prétendre ainsi être la personne même qu'enveloppaient ces objets ? De se faufiler dans la chaise ou dans les chaussures d'une dame et de n'être plus ainsi Ève ou Charlotte, la petite fille, mais la dame elle-même ? Il n'est pas nécessaire de travailler longtemps et péniblement à croître peu à peu, non plus que de se mettre en face de sa propre petitesse ainsi que de ses maladresses. Non, nous voilà grand d'un coup. Mais que l'adulte revienne à sa place, ou que les talons de Charlotte dérapent et la fassent trébucher sur le sol, et voilà nos enfants « gros Jean comme devant » : plus ils se sont installés haut et plus la chute sera dure.

Mais occuper la place de l'adulte, si elle satisfait l'omnipotence infantile, et nous y reviendrons plus bas, prépare aussi l'enfant à remplir plus tard la fonction de l'adulte en retrouvant en lui-même deux parents et leurs attributs.

Ainsi nous voyons le seul Julien jouer au papa puis à la maman. Un jour, il s'avance vers moi, un klaxon en forme de poire dans la main. Il fait du bruit et me dit : « Tu veux que je t'apprenne de la trompette ? Voilà comment je fais de la trompette ! ». Il s'appuie sur la poire et tente de souffler dedans.

Un autre jour, tandis que Charlotte a fait pipi à la sieste et qu'elle pleure légèrement en me disant : « J'ai fait pipi ! », Julien vient se placer à côté de son lit. Charlotte se tourne alors vers Julien qui, très à l'aise dans son rôle nouveau, lui rétorque : « Je vais te laver ! Ta culotte va sécher ! ».

Promesse qui ne résistera pas à l'épreuve de la réalité. Nous voyons qu'il s'est érigé d'abord en professeur, plus spécifiquement masculin. Il ne montre pas seulement, par cette identification magique, qu'il est le papa professeur, qui apprend à son fils à se servir de ses attributs virils tout comme il pourra lui apprendre plus tard à conduire une voiture, il montre aussi qu'il désirerait avoir un père qui remplisse ce rôle. Dans cette perspective, la magie réside en la toute-puissance de sa pensée. Ainsi que dans les pratiques magiques exercées dans des sociétés primitives, Julien pense qu'il suffit de faire effectuer certains gestes à un personnage pour que ce dernier, dans la réalité, les effectue à son tour. Julien risque d'être déçu si son père ne désire pas dans l'immédiat lui apprendre à jouer du klaxon !

Il en est de même quand Julien se tient comme une mère auprès de Charlotte. Il espère ainsi produire magiquement la maman douce qui console. Mais ceci nous introduit au point suivant, celui qui nous permet de constater que ce genre de comportement appelle un compagnon susceptible de tenir le rôle complémentaire. Si Julien joue à l'adulte, il lui faut un enfant en face de lui. Et cet enfant est celui qu'il ne veut pas être ou bien se tient à la place qu'il ne peut pas occuper puisque dans son jeu, il occupe celle de l'adulte. Ainsi Julien vit par personne interposée le rôle de la petite Charlotte mouillée. Pour imaginer qu'il est, lui, l'adulte fort et gentil il doit cesser de se vivre comme un pauvre enfant sale. Puisque Julien n'est pas dans la réalité cet adulte qu'il joue mais au contraire un enfant souvent dans la position de Charlotte, il doit pour se croire adulte, en entrant dans la peau de l'adulte, projeter en même temps dans Charlotte le petit Julien dont il ne reconnaît plus l'existence en lui. Si Charlotte ne demande pas mieux que de jouer ce rôle puisqu'elle se trouve dans la position d'un réel désarroi, il est d'autres enfants qui refusent fort souvent cette place assimilée à celle de la victime, et celui qui veut se montrer fort alors doit forcer l'autre à se sentir faible.

Ainsi Barbara, un matin où les trois sections se retrouvent dans la cour, se place à côté d'Olivia, un bébé de neuf mois. Barbara lui enfonce fermement, presque de force, une tétine dans la bouche. Elle la porte ensuite à sa propre bouche.

Un autre jour Corinne, une stagiaire éducatrice, fait manger cette même Olivia. Patricia va chercher puis ramène un autre bébé, Damien. Laura remarque tout haut qu'il y a maintenant deux bébés dans la section. Pendant le repas, Julien veut faire manger Benoît qui se trouve à côté de lui.

Moi : « Demande à Benoît s'il veut bien ! ».

Julien le lui demande mais Benoît ne veut pas. Julien, toujours désireux de faire manger un autre enfant ainsi qu'on nourrit un bébé, pose sa question à tous les enfants de sa table : Ludovic, Ève, Virginie, Jean-Baptiste. Tous refusent. Julien me demande pourquoi. Je lui explique qu'ils sont grands et qu'ils veulent manger tout seuls.

Corinne : « Et toi, Julien, tu veux que je te fasse manger ? ».

Julien répond : « Non ! ».

Quelques minutes plus tard, Ludovic intervient : « Julien, tu veux que je te fasse manger ? ».

Julien : « Oui ! ».

Ludovic : « Non ! tu es trop loin ! ».

Ludovic essaie de donner une cuillerée à Julien qui ouvre la bouche. Alors Ève fait comprendre à Julien qu'elle accepte qu'il la fasse manger. Moi : « D'accord, mais tu termines ton assiette et tu fais manger Ève après ».

Julien se dépêche et termine. Je dis à Julien de se lever et de s'approcher d'Ève. Mais, voyant ma chaise libre, il s'y assoit. Je le fais se lever et lui demande de prendre sa chaise. Julien donne ainsi à manger à Ève qui semble ravie. Tous les enfants de la table éclatent de rire. Julien lui aussi rit beaucoup ; il donne à manger très vite à Ève et s'amuse bientôt à verser de la nourriture dans l'assiette de Ludovic.

Si Barbara veut forcer Olivia à la reconnaître comme détentrice de la tétine nourricière, si Julien veut nourrir Benoît, c'est pour se croire soi-même l'adulte et non pas l'enfant. Julien veut se confirmer dans ce rôle en empruntant la chaise même de l'éducatrice. Nous voyons là que ses partenaires ne sont pas d'accord au début pour se glisser dans le rôle du bébé et déléguer à un autre la fierté d'être grand. Mais le vent tourne, et nous voyons Julien cacher sous le désir de nourrir le désir d'être nourri, ainsi qu'Olivia est nourrie par Corinne. De même nous voyons Barbara passer du rôle nourricier au rôle de celle qui se nourrit elle-même.

A table, je fais manger encore aujourd'hui un bébé, Samy. Antoine se trouve assis à la même table et me dit : « Je veux faire manger Samy ! ». Je lui donne la cuillère et Antoine commence à donner à manger à Samy. Mais il me dit soudain, cessant son activité : « Ma purée est chaude ! ». Il veut que je m'occupe de lui.

Devant le spectacle intolérable pour lui, d'un bébé nourri par l'éducatrice, Antoine a fait semblant d'être grand et de vouloir jouer lui-même le rôle de l'adulte, uniquement dans le but de détourner l'attention de l'éducatrice loin du bébé et de prendre la place de ce dernier. Nous voyons donc ici à quel point entrer dans la peau de l'adulte ou régresser dans celle du bébé sont des attitudes proches l'une de l'autre. Être véritablement grand aurait consisté pour Antoine à accepter d'avoir la capacité de manger tout seul et de tolérer qu'un autre bébé soit nourri comme il le fut autrefois. Être grand dans ce cas, c'est sentir se réveiller en soi le bébé que l'on fut et cependant reconnaître que l'on n'est pas que cela ; reconnaître par conséquent que l'on peut porter ce bébé tout seul au fond de soi comme votre mère vous a porté en son temps. Cette façon de jouer à l'adulte mène alors vers une véritable indépendance :

Émilie a retiré son porte-bébé ; Christophe me demande de le lui mettre et il ajoute : « La poupée ! Là-dedans ! ». Je l'aide à introduire la poupée dans son porte-bébé.

Christophe, dans ce cas, n'est pas seulement identifié à une mère qui porte son bébé ; il ne joue pas seulement à satisfaire son désir d'être comme une petite fille puis comme une dame ; il est aussi en train de montrer comment, en acceptant d'être grand, il accepte de se porter lui-même comme il porte cette poupée. Un comportement humain a souvent plusieurs sens imbriqués les uns dans les autres.

Il se forme parfois, à l'intérieur de la crèche, de petits couples d'amitiés dont la fonction principale est de permettre à chacun de ses membres d'éviter la perception d'une trop grande séparation d'avec l'objet premier : la mère. Ainsi Ève et Virginie, Lisa et Laura, respectivement comme deux couples de jumelles ne se quittent jamais. Mais ce lien très fort, si proche du lien maternel les isole parfois du reste des enfants, et les laisse comme nous allons le voir, désemparées lorsque l'un des membres du couple s'absente. La soudure de ce couple se fonde sur les mécanismes que nous venons d'aborder : le collage et l'intrusion réciproque de l'identité d'un enfant dans celle de l'autre. Cela entraîne un vécu de mélange aussi :

Au moment de mettre, à la sieste, les chaussures sous les lits, Ève met à côté d'une de ses chaussures une chaussure de Virginie.

Ainsi, non seulement elles ne seront pas séparées par leur sommeil mais elles demeureront unies, dans un mélange savant, de telle sorte que l'une ne pourrait pas bouger sans emporter à ces pieds un morceau de l'autre.

S'il arrive à l'une ou à l'autre d'effectuer des activités différentes, l'espace qui les sépare tend toujours à s'annuler du fait de l'une ou de l'autre.

Ainsi, un jour où Virginie écoute les histoires que je raconte dans la section, Ève qui joue dans la cour ne cesse de faire la navette entre la cour et la section, comme pour effacer la distance qui, en les séparant, souligne aussi leurs différences.

Ève : « C'est ma copine à moi ! ».

Moi : « Que fait Virginie ? ».

Ève : « Elle écoute des histoires ! ».

Tous les problèmes de séparation, de différenciation d'avec la mère sont évités par la constitution d'un tel couple. Mais comme ils ne sont pas élaborés, ils se trouvent soulevés à nouveau au moindre incident qui mettrait en danger la soudure de ce couple. Heureusement que ces incidents abondent à la crèche afin de permettre à chacun d'apprendre à vivre séparé :

Au repas, Barbara veut se mettre à côté de Virginie. Mais évidemment, Ève considère que c'est sa place. Je leur explique que Virginie se mettra entre elles deux. Ève ne pleure pas et accepte la situation qu'elle vit comme un partage de Virginie. Mais elle ajoute, afin de s'assurer que rien n'a cependant changé du lien qui l'unit à Virginie : « Virginie, c'est ma copine ! ».

Ce lien est fondé sur la possessivité omnipotente, ainsi que nous l'avons vu lorsque nous avons étudié le processus de la projection de parties de soi dans l'autre. Virginie doit appartenir à Ève et n'a pas la liberté de désirer quelqu'un d'autre. Ce désir donnerait à Ève le sentiment de tout perdre. Nous en retrouvons un exemple dans le couple formé par Laura et Lisa :

Au lever de la sieste, Lisa, Christophe et Laura mettent leurs chaussettes.

Laura : « C'est ma copine Lisa ! ».

Christophe : « Non, c'est ma copine ! ».

Laura commence à s'énerver et des larmes paraissent à ses yeux.

Laura : « Non c'est ma copine ! ».

Lisa intervient alors. Prenant pitié de Laura ou défendant « son couple », elle dit à Christophe : « Je suis la copine de Laura ! ». Christophe ne dit plus rien.

Dans ce lien basé sur l'exclusion des autres, le partage n'existe pas car il ferait disparaître le lien lui-même. Quand l'un des membres du couple n'est pas là, que devient celui qui reste ? Nous allons voir qu'au lieu d'essayer de former un nouveau lien, il va tenter plutôt de vivre par personne interposée le lien qu'il a perdu.

Ainsi, que fait Ève lorsque « sa Virginie » n'est pas là ?

a) Les enfants s'installent pour le repas. Laura est assise, tandis qu'à côté d'elle une chaise demeure inoccupée. Ève veut s'y mettre mais Laura réagit vivement et lui fait comprendre d'un ton autoritaire que c'est la place de Lisa, sa grande copine. Ève tient la chaise, écoute Laura et finit par partir. Elle s'adresse alors à moi, comme pour m'expliquer la chose : « C'est ma Virginie ! ».

Moi : « Oui, Virginie est partie en vacances pour deux semaines ; elle reviendra bientôt ! ».

Ève semble satisfaite et va s'asseoir à une autre table.

b) Le lendemain, au moment du jus de fruit, Laura et Lisa sont assises l'une à côté de l'autre. Ève, qui ne peut se coller à Virginie, puisque celle -ci n'est pas là, va se coller par compensation auprès de Laura et de Lisa. Mais Ludovic a décidé, lui aussi, de s'asseoir à côté du couple. Ève ne le supporte pas et réagit violemment. J'interviens pour demander à Ludovic de s'asseoir à une autre place.

Nous voyons donc dans ces deux exemples comment Ève tente moins de s'identifier à l'autre membre d'un couple gémellaire semblable à celui qu'elle formait avec Virginie, qu'à revivre la situation totale de ce couple particulier. Le second exemple montre qu'elle ne tenait pas tant à occuper la place de Lisa auprès de Laura, qu'à recréer ainsi le couple qu'elle formait avec Virginie. La véritable rivale n'est pas Lisa, mais celui qui prétend l'empêcher de ce coller à ce couple : Ludovic. Nous voyons que ce mode d'identification qui fait fi de la dépendance à l'adulte dont on est séparé, ainsi que du groupe qui permettrait de supporter cette séparation en y trouvant d'autres objets auxquels s'attacher, laisse en réalité l'enfant sans défense : Ève est incapable d'investir une autre compagne de jeux que celle qu'elle a perdue. Elle est aussi désemparée que le premier jour où sa mère la quitta pour la laisser dans la section des grands où elle a trouvé Virginie afin d'oublier son chagrin.

Tel est ce qui sous-tend l'attitude de l'enfant qui s'affiche indépendant : c'est en utilisant son omnipotence qu'il dénie sa dépendance à l'adulte. Ce qu'il veut surtout exclure de sa conscience, c'est l'idée qu'il pourrait avoir besoin de quelqu'un qui ne serait pas là. Grâce au mécanisme que nous avons décrit – lorsque l'enfant s'identifie à l'adulte en entrant dans sa peau –, il se croit à l'abri d'un tel déboire. Aussi quand il se sent assuré que l'adulte est là, à disposition, nous voyons tout de suite l'enfant réapparaître dans toute son authenticité :

A la fin du repas, il nous arrive d'aider les enfants à terminer leur assiette. Je propose aujourd'hui mon aide à Christophe, mais il refuse. Ève se précipite aussitôt pour me tendre sa cuillère. J'aide Ève qui semble ravie que je m'occupe d'elle. Christophe réagit alors et me tend à son tour sa cuillère. Or, à un autre moment du repas, Ève s'adresse à Christophe : « Tu souffles ! ».

Christophe : « Non ! ».

Ève : « Ah bon ! ».

Nous voyons que sous le fier Christophe, honteux de dépendre de moi, il est un petit garçon tout heureux de se faire servir, à condition toutefois de ne pas avoir à quémander ce service non plus qu'à le recevoir de la main d'une petite fille…

Stéphane et Juliette sont sur les W.C tandis que tous les enfants sont à table. Je vais les chercher. Juliette obéit aussitôt. Quant à Stéphane, il refuse de me suivre et ne bouge pas. Je me fâche. Il se met à pleurer. Je m'approche pour l'aider à remettre son short. Il s'écrie : « Non ! C'est moi tout seul ! ». Il paraît très en colère que je lui aie fait l'injure de le prendre pour un petit. Il met son short et court derrière Juliette qui s'installe sur le banc. Il se colle immédiatement à elle en s'asseyant à côté d'elle.

Un peu plus tard, toujours à table, Frédéric, un enfant de la section des moyens, rouspète à la fin du repas. Il pleurniche et veut qu'on s'occupe de lui. Ludovic commente : « C'est un râleur ! ».

Lorsque l'éducatrice est intervenue auprès de Stéphane alors qu'il jouait avec Juliette à faire un couple dans les W.C, elle l'a dérangé non seulement dans ce jeu du papa et de la maman, mais surtout dans sa fierté et son identification à un adulte : elle l'a traité comme un enfant à qui l'on mettrait sa culotte ! Cela l'a rendu furieux ; lui qui voudrait, tel Ludovic, traiter les bébés de « râleurs », elle l'a traité comme un bébé ! Mais derrière son indépendance affichée, nous voyons qu'il n'est pas plus capable qu'Ève, lorsqu'elle se colle à Virginie, de se séparer de l'autre. Lui, c'est à Juliette qu'il se colle.

Quand l'enfant joue de cette façon à l'adulte, nous pouvons découvrir aisément qu'il le fait dans un fantasme où devenu magiquement adulte d'un coup, c'est à l'adulte lui-même qu'il commande :

Marjolaine me tape la main et tend son pied sans rien dire. Je dois comprendre, en parfaite domestique, que c'est son lacet qui est détaché. J'attends qu'elle me le dise, mais en vain.

Non, cela la blesserait, dans l'idée qu'elle a de ne dépendre de personne, que de devoir demander à quelqu'un de l'aider. Parler est déjà une reconnaissance. La Majesté totale, cette « Majesté le bébé », ne doit rien demander à quiconque. On prévient toujours ses désirs. Il en suffit de peu, dans cette escalade du contrôle qu'un enfant peut exercer sur l'adulte, pour qu'apparaisse le fantasme du robot :

Nous sommes encore à table.

Ludovic : « Moi, je suis le papa. Lisa, tu es le bébé et Laurent tu es un robot ».

Moi : « Et moi ? ».

Ludovic : « Toi, tu es un robot ».

Nathalie (l'auxiliaire) : « Et moi ? ».

Ludovic : « Toi, tu n'es rien ! ».

Puis il se ravise : « Non ! Moi je suis le papa, Lisa la maman et Laurent le bébé ».

Dans le choix de sa mise en scène, Ludovic est passé d'un monde qui risquait de ne plus être humain à un monde humain. Il fallait bien qu'il mette quelque part la représentation du contrôle absolu qu'il exerce dans son imagination sur les personnes de son entourage : cela a d'abord été le bébé, Laurent, celui que deux parents feraient ensemble. Puis cela a été l'éducatrice, comme ce l'est souvent dans les rêves des enfants : quoi de plus fidèle et de moins désobéissant qu'un robot guidé par des boutons ? Il ne refuserait rien à l'enfant. Mais malheureusement ce n'est pas un modèle valable, car celui qui entre dans la peau d'un robot devient robot lui-même...

L'enfant doit donc se résoudre à éprouver la colère d'obéir à des êtres humains faute de les transformer en robots ! Mais ce n'est pas sans peine.

Observons encore Stéphane et le défi qu'il lance à l'adulte qui prétend lui donner des ordres alors que lui-même, ainsi que nous l'avons vu, est bien près de se croire aussi grand que l'éducatrice.

Il est sur la terrasse où se trouve un toboggan. Je formule une première interdiction à Stéphane qui veut renverser le toboggan :

Moi : « Ne pousse pas le toboggan ; c'est dangereux ! ».

Quinze minutes plus tard, je dois encore émettre une nouvelle interdiction : « Stéphane ! Descends le chariot de la verrière ! ».

La première réaction de Stéphane est de rire. Mais il obéit. Or il fait bientôt volontairement basculer le toboggan. Je lui donne une fessée. Il ne réagit pas. Je le gronde : il se met à pleurer. Il demeure allongé par terre et réclame sa mère. Je lui demande s'il a fini sa colère. Il ne me répond pas. Les pleurs durent un long moment puis finissent par diminuer.

Moi : « Si tu as fini ta colère, tu peux aller jouer ».

Stéphane détourne le regard et part sans me regarder.

La colère contre un adulte qui remet un enfant à sa place prend souvent des formes plus détournées que celles manifestées par Stéphane. L'enfant n'est pas toujours disposé à défier l'adulte afin de se croire lui-même le détenteur des lois. Il lui arrive souvent de déplacer sa colère sur les autres. Nous en avons vu quelques exemples dans le chapitre traitant de l'obéissance. Revoyons les choses dans la perspective d'à présent : celle où l'enfant dénie son identité de petit en entrant dans la peau d'un grand.

Marjolaine joue à l'eau dans la salle de bains. Je lui demande d'arrêter son jeu afin de venir boire son jus de fruit. Charlotte se précipite alors vers l'eau et dit : « C'est moi ! C'est moi ! ». Marjolaine lui rétorque immédiatement : « Arrête de commander ! ».

C'est manifestement à moi qu'elle aurait désiré envoyer ce message si elle l'avait osé. Mais c'est sur le dos de Charlotte qu'elle exprime sa colère non seulement de devoir obéir, mais aussi de ne pouvoir me commander elle-même.

Virginie, à un autre moment, exprime de façon plus détournée encore son refus d'obéir : il est dix heures et demie du matin, heure à laquelle les enfants boivent leur jus de fruit. Or auparavant, nous demandons aux enfants de ranger leurs jouets. Virginie, qui n'en fait rien, lance à la cantonnade et donc sans s'adresser à quelqu'un en particulier : « On n'a pas bu le jus de fruit ! ». Je veux lui faire répéter sa phrase afin de la mettre en face de son refus d'écouter mon ordre. Mais Virginie s'éloigne sans rien dire.

Marjolaine exprime sa colère. Virginie refuse en silence. Quant à Julien, lui, il sauve son honneur en reprenant l'ordre de l'adulte à son propre compte :

Comme il vient de lancer un légo sur le toit, je lui défends de recommencer. Je l'entends peu de temps après annoncer à Christophe : « Moi, j'ai un autre légo mais je ne vais pas le lancer sur le toit ! ».

Ce qui est dénié là en partie ce n'est pas l'ordre de l'adulte, c'est le fait qu'il vient de l'adulte : l'enfant qui doit obéir aime à imaginer qu'il se commande lui-même. L'important demeure donc de se croire son propre chef. Voyons comment Marjolaine se confirme dans ce rôle aux dépens d'un autre enfant, Antoine ; il n'est là que pour lui apporter la confirmation que grâce à son sadisme, elle est le personnage important.

Elle s'empare de la main d'Antoine.

Marjolaine : « Tu vas pleurer dans la maison ! Qu'est-ce que tu veux ? ».

Antoine pleure et Marjolaine le tient fermement par la main. Ève et Benoît les imitent : ils s'amusent à se courir après. Antoine qui rit maintenant se laisse diriger par Marjolaine. Mais bientôt, comme il s'enfuit, Marjolaine le rattrape.

Marjolaine : « Il y a un loup ! ».

Antoine pleure : « Je veux Anne ! ».

Marjolaine : « Moi je veux te donner la main ! Mets-toi là ! ».

Elle lui indique la poussette. Antoine résiste et Marjolaine le tire par le bras, lui fait mal et finit par le faire tomber.

Marjolaine : « Ne pleure pas ! C'est Anne qui t'a tapé ! Va la taper ! ».

Marjolaine tient la main d'Antoine qui continue de pleurer. Je demande à Marjolaine de laisser Antoine tranquille. Mais Marjolaine entraîne Antoine dans la maison.

Marjolaine : « Tu vas dormir ! ».

Antoine pleure de plus en plus. Juliette accourt à ce moment pour défendre Antoine. Mais Marjolaine a le dessus et Juliette se met à pleurer. J'interviens une seconde fois.

Marjolaine : « Il ne veut pas donner la main ! ».

Juliette ne pleure plus mais surveille Marjolaine. Celle-ci s'éloigne mais c'est pour aller voir Antoine qui s'est enfui sur un vélo…

Marjolaine veut exercer sur Antoine une véritable emprise et veut se confirmer ainsi dans le rôle de la personne qui commande tel qu'elle perçoit ce rôle : quand c'est à son tour d'entendre un adulte lui donner un ordre, elle sent en elle-même ce qu'elle fait sentir à Antoine. Aussi bien retourne-t-elle, lorsqu'elle le peut, la situation et traite-t-elle Antoine comme elle traite en fantasme l'adulte qui ose lui résister…

Le sadisme d'un enfant étonne ceux qui s'en approchent.

Marjolaine s'est emparée d'Antoine et s'en sert comme d'une proie qu'elle ne céderait pas volontiers à qui voudrait la lui dérober : gare à Juliette qui s'approche avec compassion ! Marjolaine a besoin d'Antoine afin de s'assurer qu'elle peut commander à quelqu'un et, de surcroît, à un garçon… Comme nous le verrons plus bas, si c'était elle qui lâchait prise maintenant, elle pourrait craindre qu'il ne lui arrive à son tour tout ce qu'elle a fait subir à Antoine. Aussi doit-elle demeurer la plus forte jusqu'au bout.

La violence de ces mécanismes infantiles n'est pas toujours mise au service de la propre défense de l'enfant mais aussi de celle d'autrui. Dans tous les cas, l'enfant affirme sa force, sans nuance. Le fonctionnement en « tout ou rien » précède la modulation non seulement de la puissance musculaire, mais aussi des intentions qui la suscitent. Tout se passerait comme si l'enfant désirait avant tout vivre dans un monde d'absolus afin de rendre plus aisée son opinion sur les choses. Un objet est totalement bon ou bien totalement mauvais ; totalement gentil ou totalement méchant. Mais quand vient le temps de la rétorsion, l'enfant risque de se trouver de la sorte dans un monde totalement persécuteur et d'être donc lui-même totalement sans ressources : dans un enfer plutôt que dans un paradis.

Examinons les exemples que nous offre la vie quotidienne des enfants dans leurs jeux. La violence est physique :

Stéphane tire les cheveux de Christophe qui crie. Ludovic, pour défendre Christophe ne connaît pas d'autre moyen que de donner un coup de bâton sur la tête de Stéphane qui se met à hurler...

Dans ces conditions un monde d'objets dangereux se trouve entraîné dans un processus de rétorsion sans fin et l'on comprend que l'enfant conçoive que le meilleur moyen d'en finir est de tuer carrément. Aussi ne s'en prive-t-il pas... en paroles naturellement.

Julien : « J'ai peur des fleurs ; elles enlèvent les chapeaux et les mettent à la poubelle ! Ève, elle ne veut pas me laisser passer, alors je vais la tuer ! ».

Dans la toute-puissance de sa pensée où tout est possible, Julien imagine qu'il est peut-être possible de venir à bout d'Ève aussi bien que d'une fleur : on la couperait comme on veut. Mais gare ensuite à sa vengeance : ce ne serait pas seulement le chapeau de Julien qui irait à la poubelle, mais lui-même ! Car le monde fantasmatique et tout-puissant de l'enfant crée d'emblée l'existence autour de lui d'un monde extérieur à la même image : impitoyable, immédiat et sans nuance.

La fluctuation est aussi une caractéristique de ce monde : celle qui, l'instant d'avant était vue comme une sorcière deviendra l'instant d'après la princesse du chevalier servant :

Ève dit qu'elle a mal et elle pleure. Julien aussitôt veut partir à son secours.

Julien : « C'est le moustique ? ».

Ève : « Non, c'est Stéphane ! ».

Julien : « Je vais le tuer ! ».

Et Julien fait semblant de donner un coup à Stéphane qui, bien qu'à peine touché, réagit aussitôt à l'intention maléfique et se met à pleurer...

Un autre jour Julien, toujours en veine d'être le défenseur des faibles, voit Ludovic pleurer.

Julien : « Qu'est-ce qu'il y a ? ».

Ludovic : « J'ai mal aux dents ! ».

Julien : « Qui est-ce ? ».

Ludovic : « C'est Christophe ! ».

Julien : « Je vais le tuer ! ».

Et Julien, qui ne doute pas que même le mal de dents ne soit issu de la volonté de quelqu'un, part dans la maison dans l'intention de tuer Christophe !

L'enfant doit apprendre peu à peu que le monde dans lequel il vit, le monde extérieur et réel, possède ses lois et qu'il ne peut, en ce qui le concerne, que les reconnaître. Il doit apprendre que le monde externe n'est pas fait à l'image de la toute puissance de ses pensées et que le mal de dents de Ludovic n'était le fait de personne, pas plus que celui qu'il subit lui-même lorsqu'il perça ses premières dents. Mais n'est-il pas préférable ou plus aisé de trouver un ennemi quelque part ? Cela ne permet-il pas de conserver l'illusion qu'en tuant cet ennemi on en finira pour toujours avec tous les maux de dents du monde ? N'est-il pas plus douloureux d'apprendre, non seulement à supporter la douleur et la frustration, mais aussi qu'il n'y a pas d'ennemi caché, dans ce genre de cas, ailleurs qu'en soi-même ? L'inconnu est pour l'enfant plus effrayant que le pire des mondes connus. Aussi veut-il, comme Julien, bien souvent tuer l'inconnu en cherchant un ennemi à tuer.

Nous sommes au goûter. Ludovic s'est fait disputer par Nathalie. Il est très en colère. Aussi, lorsque les enfants s'installent, Ludovic se dirige vers moi.

Ludovic : « Moi, je vais manger les enfants et Nathalie ! Je vais manger Anne tout cru ! Moi, je suis le loup ! Je vais casser la crèche et la cour ! ».

Moi : « Pourquoi ? ».

Ludovic : « Parce que Nathalie est méchante ! Elle m'a donné une fessée parce que je n'étais pas gentil ».

Charlotte, inquiétée par la violence de tels propos, désire mettre une distance entre elle et Ludovic. Elle se déplace et va s'asseoir à côté d'un autre enfant. Quelques minutes passent.

Charlotte : « Je veux retourner à côté de Ludovic ».

Ludovic : « Tu peux retourner à côté de moi ! ».

Quelle disproportion entre la colère de l'enfant et la punition qu'il vient de subir ! Nous comprenons pourquoi il est nécessaire que ces actes fantasmatiques omnipotents se cantonnent dans la sphère de l'imaginaire et puissent être effacés tout aussi magiquement qu'ils furent engendrés. Si l'enfant possédait des armes, le monde serait vite détruit et lui-même ne serait plus là pour le regretter et reprocher à l'adulte de ne pas avoir limité l'exercice de son omnipotence au seul domaine qu'elle peut emprunter sans dommage : le domaine verbal. C'est cette barrière imposée par l'adulte qui, non seulement rassure l'enfant mais lui apprend en même temps, que ses invectives, ses pensées malignes, n'ont rien produit d'effectif dans le monde externe et que, par conséquent, il y a une différence entre ces deux univers : celui de l'imaginaire et celui de la réalité externe. Mais la violence de l'enfant est telle, la concrétude du monde interne dans lequel il vit est si forte qu'il craint que cette différence n'existe pas et que parler de « casser la crèche » ou de « manger Anne tout cru » va effectivement entraîner la disparition d'Anne et de la crèche. Si Ludovic n'avait que Charlotte en face de lui il pourrait en douter. En effet, elle possède encore un pied plongé dans sa propre omnipotence infantile et commence à croire que les paroles de Ludovic vont se réaliser. Elle part se protéger mais, ce faisant, elle le confirme dans son omnipotence : il est donc possible, si l'on provoque la crainte de l'autre, qu'il arrive au-dehors ce que l'on fait advenir au-dedans de soi, par ce simple biais d'une émission vocale ? Plus rien n'est sûr alors. Mais la constance d'Anne qui, bien que « mangée tout cru » demeure encore près de Ludovic à penser à sa colère, est une démonstration vivante pour lui de la permanence d'un monde échappant à sa fantaisie. C'est contre ce même monde qu'il se révoltait plus tôt au point que Nathalie lui donna la fessée. Sa solidité, perçue comme une dureté, le rassure à présent. Il affirme à Charlotte qu'il n'est plus un objet dangereux, qu'elle peut vivre à côté de lui et que sa colère, apaisée par les mots, demeure aussi à l'intérieur de ces mots.

Lorsque Ludovic n'a pas l'éducatrice à côté de lui pour contenir sa colère, il la projette en un lieu ou en un objet, quel qu'il soit, où il s'imagine qu'elle demeure enfermée. Si l'objet paraît lui-même effrayant il se prête plus volontiers à ce genre de projection. Tel est le cas de l'orage.

Ainsi un après-midi, un orage a éclaté pendant que les enfants dormaient et Ludovic a eu très peur. Il tremblait et, pour le calmer, je dus le prendre dans mes bras tant il pleurait. Aujourd'hui, Ludovic est à table et s'adresse à Christophe : « Tu as peur de l'orage ? ».

Au lever de la sieste les commentaires des autres enfants sont allés bon train. Ainsi Laurent : « Il est parti l'orage ! Il a peur ! ».

Moi : « Qui a peur ? »

Laurent : « Ludovic ».

Toute la colère qui parfois gronde dans sa tête, Ludovic l'a retrouvée dans le grondement de l'orage. Mais projetée ainsi, elle n'est plus contrôlable et menace de lui tomber sur la tête. C'est pourquoi il est transpercé de pleurs : tout se serait passé comme si les menaces, dont on a vu avec quelle ampleur il peut accabler le monde qui l'entoure, se réalisaient : ce monde serait vraiment ébranlé et se retournerait contre lui... sa colère cosmique a des effets cosmiques...

Nous voyons ensuite Ludovic chercher, le drame passé, un compagnon qui porte une semblable peur et s'enquérir de la chose auprès de Sylvain. Peut-être, s'il voit sa peur portée par quelqu'un d'autre, aura-t-il un peu moins peur lui-même ? C'est ce que Laurent effectue spontanément : en s'assurant que Ludovic a peur il s'assure en même temps que sa peur est dehors. Le processus projectif n'est pas toujours très visible mais ses résultats, par contre, sont souvent criants.

Antoine essaie de remonter sa culotte.

Antoine : « Eh ! Anne ! Je peux pas ! ».

Moi : « Tu peux pas quoi ? ».

Antoine s'approche : « C'est dur ! La culotte, elle est dure ! ».

J'aide Antoine à remonter sa culotte.

Nous voyons là qu'il n'est pas possible pour Antoine de concevoir et donc de formuler autrement sa propre difficulté devant cette épreuve de la réalité : ce n'est pas lui qui n'a pas assez de force, c'est la culotte qui est trop « dure ». Ce n'est pas lui qui, trop faible, doit grandir, c'est le monde qui ne se met pas à sa portée… Toute la dureté du travail à accomplir est projetée sur la culotte ; tout ce qu'il ressent est porté par un objet. Il est vrai que les objets se laissent faire : ils sont inanimés ; il n'en est pas de même, ainsi que nous le verrons plus bas, avec les êtres humains.

Benoît qui jouait dans un chariot, tombe et se fait mal. Il vient se faire consoler. Antoine, immédiatement, descend de la balançoire où il était installé et, prenant la cause de Benoît, il va taper le chariot. Juliette à son tour descend de la balançoire où elle tenait compagnie à Antoine et va consoler la victime. Benoît se trouve entouré de la sorte comme par un couple de parents compatissants. Antoine redonne un coup de pied dans le chariot. Il le renverse, le tape encore… « Voilà ! » dit-il.

Un peu plus tard il voit l'anneau en plastique que Juliette a donné à Benoît. Il le veut.

Antoine : « Tu me prêtes ! si ! ».

Juliette : « Après ! ».

Antoine : « Sinon, je vais tomber avec le chariot ! ».

Benoît redonne le jouet à Juliette. Antoine veut alors monter dans le chariot et Benoît le fait tomber. Antoine dit à Juliette : « J'ai bobo là ! ». Juliette tape le chariot avec l'anneau et dit : « Vilain ! ».

Les objets inanimés ne peuvent se défendre et, lorsque les enfants les accusent, c'est la réalité externe bien souvent qu'ils accusent d'être trop dure. Mais nous voyons là que cette accusation défléchie sur les objets permet de protéger l'innocence de l'enfant lui-même. Personne ne songe ici à accuser Benoît de faire du mal à Antoine. Non ; le chariot est le seul responsable ! La réalité externe est méchante si elle n'obéit pas à l'enfant : ce n'est pas lui qui doit se plier à ses lois, mais elle qui doit s'effacer devant lui. C'est ainsi que nous pouvons voir Antoine effectuer en toute tranquillité un chantage éhonté envers Juliette : qu'elle lui donne son anneau ou bien qu'elle s'accuse de faire tomber Antoine de son chariot et de lui faire du mal ainsi !

Que se passe-t-il donc là ? Le mécanisme de la projection est encore en jeu : quand Antoine voit Juliette lui refuser l'anneau dans l'immédiat et lui imposer l'épreuve de l'attente, c'est lui qui a envie de lui faire du mal ; il a envie de faire tomber l'anneau de sa main et de la faire tomber elle-même. Mais la responsabilité pour un tel désir et la culpabilité qui s'ensuit est immédiatement projetée sur Juliette : si Antoine tombe ce sera de sa faute !

La projection est souvent utilisée pour rendre l'autre responsable du méfait que l'on veut commettre. Nous le voyons encore dans un second exemple :

Laurent et Julien se disputent pour savoir qui possédera la trompette :

Laurent : « C'est à Antoine ! Donne ! ».

J'interviens et explique à Laurent que, si Antoine ne dit rien, Julien peut jouer avec la trompette. Laurent se tait et s'en va.

L'intention de Laurent était donc d'accuser Julien d'être un voleur et de prendre la défense de la propriété d'Antoine. Mais on voit que, ce faisant, il ne voulait que dissimuler son propre désir de voler la trompette non seulement à Julien mais à Antoine aussi. Il voulait être un défenseur de la loi afin de se servir en premier du bien qu'il soustrait au voleur !

Au moment du jus de fruit, nous assistons encore à une utilisation subtile de la projection chez Laurent :

Assis par terre comme les autres enfants, il écarte les jambes et met son pied volontairement sur la jambe de Julien à côté de lui. Julien rouspète légèrement mais Laurent ne bouge pas. J'interviens et lui demande de pousser son pied pour laisser de la place à Julien. Laurent pique alors une grosse colère. Je le mets dans la maison comme je le fais souvent en ce cas. Laurent pleure et s'énerve. Mais au bout de peu de temps je lui demande s'il est calmé. Il sort de la maison et revient vite s'asseoir, dans un meilleur état d'esprit. Julien alors ne manque de l'accueillir en lui servant son commentaire :

Julien : « Qu'est-ce qu'il y a ? Tu as fait comme ça ! (Julien écarte les jambes ainsi que Laurent le fit plus tôt) Et Anne, elle s'est fâchée ! »

Où est donc la projection là-dedans ? Il est difficile de la trouver précisément parce que l'objet qu'elle voulait atteindre ne s'est pas laissé pénétrer par elle. En effet, quand Laurent écarte les jambes au début de façon provocatrice, il veut mettre Julien en colère ; il veut habiter Julien de la même colère qui explose en lui plus tard dans la cabane. Julien ne réagit pas et Laurent doit porter sa rage seul. Sa rage qui – nous le savons par ailleurs – est liée à son sentiment que deux jumeaux, venus après lui, empiètent amplement sur la place qui lui revenait auparavant à la maison. C'est pourquoi, à la fin, le commentaire de Julien prend un tour ironique et signifie à Laurent qu'Anne est vraiment le défenseur des enfants que l'on a blessés !

Cette habitude qu'a l'enfant de projeter dans le monde extérieur les sentiments négatifs qui l'habitent, entraîne une grande angoisse : celle que le monde extérieur se retourne contre lui à son tour. Or, nous le verrons, ceci constitue un danger moins grand que celui qui se rattache au sentiment d'avoir un ennemi à l'intérieur de soi. En effet, si l'on peut ruser contre un ennemi externe, que faire contre un ennemi du dedans ? D'autant qu'à cet âge encore, tout est vécu très concrètement :

a) Corinne, une stagiaire, raconte aux enfants l'histoire du Petit Chaperon rouge. La seconde page tournée, le loup apparaît parlant au Petit Chaperon rouge. Charlotte se déplace à ce moment-là pour venir s'asseoir près de moi. Dans cette position, elle fait face au dos de Corinne et ne voit donc pas le livre. L'histoire terminée, Charlotte sort du groupe. Je lui propose de remonter avec moi dans la section que l'on avait quittée. Elle accepte aussitôt.

b) Au cours de la lecture de l'histoire de Pierre et le Loup, Ludovic nous confie : « Le loup, il va manger mon doigt ! ». Pour refermer le livre, il faut faire un nœud avec un cordon. Lisa commente alors aussitôt : « Le loup, il est enfermé ! ».

c) Nous lisons « Il y a un cauchemar dans mon placard ». Laura se lève ; elle marche dans la salle, revient et touche du bout des doigts le cauchemar sur le livre. Puis elle repart.

d) Antoine regarde le livre du Petit Chaperon rouge. Il tape sur le loup et dit : « Aïe ! ».

Le loup constitue pour Charlotte un réel danger. Au moment où elle cherche refuge auprès de l'éducatrice elle n'est qu'à demi persuadée qu'il ne s'agit que d'une histoire. Le loup existe pour elle avec plus de concrétude encore qu'il n'en aurait pour nous peut-être, car son loup à elle se dresse devant ses yeux avec un appétit furieux tandis qu'elle-même ne sait guère, à ce moment, se défendre davantage que le Petit Chaperon rouge. Pour Lisa, quand le livre est fermé, c'est le loup lui-même qui s'y trouve emprisonné. Il en est de même avec le cauchemar. Tout le danger du monde se trouve localisé en cet endroit ; il suffit de s'en éloigner pour être en sûreté. Quant à Antoine, il nous montre de façon très vivante comment, identifié au loup battu, il a vraiment le sentiment de lui avoir fait mal en ne frappant que son image.

Ce loup qui focalise sur lui les plus grandes peurs, les enfants cherchent aussi bien à l'enfermer, le faire prisonnier dans leurs jeux qu'ils ne s'y emploient avec le livre.

Un matin, sur la terrasse, Lisa joue dans la cabane en bois.

Lisa : « Il y a des loups dans la maison. On va fermer la porte parce que le loup va rentrer ! ».

Moi : « Où est le loup ? ».

Lisa : « Le loup, c'est le noir ! ».

Ludovic crie : « Ouh ! Ouh ! ».

Lorsque Lisa dit que le loup va « rentrer », elle a toujours en tête pourtant que ce loup reste enfermé dans la cabane. Mais c'est dans la mesure où il demeure là qu'il ne peut pas entrer chez elle, c'est-à-dire en elle : le dehors doit être enfermé dehors et le dedans, dedans ! La coupure des communications est une première défense. Comme dans l'histoire des « Trois petits cochons », il faut qu'un mur solide sépare ces deux univers. Mais il est une autre défense : la malice. L'enfant s'assure qu'il en a afin de tromper la brute.

Ainsi Julien nous le dit tandis qu'il réfléchit près de la cabane : « Le loup, il dit que le cochon est bien trop malin ! ».

Dans le cas où l'on se risque enfin à côtoyer le danger, ou plutôt à se rendre compte par soi-même de ce qu'est la réalité, on se fait accompagner d'une puissance protectrice. La première et la plus importante est évidemment l'éducatrice, celle qui d'habitude éloigne les monstres terrifiants.

Julien s'assoit un jour tout près de moi et me confie tandis que Benoît le suit en vélo : « Benoît, il veut m'écraser ! ».

Julien se sentait déjà aplati sur le sol...

Mais il est parfois suffisant d'avoir la compagnie d'un autre enfant qui joue le rôle de l'adulte qui protège.

Ainsi, Antoine veut aller derrière la maison sur la terrasse, mais le lierre a poussé et les enfants semblent avoir peur des feuilles qui pendent ;

Antoine : « Je veux aller là ! ».

Il y va et revient tout de suite : « Je peux pas, il y a les fleurs ! ». Je demande à Laura de l'accompagner. Antoine lui donne la main et suit Laura.

A un autre moment, il s'adresse directement à moi : « Je veux que tu m'emmènes derrière la maison ». J'explique à Antoine que le passage est trop petit pour que je puisse l'accompagner.

Julien se propose alors : « Je t'emmène car il y a des crocodiles qui vont te manger ! ». Et Antoine part avec Julien...

Antoine fait confiance à la main de Julien pour le protéger aussi bien des fleurs que des crocodiles... L'essentiel est qu'il ne soit pas seul. En effet, la petite main de Julien qui tient celle d'Antoine assure ce dernier que le danger qu'il redoute au-dehors reste bien dehors ; que le monde de ses fantasmes ne va pas d'un coup devenir réalité et les fleurs, des crocodiles.

Et s'il en était ainsi la main protectrice remettrait vite les choses à leur place. La main de Julien est une garantie moins contre la peur de ce que l'on voit que contre la terreur de ce qu'on ne voit pas. Et parmi ce que l'on ne voit pas, s'ouvre le monde du dedans, celui de la réalité interne.

Tous les dangers redoutés au dehors, nous y reviendrons, l'enfant craint de les retrouver au-dedans de lui. La menace de l'extérieur s'écoute comme une voix venant de l'intérieur. Ce que nous évoquons ici emprunte sa nature aux processus dont nous allons parler plus bas, mais en même temps à la rétorsion que nous venons d'étudier. L'objet que l'enfant redoute au-dehors et dont il voudrait pour cette raison garder le caractère externe, se retrouve au-dedans de lui non point toujours à le menacer, mais aussi à lui donner des ordres. Ce que l'objet a voulu, l'enfant le veut à son tour. Cela se fait malgré lui.

Antoine pleure. Juliette le console et lui caresse les cheveux. Antoine me regarde et va s'asseoir plus loin. Habituellement, Antoine vient toujours me voir lorsqu'il a du chagrin. Mais là il demeure assis, son petit arrosoir à la main. Juliette s'approche et le lui prend des mains. Antoine ne dit rien. Or, lorsque Juliette va jouer aux légos, Antoine la rejoint et lui dit : « Non ! Pas toi ! ». Pourtant c'est lui, là encore, qui se fait prendre ses légos par Juliette et qui ne réagit toujours pas. Lorsque Juliette s'en va, Antoine qui reste seul à jouer s'adresse tout à coup à Corinne, la stagiaire : « Je peux prendre ça ? ». Il demande la permission de prendre un légo alors qu'aucune interdiction ne lui avait été formulée par Corinne.

Le monde externe sur lequel Antoine, comme à l'accoutumée, veut exercer son pouvoir et auquel il veut donner des ordres, s'est transformé en un monde qui fait subir à Antoine le contrôle que ce dernier exerça sur lui. Mais si les ordres de Juliette sont vécus, par déplacement, comme émanant de Corinne qui ne lui a rien dit, c'est que la position d'Antoine, soumis et obéissant, est celle qu'il occupe sur une scène intérieure. Là il entend la voix de Juliette qui lui commande de lui céder ce qu'elle désire, tout comme il se souvient de la voix de sa mère ou de celle de son père lui demandant de leur obéir. Cette voix intérieure est aussi celle de la mémoire et là nous voyons qu'Antoine se souvient de Juliette lorsqu'il s'adresse à Corinne.

Au goûter, nous donnons une tartine à chaque enfant. Julien se lève et prend deux tartines. Il s'adresse alors à moi pour prévenir mes éventuelles objections : « Je prends deux tartines parce qu'elles sont petites ! ». Effectivement, il est arrivé deux ou trois fois que, les tartines étant petites, je décidai d'en donner deux à chaque enfant. Julien s'est parfaitement souvenu de mes explications le moment venu, quand elles pouvaient servir à son profit.

Il rappelle à celle qui fait la loi qu'il n'est pas en train de l'enfreindre et donc que cette loi existe au-dedans de lui.

Nous voulons surtout souligner ici comment la construction d'une loi primitive à l'intérieur de soi revêt le caractère brutal des projections primitives dont nous avons parlé. C'est en somme d'une loi du talion dont il s'agit d'abord : ce que l'enfant fait au monde, le monde le lui fera à son tour et, lorsqu'on pense aux imprécations de Ludovic, nous pouvons comprendre la frayeur de l'enfant face aux lois de la rétorsion.

Mais nous allons voir que l'enfant n'enregistre pas qu'une seule voix. De même qu'en lui surgit la voix de l'amour et celle de la haine envers ceux qui l'entourent, de même entend-il, en lui, résonner en retour une voix de consolation conjointe, et même tout d'abord brutalement juxtaposée, à la voix dure du talion.

Au moment du repas, Julien entend Patricia gronder Barbara, mais en ne prononçant que son nom sur un ton réprobateur. Julien continue le propos de Patricia tel qu'il l'entendrait en lui s'il se trouvait à la place de Barbara :

Julien : « Barbara ! (et il prend le même ton que Patricia). Tu dors maintenant, sinon je te jette à la poubelle ! »

Puis, prenant une voix plus douce : « Tu auras bien chaud dans une poubelle ! »

A un autre moment de la journée, Ève me voit retirer mes chaussures. Elle prend alors un ton autoritaire, celui qu'elle imagine que j'aurais si je la voyais faire de même dans d'autres circonstances, et me dit : « Tu mets tes chaussures ! ». Mais elle ajoute après cela d'une voix plus humaine : « Tu as mal ? ».

Il existe donc deux voix : l'une qui ne tient pas compte de la souffrance éprouvée, qui rend le mal pour le mal ; c'est la voix dure de la rétorsion dont l'enfant doit faire l'épreuve. De même qu'il fait l'expérience d'un miroir qui lui renvoie son image, de même, là, reçoit-il en face pour la reconnaître, la souffrance qu'il infligea. Mais il est une autre voix que celle de la simple vengeance. Une autre voix que celle qui vous renvoie en écho, telle une balle de tennis, le mal expulsé dans l'autre par une expulsion réciproque. C'est la voix maternelle de l'amour qui, lorsque l'enfant est tombé, ne ricane pas pour lui dire qu'il n'a que ce qu'il mérite, mais lui parle doucement tandis que les mains font un pansement. Autrement dit, c'est une voix qui apporte une autre dimension à la vie psychique : elle transforme l'expérience vécue et permet de la tolérer. Elle ne s'y maintient pas collée. Elle permet d'oublier. C'est cette voix qui rend possible de supporter la frustration et donc la perte de tous les objets que l'enfant voudrait par ailleurs posséder de façon omnipotente. C'est elle qui, de l'intérieur, permet d'accepter la perte du monde extérieur.

Nous allons étudier maintenant comment l'enfant effectue ce passage d'un monde où la frustration n'est pas supportée à un monde où il doit accepter de ne pas tout avoir. Nous allons voir que c'est dans la mesure où il veut bien utiliser ses capacités, si petites soient-elles, pour effectuer ce que l'adulte faisait auparavant entièrement pour lui, et donc certainement mieux que lui à ses yeux, que l'enfant peut commencer d'apprendre. Mais, ce faisant, il commence en même temps à supporter d'être frustré. Nous allons étudier comment cela se déroule.

Tout au long de l'année, Ludovic aura fait la comédie pour s'habiller seul au lever de la sieste. Aujourd'hui, même scène : il pleurniche pour mettre ses sandales.

Moi : « Ludovic, tu es assez grand pour mettre tes sandales ! ».

Ludovic : « Pourquoi tu aides les autres ? ».

Effectivement, j'aide les plus petits. Je l'explique à Ludovic qui ne semble pas vouloir reconnaître qu'il a grandi. Il s'énerve. Je lui demande de venir près de moi.

Ludovic : « Ma maman à la maison, elle met mes chaussures ».

Moi : « Oui, mais moi je sais que tu es grand et que tu peux les mettre tout seul ».

Ludovic, assis à côté de moi, ne pleure plus. Il fait des efforts et je dois l'aider un peu. Mais il met ses sandales sans pleurer.

Il est donc important, lorsque l'enfant grandit, de reconnaître qu'il grandit et non pas de continuer de le voir comme certaines parties régressives de lui voudraient continuer de se voir. Nous l'avons déjà constaté dans le cas d'autres enfants, – d'Antoine face à l'enfant que je faisais manger, de Laurent face à sa mère s'occupant des jumeaux – : l'enfant confronté au tableau de ce qu'il n'est plus et de ce qu'il n'a plus, a tendance à nier ce qu'il a acquis, en grandissant, de capacités d'effectuer à lui seul ce que sa mère effectuait pour lui auparavant. Il doit assumer la marche du temps et le « jamais plus ». Bien qu'il ait tout l'avenir de sa vie devant lui, à ce moment il ne se tourne déjà que vers son passé. L'adulte doit alors l'aider à supporter la perte d'une gratification réelle, mais passée, au profit de la construction d'un souvenir. Ceci permet à l'enfant de diminuer son utilisation des mécanismes où, pour être grand, il entrait dans la peau des autres afin de donner prise en lui aux mécanismes où, toujours pour être grand, il absorbe au fond de lui ces autres dans lesquels il n'est plus.

Voyons comment s'effectue cette sortie :

Au moment du jus de fruit, Vincent est allongé dans un couffin. Je l'appelle et lui demande de venir, mais il ne bouge pas. Barbara va le voir, lui caresse les cheveux et tire le couffin pour que Vincent en sorte. Il n'a pas l'air très content. Je lui explique que maintenant il est grand et qu'il va boire son jus de fruit. Vincent va alors s'asseoir sans rien dire.

Il n'est pas possible pour Vincent d'être à la fois dans une enveloppe qui n'est pas la sienne et de posséder sa propre enveloppe. Il ne lui est pas davantage possible de vivre à l'intérieur de l'identité de sa mère et d'avoir sa propre identité. Au travers du jus de fruit, ce qu'il boit à présent, c'est toute l'expérience du bébé porté par le sein de sa mère, comme lui-même plus tôt l'était par le couffin. Autrement dit, il aborde en lui maintenant au travers de ce liquide, la force et la capacité que sa mère avait de le porter. Il peut grâce à ce procédé se porter tout seul : il possède sa mère en lui.

Toujours au moment du jus de fruit, Lisa joue encore à l'adulte et lance à l'intention de Ludovic : « Eh ! C'est du vin ! ». Mais Ludovic, lui, ne joue pas ce jeu aujourd'hui et la ramène à la réalité : « Non ! C'est du jus de fruit ! ». Julien se propose alors pour ramasser les verres. Il demande au petit Vincent : « Tu as fini ? ». Mais il commente aussitôt, accablé sous le poids de ses responsabilités nouvelles, librement acceptées et matérialisées par cette pile de verres : « Oh ! C'est lourd ! ». Cependant il veut être grand et comme Charlotte, elle, n'a pas fini son jus de fruit, il l'attend patiemment portant le poids des verres empilés dans sa main.

Julien n'est pas en train ici de jouer à celui qui devient magiquement adulte en s'introduisant simplement dans la fonction de ce dernier. Il supporte d'être petit et de travailler à grandir. Il le reconnaît en disant que « C'est lourd ! ». C'est-à-dire qu'il est difficile d'acquérir la force, non seulement physique mais psychique des grandes personnes.

Nous allons maintenant au travers d'un long exemple, considérer différentes facettes de ce douloureux processus par lequel l'enfant perd sa place d'emprunt pour acquérir la sienne propre.

Nous sommes sur la terrasse et Virginie, ce matin, a l'air triste.

Habituellement elle ne vient pas le mercredi, mais aujourd'hui, sa mère enceinte de sept mois doit rester allongée chez elle. Le père de Virginie semble avoir, lui aussi, du mal à partir. Je propose à Virginie de venir sur mes genoux, mais elle refuse de se décoller de son père. Enfin ce dernier, après que Virginie l'ait embrassé, me dit : « Je crois qu'elle est prête ! ». Or il ne se décide toujours pas à partir lui-même. Je propose à Virginie de faire « coucou » par la fenêtre à son père lorsqu'il sera parti, comme le fait Ève en général avec sa mère. Virginie accepte aussitôt et le père s'en va. Le « coucou » de la fenêtre la fait rire. Quand je la repose au sol et lui demande à quoi elle veut jouer, elle ne me répond pas.

Moi : « Tu veux une poupée ? ».

Virginie accepte cela et nous partons chercher une poupée dans la cabane. Elle installe cette poupée sur mes genoux mais de telle sorte qu'au bout de peu de temps, elle tombe sur le sol.

Elle regarde le ventre du « bébé » : « Oh, il est tout sale ! » dit-elle.

Moi : « Tu vas le laver ! Regarde, il y a une baignoire là ! ».

Virginie prend la baignoire et la met sur mes genoux. Je lui demande de la poser par terre ; ce qu'elle fait. Puis elle y couche le « bébé » sur le ventre. Elle suce alors son pouce sans quitter sa couche en tissu.

Moi : « Alors Virginie, tu ne laves pas le "bébé" ? ».

Virginie : « Le "bébé", il se lave tout seul ! ».

Moi : « Peut-être qu'il faut l'aider le "bébé" ? ».

Virginie ne répond pas. Elle aperçoit Patricia au loin qui apporte un panier plein de légos. Elle me quitte alors pour aller s'asseoir sur les genoux de Patricia et observe, depuis cette place, les enfants jouer aux légos. Au bout d'un moment, elle arrive à se décoller de sa place pour aller faire une tour de légos sur le sol. Quand la tour est assez haute, Virginie la fait tomber.

Virginie : « Ça y est ! ».

Moi : « Tu l'a cassée ! ».

Virginie reprend sa couche et, suçant son pouce, elle se colle à nouveau contre Patricia. Mais, voyant les autres enfants continuer de jouer, elle redescend parmi eux faire une tour qui se casse à nouveau. Elle me demande à plusieurs reprises de la réparer, puis elle joue à se cacher la tête dans un panier pour se coller, enfin, contre les jambes de Patricia...

Ce n'est qu'une alternance de conduites où elle s'écarte de l'adulte pour aller jouer avec les autres, et de conduites de collage à l'adulte. A la fin elle joue à cache-cache avec sa couche sur le visage de Patricia. Virginie ne veut pas se cacher mais s'amuse à voir que Patricia, elle, est cachée. Elle part alors jouer au vélo pour revenir quelques secondes plus tard constater que Patricia a retiré la couche de son visage.

Virginie : « Pourquoi tu as retiré ma couche ? ».

Dans ce long exemple nous voyons une enfant à cheval entre le désir de se décoller de l'adulte afin de participer aux jeux des enfants de son âge et l'appel très puissant qui la ramène en arrière dans le giron de l'adulte. Ce dernier représente sa mère, dans le cœur de laquelle elle a le sentiment de ne plus pouvoir se lover depuis qu'y réside un autre bébé. Elle veut bien s'éloigner de Patricia mais elle veut en même temps être sûre que Patricia la garde auprès d'elle sous la forme de sa couche. Outre cela, elle veut qu'en son absence Patricia ne s'intéresse à personne d'autre qu'elle puisque, le visage couvert par la couche, Patricia ne pourrait espérer rien d'autre que son retour qui, lui libérant le visage ne lui découvrirait que Virginie ! Patricia serait alors vécue comme une mère idéale tandis que sa propre mère, en raison de sa grossesse, l'envoie à la crèche un jour où normalement elle la garde près d'elle. Sa mère donne alors à Virginie le sentiment de la laisser tomber comme la poupée, sale et juste bonne à laver, que dans cet exemple l'enfant fait tomber des genoux de l'éducatrice. Elle se vit aussi comme cette tour qui ne parvient pas à rester debout.

Nous découvrons ici un monde de tristesse à l'opposé des terribles angoisses éprouvées par Ludovic, plus tôt. C'est un monde par lequel obligatoirement tout enfant doit passer pour grandir, non parce que la souffrance qu'il impose est en soi bénéfique mais parce que l'épreuve de la séparation lui est intimement liée. La petite Charlotte nous montre très concrètement ce que font tous les enfants du monde pour grandir : ils mangent. Mais ils ne mangent pas que dans un sens physique, ils mangent aussi psychiquement ce qui leur permet de se développer.

Aujourd'hui, la mère de Laurent vient de passer deux heures avec ses bébés jumeaux et entre avec eux dans la section des grands. Laurent se précipite sur elle, mais Charlotte s'approche aussi et la regarde. Laurent, sa mère et les jumeaux vont dans la cour. Charlotte suit la scène des yeux et s'écrie soudain : « J'ai mal au ventre ! ». Elle se met à pleurer. Nathalie, une auxiliaire, l'envoie sur les W.C. Or Charlotte continue de pleurer.

Moi : « Charlotte, je pense que tu as mal au ventre parce que tu veux ta maman ! ».

Charlotte : « Je veux maman ! ».

Tandis que nous appelons les enfants pour aller sur la terrasse, Laurent reste avec sa mère dans la cour. Une fois sur la terrasse, Charlotte est triste. Elle ne joue pas. Elle suce son pouce et semble toujours souffrir. J'essaie de discuter avec elle de son chagrin. Je la prends sur mes genoux. Charlotte m'écoute mais ne dit rien. Le moment du goûter arrive : Charlotte dévore les tartines au chocolat. Elle est une des dernières à terminer et tout à coup elle me dit : « Ça va mieux ! ». Effectivement, Charlotte ne semble plus souffrir de son mal de ventre et va jouer, l'air soulagé.

Nous voyons comment Charlotte, en observant la mère de Laurent, s'est identifiée à Laurent. Comment elle a voulu se mettre à côté de lui lorsqu'il est allé vers sa mère. Lorsqu'elle est montée avec les autres enfants sur la terrasse, elle s'est sentie comme un Laurent qui perdrait sa maman parce que celle-ci lui donnerait un petit frère. Elle est d'ailleurs préoccupée par cela depuis une semaine ; elle en parle et, bien qu'elle soit propre à la crèche depuis longtemps, elle refuse que sa mère lui retire ses couches à la sieste et prétend qu'elle est encore petite. Sur la terrasse elle a donc senti un vide en elle : telle est la façon très concrète qu'elle a de vivre le manque de sa mère. Au lieu d'avoir une bonne présence en elle, elle a senti une absence ; mais une absence lui faisant mal comme une mauvaise présence : elle a eu mal au ventre. Nous voyons que c'est encore lorsqu'elle a pu concrètement retrouver cette bonne présence sous la forme des tartines de chocolat que son mal de ventre a disparu et, avec lui, l'angoisse qui l'a prise de perdre sa mère.

Ce qui permet donc de se vivre fort est assimilé à une présence concrètement bonne à l'intérieur de soi.

Au début, l'enfant craint que cette richesse ne lui soit dérobée par le fait même que d'autres enfants se montrent capables, comme lui, de surmonter l'adversité. Qui possède un bien précieux veut être seul à l'avoir :

Antoine a dépassé sa peur et va tout seul derrière la cabane, là où le lierre le terrifiait autrefois. Il me le dit : « Je suis passé tout seul ! ».

Jean-Baptiste : « C'est moi ! ».

Benoît : « Non ! C'est moi ! ».

Le ton commence à monter. Benoît tape Jean-Baptiste qui répond aussitôt. Cette dispute, classique, est du même type que celle où un enfant affirme : « C'est ma maman ! ».

Tout se passe comme si la possession de l'autre rendait vaine la sienne propre. Comme si cette dernière n'avait de valeur qu'à condition d'être seule au monde ! Il semble qu'en l'occurrence l'enjeu de la rivalité ne porte pas sur une possession qui se voit mais sur l'existence mystérieuse à l'intérieur de soi d'une présence qui donne la force d'être grand, d'affronter les dangers, présence concrètement vécue par Charlotte comme celle de bonnes tartines de chocolat.

La capacité de se séparer de son objet primitif, la mère, s'accompagne de la capacité de le remplacer par un autre objet qui le représente et qui n'est donc pas tout à fait le même. Nous avons déjà commencé d'aborder un problème immédiatement conséquent à celui-là : de même que l'enfant se libère ainsi pour aimer quelqu'un d'autre en plus de sa mère, de même sait-il qu'il en va pareillement pour sa mère. Elle est libre alors de faire et d'aimer un autre enfant. L'enfant qui apprend à déplacer ses investissements apprend en même temps à supporter que sa mère en fasse autant. Or, les choses se conflictualisent à ce niveau : l'enfant veut bien aimer quelqu'un d'autre, mais il ne veut pas pour autant lâcher son premier objet. Ceci est représenté dans le jeu des enfants par les jouets auxquels ils s'attachent ainsi que par les liens qui les unissent entre eux.

Les enfants sont en train de faire la ronde. Julien, qui se tient en dehors, aperçoit la voiture de Juliette. Comme il essaie depuis ce matin de s'en emparer, il surveille de très près l'objet désiré. Le voilà qui le saisit. Mais Juliette a vu Julien. Elle sort de la ronde pour récupérer sa voiture. Tous les enfants font la ronde à présent, hormis Julien qui, placé à un mètre du groupe, observe les autres. Sur la chanson « Cueillons la rose », un enfant se trouve au milieu de la ronde et doit choisir un autre enfant pour l'embrasser et l'inviter à venir à son tour au milieu de la ronde. Cette place hors du commun est probablement faite pour plaire à Julien qui se décide alors à entrer dans la ronde. Mais, pour forcer

Juliette à le choisir, il se poste devant elle. Corinne, la stagiaire, intervient : elle demande à Julien de se placer dans la ronde avec les autres et d'attendre que Juliette fasse son choix. Comme Juliette se tourne vers un autre enfant, Julien sort du groupe immédiatement. Vincent, le petit choisi, refuse par contre, lui, de se décoller du grand cercle pour aller au milieu.

De même que Julien convoite l'exclusivité de la voiture de Juliette, de même convoite-t-il et l'exclusivité du désir de Juliette – ce qui supprime toute liberté de choix – et la position centrale qui fait dépendre les autres de son regard et non pas l'inverse. Juliette est comme une maman à qui son enfant prendrait toute son attention de telle sorte qu'il ne lui en resterait plus à donner aux enfants rivaux. Mais l'enfant à son tour serait ligoté par ce procédé dans l'unicité du lien qui l'attache à sa mère. S'il ne la laisse pas regarder d'autres yeux que les siens, lui-même ne peut regarder quelqu'un d'autre qu'elle. Ce niveau de signification sous-jacente au comportement de l'enfant se lit chaque fois que l'enfant s'accroche à un jouet comme s'il n'en existait guère d'autre au monde :

Ludovic s'est attaché à un vélo particulier et ne permet à personne de s'en servir. Or aujourd'hui, comme Marjolaine joue avec ce vélo, Ludovic se met à pleurer. Il semble perdu sans son jouet habituel. Il s'assoit sur un banc, ne joue pas et continue de pleurer. Je lui explique qu'il peut jouer avec d'autres jouets, mais il part se cacher dans la maison pour pleurer. Dérangé par Vincent, il sort de là et continue de pleurer. Je l'appelle pour le consoler. Nous parlons de son chagrin. « Je veux un vélo ! » dit-il. Je l'envoie chercher un mouchoir. Il revient mais il ne s'attarde guère auprès de moi car il ne veut pas abandonner la partie : il va poser sa main sur le guidon du vélo que tient Marjolaine. Comme celle-ci se rebiffe, Ludovic n'insiste pas. Il y a un autre vélo par terre, mais Ludovic n'en veut pas. Plaintif, il s'adresse à Barbara : « Je n'ai pas de vélo ! ». Quand vient le moment du jus de fruit, il espère récupérer son vélo et donne un ordre à Marjolaine : « Tu vas boire le jus de fruit ! ». Mais Marjolaine a parfaitement compris le stratagème et ne bouge pas du vélo. Désespéré, Ludovic donne un coup de pied dans ce vélo qu'il ne peut obtenir. Après le jus de fruit, Ludovic a récupéré ce vélo, passé entre temps dans les mains d'Antoine. Il arrive alors tout souriant vers moi, pédalant et voulant me dire qu'il avait enfin obtenu ce qu'il désirait, il m'annonce : « J'ai un vélo ! ».

Moi : « C'est celui d'Antoine ? ».

Ludovic : « Oui ! ».

Il lance aussi vers Julien : « J'ai un vélo ! ». Or, comme Antoine continue de vouloir le vélo de Ludovic, celui-ci le renvoie précisément vers les objets qu'il n'aurait pas choisis pour lui-même et lui dit : « Tu as des vélos là-bas ! ». Je demande à Ludovic de prêter maintenant son vélo à Antoine. Cette fois-ci il l'accepte et dit, pour se consoler : « Après ce sera à moi ! ». Il ne pleure pas et va prendre un autre vélo.

Nous voyons que l'enjeu, au travers de ce vélo est d'accepter d'aimer un autre objet qu'un objet unique et comment cette acceptation passe par la reconnaissance de l'existence des autres. Or nous pouvons comprendre ici que les autres ne sont pas que les rivaux ; ce sont aussi les vélos dépréciés. Lorsque Ludovic propose à la fin à Antoine, l'air ironique et triomphant, de prendre les autres vélos, il ne croit pas au fond de lui qu'ils ont vraiment une valeur : le seul qui en ait une est celui sur lequel il monte et duquel il ne peut se détacher. Toute cette situation où Ludovic ne peut déplacer son investissement sur un autre objet – faute de quoi le monde n'a plus de saveur pour lui – est elle-même un premier déplacement d'une situation où tous les investissements de Ludovic sont absorbés par sa mère. Ludovic a malgré tout pu prendre un certain recul par rapport à cette possessivité massive : il a pu parler, venir à la crèche, aimer d'autres objets aussi… mais il nous présente le reste d'un problème qui demeure en lui et qui, s'il avait pris toute la place, aurait fait de lui un enfant très malade.

L'enjeu réside donc dans cette capacité que l'enfant peut avoir de lâcher son emprise sur son premier objet afin de considérer que d'autres objets sont aimables et lui rappellent, par ce caractère, son objet premier. C'est ainsi que, plus primitivement, un bébé peut prendre goût à d'autres aliments que le lait. Tous sont à ingérer. Mais l'enfant doit digérer d'abord l'expérience du lait, afin de s'en éloigner. Celle-ci demeure alors assez présente en lui pour qu'il n'ait plus besoin d'aller la rechercher dehors : le champ demeure libre pour d'autres expériences, d'autres aliments, d'autres objets que la mère et, pour Ludovic, d'autres vélos que « le sien ».

Observons ce qui se passe chez Antoine quand il doit apprendre à remplacer son objet premier.

Le voici qui joue seul et qui tient dans la main deux petites voitures. Juliette le suit ; elle veut avoir les voitures. Antoine se méfie et vient chercher de l'assurance près de moi. Une fois là, il dit à Juliette : « Non ! Pas toi ! ». Mais Juliette continue à le suivre. Antoine, qui ne se sent pas du tout rassuré, va maintenant se coller à Patricia. Là, il peut lancer d'un ton ferme à Juliette : « Non ! Non ! Non ! ». Il vient enfin à côté de moi, et c'est là que Juliette parvient à lui prendre une voiture.

Antoine : « Non ! Elle a pris une voiture ! ».

Juliette s'en va mais se rapproche à nouveau d'Antoine juste afin de le provoquer. Elle lui montre la voiture qu'elle tient en main et lui dit : « Ma voiture ! ». Antoine qui n'est pas de reste, appelle Juliette et lui montre comment il s'amuse avec une autre voiture. Mais il veut de nouveau sa voiture : « Juliette, elle a pris la voiture ! » me dit-il. Juliette donne alors une autre voiture à Antoine et s'assoit à côté de lui. Antoine l'accepte et me la montre. Il veut bien ensuite que Juliette lui donne et lui reprenne les voitures.

Nous voyons là Antoine, à la différence de Ludovic, accepter beaucoup plus aisément – quoiqu'il y tienne fortement – d'échanger son objet pour un autre car ce qui prime chez lui, semble-t-il à la fin, c'est moins l'objet en lui-même que le lien qu'il lui permet d'avoir avec une autre personne. Antoine a échangé son agrippement à ses deux voitures et son jeu triomphant où il faisait semblant d'être capable de les remplacer, par une relation à Juliette. Il a échangé un objet inanimé contre un être vivant. C'est en ce sens qu'il a perdu une partie de son omnipotence : le contrôle sur un être vivant n'est jamais aussi important que celui qui s'exerce sur un objet inanimé, à moins que de rendre par ce même contrôle, le premier comme le second. L'objet qu'on absorbe en soi, alors, n'a pas plus de valeur qu'un objet mort et ne vous rend guère vous-même différent d'un robot. Et ce n'est pas un robot qui peut consoler d'un chagrin parce qu'il ne le comprend pas…

Sur la terrasse, Juliette et Barbara jouent à la balançoire. Antoine s'assoit à côté de moi et attend.

Antoine : « Je veux faire du bateau, là ! » (c'est ainsi qu'il nomme le jeu de la balançoire). « Je veux aller là, Anne ! ».

Ludovic qui cherche quelqu'un, s'adresse alors à Antoine : « Tu veux faire le loup ? ». Antoine refuse.

Moi : « Antoine, va demander à Barbara ou à Juliette ! ».

Mais quand Antoine s'approche de Barbara, elle le tape et Juliette montre Barbara du doigt, voulant dire que c'est à elle de descendre.

Ludovic : « Elle a pris ! » (il veut dire : elle a pris ma place).

Antoine se plaint à Juliette en désignant Barbara. Ludovic arrive à nouveau et demande à Barbara si elle veut faire le loup.

Barbara : « Je veux faire le loup, après ! ».

Antoine se tourne vers la cour en contrebas et, prenant à témoin Sophie, une auxiliaire, tente de lui faire comprendre, bien qu'elle ne l'entende pas : « Elle a pris ! Elle a pris ! » (ma place, étant sous-entendu).

Juliette, conciliante, propose à Antoine de se mettre entre elles deux. Mais Antoine ne veut pas. Ludovic revient sur ces entrefaites et demande à nouveau à Barbara si elle veut faire le loup...

Barbara : « Je t'ai dit, après ! ».

Antoine : « Juliette, tu veux le loup ? Tu veux faire bateau ? ».

Juliette le pousse de la main.

Antoine : « Tu fais mal ! Je veux faire bateau, Juliette ! ».

Et Antoine vient s'asseoir à côté de moi : « Anne, je veux faire du bateau ! ».

J'interviens au bout d'un moment et demande à Juliette de laisser sa place. Juliette descend sans rouspéter. Quelques minutes plus tard, Barbara descend spontanément et Antoine invite alors Juliette à venir sur la balançoire.

Nous pouvons nous demander si Antoine voulait vraiment le « bateau » ou le « bateau avec Juliette ». Il semble que ce qu'il désirait essentiellement c'était de jouer avec quelqu'un plutôt qu'avec un objet et l'expérience qu'il absorbe de la sorte est une expérience à deux. Barbara est le rival qu'Antoine enverrait volontiers faire le loup avec Ludovic, qui paraît à présent préférer une relation humaine à la possession d'un vélo.

Mais l'intéressant est de voir qu'Antoine, qui veut à tout prix cette place, à la fin, soutient Ludovic afin de proposer à Juliette un jeu de remplacement. Afin qu'elle puisse quitter l'objet qu'il convoite, il lui en propose un autre, ce qui implique de sa part non seulement une certaine capacité de s'identifier à elle mais aussi de supposer qu'elle accepte de faire ce qu'il refuse lui-même : déplacer son désir d'un objet sur un autre.

Juliette nous offre un exemple très net de cette stratégie :

Elle pousse une poussette avec beaucoup de plaisir. Stéphane met sa main sur la poussette et attend. Juliette se met à hurler. Elle refuse de jouer avec Stéphane et de partager la poussette. Furieux, ce dernier va essayer de prendre le camion de Vincent ; il se jette sur le guidon et empêche Vincent de rouler. Mais Stéphane ne manifeste pas d'agressivité directe vis-à-vis de Vincent qui demeure d'ailleurs sans réaction. Je demande à Juliette qui a joué toute la journée avec la poussette, de la prêter à Stéphane. Stéphane la prend mais ne joue pas tellement avec. Voyant cela, Juliette l'appelle et l'emmène vers un chariot. Stéphane se précipite pour suivre Juliette. Il voit le chariot qu'elle lui propose, monte dedans et Juliette s'en retourne tranquillement récupérer... devinez quoi ? La poussette !

L'objet de remplacement est utilisé là aux fins propres de celui qui le propose. Mais l'important est que l'idée d'un remplacement a germé dans l'esprit de l'enfant. Il sait que l'on peut aimer d'autres personnes que sa mère, même si cette idée s'accompagne du fantasme que d'autres continuent de jouir de l'objet qu'on a perdu et qu'à la première occasion on reprendra la « poussette » pour les envoyer au « chariot ». C'est cette capacité de concevoir qu'un objet peut en remplacer et en représenter un autre qui va permettre à l'enfant de construire la spécificité de son monde interne.

Dorénavant le pas est franchi. L'enfant sait qu'il est capable de se porter lui-même et les exemples fourmillent où l'exercice de ses capacités lui procure un grand plaisir. S'il lui faut parfois un coup de pouce, la réalité s'offre assez souvent à le lui donner :

Juliette pousse Antoine installé dans la poussette.

Moi : « Oh le joli bébé ! ».

Antoine : « Non, c'est un garçon ! ».

A peine a-t-il dit cela qu'il tombe de la poussette à la renverse.

Julien : « Oh ! Il est tombé dans le trou ! ».

Il va maintenant être question du « trou » auquel Julien fait référence mais remarquons le sursaut d'Antoine : il se dit un garçon et non pas un bébé. Or, pour assumer la responsabilité de cette identité-là il doit sortir de la poussette, c'est-à-dire des bras de maman ce qui, chez lui, est vécu comme une chute, tandis que pour Julien, c'est la plongée dans le trou. Cependant, à la différence d'autrefois, on a appris qu'il était possible de s'en sortir.

Aussi effectue-t-on à présent « l'exercice du trou » !

Les enfants se sont amusés à entasser des vélos, toutes sortes de jouets et cela forme une pyramide qu'ils jouent à escalader.

Julien : « Je suis tombé dans le trou ».

Moi : « Que vas-tu faire ? ».

Julien se dégage : « Alors je vais faire comme cela et puis je vais sortir tout seul ! ».

Julien s'assoit à côté d'Ève.

Ève : « Toi, t'es le papa, moi, la maman et Barbara le bébé ».

Julien : « Moi je suis tombé dans le trou ! Moi, je ne suis pas un bébé ! Je suis un Julien ! ».

Ève veut jouer au bébé et à la maman mais Julien ne veut pas jouer à autre chose qu'au : « Je suis tombé dans le trou, mais qu'est-ce que je vais faire ? ».

En jouant sans cesse à cela, il s'assure qu'il est capable de dépasser l'épreuve du trou. Quelques temps plus tard, Antoine ne tombe plus de la poussette mais s'amuse à sauter des marches. Tout seul et d'aussi haut qu'il le peut. Il veut que l'éducatrice en soit le témoin afin de le confirmer dans ses capacités par le regard qu'elle porte sur lui.

Juliette et Laurent imitent Antoine qui continue : « Regarde ! Anne, je saute ! ». Juliette tend ses mains à Antoine, mais il refuse qu'on l'aide. Marjolaine, elle, l'accepte : « Donne-moi la main Juliette » dit-elle. Marjolaine à son tour veut aider Vincent qui veut ensuite aider Ève. Elle lui répond : « Non ! Moi toute seule ! ».

A cet âge les enfants sont à mi-chemin entre l'assurance de leur autonomie et celle de la dépendance qu'ils ne veulent pas quitter aisément.

Ainsi ce même Julien qui affirme impunément avoir sauté le pas, un jour à table ne mange pas. Je propose de l'aider. Il ne dit rien puis :

Julien : « Je ne veux pas être un bébé ».

Moi : « Si je te fais manger c'est que tu es un bébé... ».

Julien réfléchit, prend la cuillère et se met à manger tout seul sans rien dire.

Julien a su retrouver au fond de lui la voix qui l'assure qu'il est capable de manger tout seul sans pour autant se sentir seul au monde. La bonne voix du dedans est toujours là pour le consoler et le comprendre. Nous entendons cette voix lorsqu'il parle à Marjolaine :

Elle s'est fait mal à la fesse avec la porte et dit à Julien : « Aïe ! Je me suis pincée à la fesse ! ». Julien lui répond alors pour adoucir sa peine : « Oh ! ce n'est pas grave ! ».

C'est cette même voix qui fait dire à Ludovic – se souvenant de ce que nous disons aux enfants pour éviter qu'ils ne se brûlent – : « Je souffle et après je mange ! ».

L'enfant commence à être habité par une présence secourable dont il a trouvé l'origine dans la sollicitude dont il fut entouré et dans l'amour qui l'a lié aux personnes qui se sont occupées de lui. Toutes ces bonnes expériences ont été intériorisées de telle sorte qu'à la fin elles font partie de lui-même et de son identité.

Ève appelle Juliette pour l'aider à sauter d'un petit rebord.

Juliette donne les deux mains à Ève qui saute. Laurent dit : « C'est à moi ! ». Ève fait l'adulte ; elle aide Juliette, puis Lisa tour à tour. Quelques instants plus tard, Ève lance un nouvel appel et demande une main pour l'aider à sauter. Lisa a entendu l'appel et se précipite pour lui donner la main.

Nous voyons là nettement que lorsque Ève joue à l'adulte, elle ne le fait point en empruntant faussement l'identité de l'adulte, en entrant dans sa peau. Elle le fait grâce aux bonnes expériences qu'elle a assimilées en elle et qui lui ont donné une certaine solidité susceptible de l'aider elle-même aussi bien que d'aider les autres. Le critère qui rend à même de reconnaître ce processus est l'existence d'une capacité à solliciter encore une aide dont l'enfant ne peut se passer d'à moitié. En redevenant petit momentanément, il ne perd pas la totalité de ses capacités comme lorsqu'il emprunte par magie, le pouvoir des adultes. Ève peut faire des allers-retours d'une position où elle est la personne qui aide, à une position où c'est elle qui est aidée. L'enfant sait se sentir faible et fort à la fois.

Ceci est, bien sûr, l'indication d'une ligne générale de développement et cette souplesse de passage d'une position de dépendance à une position de force est contrebalancée par des moments où l'enfant affirme son indépendance de façon brutale.

Julien arrive un jour accompagné de son père. Il joue déjà mais vient retrouver son père pour lui dire : « Je ne veux pas que Laura dise que je suis un bébé ! ».

La fanfaronnade d'Antoine est du même acabit : un jour que Patricia remarque devant les autres enfants qu'il s'est fait couper les cheveux, il affirme bien haut : « Moi, je n'ai pas pleuré chez le coiffeur ! ». En vérité, le père nous a confié qu'il a beaucoup pleuré pour se faire couper les cheveux. Il fallait, selon le père, se mettre à trois pour le tenir et les murs ont tremblé !

Mais il plaît à Antoine d'oublier cela et de dénier en même temps l'existence au fond de lui du bébé qui, pour grandir, a peur non seulement de se faire couper les cheveux, mais de se couper aussi de sa mère.

Nous assistons donc à une période de fluctuations où le sentiment d'identité de l'enfant est suffisamment proche de celui du bébé pour rendre difficile l'assurance qu'il possède, en lui, les capacités permettant de commencer à être grand. C'est pourquoi nous pouvons observer des réactions comme celle de Julien et d'Antoine.

Mais il est un champ d'étude tout particulièrement intéressant de ce point de vue. C'est celui qui se déploie dans le jeu que les enfants affectionnent à ce moment : le jeu de la maman et du bébé. L'enfant n'est plus alors simplement en train d'entrer dans la peau de sa mère et de projeter dans un autre enfant le bébé qu'il ne veut pas être. Au contraire, il fait alors l'épreuve de sa capacité de porter lui-même un bébé – le bébé qu'il fut autrefois –, et donc de prendre à tour de rôle la place de la mère et celle du bébé.

Étudions les enjeux de cette expérience.

Nous jouons cet après-midi à la maman qui fait manger son bébé. Je suis la maman, assise sur une chaise. Les enfants veulent tous venir sur mes genoux. Lisa s'y installe la première confortablement et ouvre la bouche quand je lui présente la cuillère. Les enfants, ravis, autour de la table, regardent cette scène. Lisa cède alors d'elle-même sa place à Laura, sa grande copine de telle sorte que l'une n'ait pas ce dont serait privée l'autre. Les enfants rient au moment où je m'adresse au bébé en lui faisant remarquer qu'il est tout sale et qu'il en a partout !

Julien se manifeste et vient sur mes genoux. Mais au moment où je m'adresse à lui comme si c'était un vrai bébé, il a l'air inquiet comme s'il allait se trouver ramené tout entier à la place où je le mettais, et donc réellement à l'identité d'un bébé. Il me dit : « C'est une blague ! Tu fais une blague ! ?... ».

Moi : « Bien sûr, Julien ! Nous faisons semblant ! ».

Julien paraît rassuré et se prête au jeu après ce moment d'incertitude.

Benoît refuse de jouer. Quant à Antoine, il se tient légèrement en retrait par rapport au groupe. Jean-Baptiste, plus petit que les autres, se manifeste plusieurs fois pour faire le bébé et semble éprouver un grand plaisir à ce jeu.

Le lendemain, ce jeu s'est inscrit dans la mémoire de ceux des enfants qui en avaient besoin pour construire leur monde interne. J'observe ainsi Ève donner à boire au biberon à Charlotte qui semble ravie. Ève fait remarquer à Charlotte qu'elle a sali sa robe – tout comme je l'ai joué moi-même la veille – et fait semblant de nettoyer sa robe.

Nous voyons donc que certains enfants peuvent profiter du jeu qui leur est proposé, (se soignant eux-mêmes au travers des soins donnés au bébé imaginaire), tandis que d'autres enfants ont peur de ce jeu dans la mesure où, en eux, la barrière n'est pas bien établie non seulement entre la réalité et la fiction, mais aussi entre les aspects les plus infantiles d'eux mêmes et les aspects les plus évolués. S'ils craignent que de jouer au bébé les fasse redevenir bébé, c'est qu'en eux-mêmes ils ne se sont pas encore suffisamment identifiés solidement aux adultes, pris en tant que modèles pour grandir. Solidement, c'est-à-dire en les assimilant en eux plutôt qu'en entrant magiquement dans leur peau.

Nous voyons donc que les enfants se servent ou non, selon leurs besoins et leurs angoisses, de ce que leur propose la réalité externe et les adultes qui la portent.

Après le temps où l'adulte est l'instigateur du jeu, après la reprise de ce jeu par les enfants entre eux, il est une troisième étape : elle précède celle où la pensée peut se passer de tout support matériel. C'est le temps où l'enfant joue seul avec sa poupée.

Ainsi, peu de temps après le jeu dont nous venons de parler, Lisa joue seule avec sa poupée et dit : « C'est le bébé d'Anne ! ».

Elle n'a plus besoin d'être elle-même sur les genoux de l'éducatrice. Elle se représente au travers de sa poupée, la petite Lisa sur les genoux d'Anne ou de maman. Mais alors nous voyons qu'en même temps la grande Lisa est identifiée à Anne, ou à maman, pour s'occuper ainsi de son bébé. C'est ainsi que sur une scène intérieure, au fond d'elle-même, il y a une grande fille qui s'occupe d'une petite fille, de la même façon qu'une mère a pris soin et prend encore soin d'elle-même.

Vincent lui, ne semble pas encore aborder cette étape du travail concernant ses identifications. Il est ravi de se retrouver bébé dans les bras de l'adulte et cède volontiers, pour cela, sa place de grand et les responsabilités qu'elle implique. Mais il commence à ne plus vouloir, investir les autres enfants plus âgés que lui d'un pouvoir qui, pour lui à présent, ne revient qu'à l'adulte. Sur le point de ne plus être un bébé, il assimile moins volontiers les enfants plus âgés aux grandes personnes. La perception des différences de capacité s'affine.

Marjolaine et Vincent veulent tous les deux la poussette. Ils la tiennent. Marjolaine y installe sa poupée et fait céder Vincent en criant. Vincent ne dit plus rien. Il part et va chercher son phoque et son lapin en peluche. Il regarde ainsi les photos collées au mur représentant les enfants avec leurs parents. Marjolaine me demande si je puis mettre son bébé dans la poussette. Or sa poupée y est déjà. Je ne fais que de la réinstaller là. Marjolaine paraît satisfaite. Elle s'en va mais, comme la tête de la poupée se déplace, Marjolaine ne me demande plus rien ; d'elle-même elle la réinstalle, l'air attendri et compatissant : « Oh ! Mon bébé ! » dit-elle.

Marjolaine a besoin de s'assurer que l'adulte est toujours disposée à faire le geste qu'elle-même sait faire. Elle peut, après cela, l'exécuter seule en toute tranquillité. Elle ne peut protéger les autres, ainsi qu'elle-même sous l'aspect de sa poupée, que dans la mesure où elle est assurée que l'adulte qui la protège n'a pas disparu à jamais. Dans ces conditions l'enfant peut alors retrouver pour les autres les gestes que l'on a eus pour lui.

Juliette et Antoine jouent à la balançoire. Charlotte se tient derrière Juliette et lui met la main dans le dos comme pour l'empêcher de tomber ainsi que le font les adultes lorsqu'un petit monte sur la balançoire pour la première fois. Stéphane imite Charlotte et se tient dans la même attitude protectrice que celle-ci.

L'importance du relais que constitue la référence à l'existence permanente de l'adulte à l'extérieur de l'enfant, se confirme lorsque nous observons comment se structure peu à peu le monde interne de l'enfant. Nous avons vu qu'il y existe deux niveaux. Bientôt il en existera trois : celui de l'adulte, le parent, celui de l'enfant, enfin celui du bébé que cet enfant n'est plus.

Vincent est installé dans un couffin à côté de la maison. Barbara qui joue à la maman, me dit : « Il veut retirer ses chaussures ! ». Effectivement, Vincent a retiré une de ses sandales. Je rappelle qu'il ne faut pas qu'il les retire. Barbara s'adresse alors à Vincent : « Anne, elle a dit non ! ». Et Barbara essaie de remettre sa sandale à Vincent, puis elle me regarde et m'explique, comme pour convenir avec moi qu'elle n'en est plus à ce stade : « C'est un bébé ! ».

Elle serait comme une mère qui voudrait expliquer au père que son enfant n'a pas encore l'âge de comprendre la loi. Mais en même temps nous voyons que Barbara forme un relais aussi bien entre le monde extérieur et son monde intérieur, qu'entre les exigences des parents et l'immaturité non pas de l'enfant qu'elle est à présent mais du bébé qu'elle fut autrefois et qu'elle doit porter seule à présent. Au fur et à mesure que l'enfant grandit nous voyons donc que ce qu'il fut par le passé ne disparaît pas simplement de sa vie psychique : cela se porte à l'arrière-plan, dans le meilleur des cas, cela se transforme, mais cela existe toujours. Bientôt la voix de l'éducatrice qui interdit et formule des lois comme la voix d'un père, deviendra elle aussi une voix intérieure, ainsi que nous l'avons vu dans le chapitre traitant de l'obéissance. Le Moi de l'enfant devra donc s'y soumettre tout en protégeant au fond de lui le bébé qui ne sait pas ce que sont les exigences des lois.

Charlotte n'a pas de petit frère, mais elle se plaît à jouer avec Stéphane en poussant le chariot où il s'est installé :

Charlotte : « C'est le bébé ! ».

Moi : « C'est qui ? ».

Charlotte : « C'est mon petit frère ! ».

En jouant ainsi à la maman, Charlotte pense à l'avenir : celui, comme nous l'avons vu, où elle doit supporter en elle le bébé qu'elle fut, mais aussi celui où elle devra supporter son petit frère, tout ce qu'elle aura à vivre en elle par rapport à cette naissance. Nous voyons donc que l'enfant ne cesse de travailler avec le temps qui le transforme et qui change le monde dans lequel il vit.

Les simples jeux à deux entre la maman et son bébé commencent à inclure la présence d'un père et nous voyons bientôt les enfants jouer au papa et à la maman qui s'affairent autour d'un bébé. Ce sont des jeux à trois.

Ainsi Lisa et Christophe veulent nourrir une poupée représentant le bébé.

Lisa : (à Christophe) « Mets-le sur mes genoux ! ».

Christophe : « On a oublié le biberon ! ».

Lisa : « On va chercher les vêtements ! ».

Christophe a trouvé un bout de bâton en guise de biberon tandis que Lisa s'empare de la poussette où monte Christophe à côté du bébé. Et voilà que le jeu redevient presque un jeu à deux. Christophe est passé de son identité de père à celle de son bébé ! Lisa pousse Christophe et le bébé.

Lisa : « Tu ne vas pas tomber ? On ne va pas trop fort ? ».

Christophe : « Trop fort Lisa ! ».

Ce sera plus tard au tour de Lisa de vouloir être dans un chariot.

Il est difficile de maintenir un jeu à trois car, pour le moment, le troisième personnage craint toujours d'être l'exclu d'une relation à deux. Quand Christophe pense à Lisa qui contemple son bébé, il oublie qu'il devait avec elle être le parent de l'enfant. Il ne veut être que celui que maman regarde : que ce soit le bébé ou le père.

Le temps n'est pas loin où jouer à deux au papa et à la maman afin de s'occuper d'un bébé, prend le tour érotique d'une investigation sexuelle selon des modalités infantiles.

Lisa est allongée dans le couffin de la poupée. Laura lui retire sa culotte.

Lisa se met sur le ventre.

Laura : « Fais pas caca ! On va te laver ! ».

Elle lui met la main entre les fesses.

Laura : « On va prendre ta température. Tu veux dormir comme ça ! ».

Lisa se lève : « Voilà ! Je suis réveillée ! ».

Laura : « A moi ! ».

Laurent a assisté au jeu et veut faire le bébé.

Mais Laura qui ne veut pas laisser sa place lui dit : « Toi tu n'as pas fait caca ! tu n'as pas de robe ! ». Et elle s'installe dans le couffin.

Laurent manifeste sa colère à sa façon : « Toi, tu as fait caca ! Je te donne la fessée ! ». Et il veut porter Laura en prenant les anses du couffin. Laura se met à crier.

Ève et Vincent sont assis par terre depuis le début du jeu. Ils regardent mais n'interviennent pas. Lisa prend alors la température de Laura et, deux secondes plus tard, elle dit : « C'est à moi ! ». Leur jeu se poursuit ; l'une et l'autre, à tour de rôle, jouent le bébé dont on explore le derrière. Elles s'en vont à la fin laissant le couffin libre. Vincent s'y précipite. Marjolaine l'y suit bientôt, lui baisse la culotte et lui donne la fessée. Vincent manifeste son mécontentement. Il dit : « Non ! » sort du couffin et part avec dans la maison. Marjolaine qui reste seule, pleure et dit : « Mon bébé ! Mon bébé ! ».

Nous pouvons observer dans le jeu de Lisa et de Laura toute l'excitation dont elles sont habitées tandis que, sous prétexte de jouer au bébé, elles jouent en fait au papa et à la maman à leur façon. C'est en effet du côté de la zone anale, des fessées et de la pénétration qui s'effectue là par le thermomètre que se trouve déplacée, pour le moment, toute l'excitation liée à la curiosité génitale.

Ainsi donner une fessée n'est pas en ce sens donner une punition comme le ressent bien évidemment Vincent, c'est aussi s'adonner à un acte auquel on attribue un sens sexuel. Les invectives de Laurent prennent pour support la même perspective sur les différenciations sexuelles, répondant à celles de Laura : tandis qu'elle lui reproche de ne pas avoir de robe et de ne pas faire caca, il lui répond qu'elle fait caca, et donc qu'elle n'est pas un garçon mais une sale petite fille…

Le garçon en cette période charnière pour ce qui est de la construction des conceptions infantiles sur les rôles des parents dans leurs relations sexuelles, est vu tantôt comme un bébé et tantôt comme un partenaire masculin par la fille.

Ainsi Ève, sur la terrasse, me montre un jour Laurent tout en s'adressant à lui : « Bébé, il est là-bas ! Viens petit bébé ! ». Ève va chercher la poussette mais Laurent, peu enclin à entrer dans ce rôle, s'en va vers le toboggan. Ce que voyant, Ève abandonne la poussette et le rejoint. Elle laisse derrière elle les histoires de bébé afin de cabrioler derrière celui qu'elle reconnaît comme étant un garçon.

Filles et garçons ont l'esprit occupé par ce qui les différencie. Ceci est d'importance puisque c'est à partir de ces réflexions qu'ils vont se construire une identité sexuelle eux-mêmes. Le garçon se demande ce qui le différencie de la fille et inversement.

En plein été sur la terrasse, comme il fait très chaud je viens d'attacher mes cheveux. Ludovic le remarque tout de suite.

Ludovic : « Pourquoi tu t'es fait une queue de cheval ? ».

Moi : « Parce que j'avais chaud ».

Ludovic : « Moi, je n'ai pas de queue de cheval. Je suis un garçon ! ».

Quelques minutes plus tard :

Lisa : « Pourquoi tu as une queue de cheval ? ».

Moi : « Parce que j'ai chaud ».

Ludovic : « Mon papa il n'a pas de queue de cheval. C'est un garçon ! ».

Le monde des différenciations sexuelles pour Ludovic, on le voit, se limite à « en avoir ou pas ». Nous ne pouvons entrer ici dans l'analyse des détails que suppose une telle réflexion de la part de Ludovic. La symbolique de la queue de cheval renvoie plutôt à l'organe mâle que les garçons ont comme leur papa et que les filles n'ont pas. Et Ludovic se rassure : il a beau ne pas avoir de queue de cheval, il est bien un garçon et la preuve en est donnée par son papa, ce modèle auquel Ludovic se réfère qui n'en a pas ! Aux filles d'avoir les cheveux longs. Mais nous sentons que tout un déni flotte dans l'air, une interrogation que Ludovic tait : si les filles d'un coup ressortent une pareille queue, serait-il possible alors que, du même coup, on la supprime aux garçons ?

Antoine est trop préoccupé par cette dernière alternative pour se prêter aisément à la curiosité sexuelle des filles.

Marjolaine et Juliette sont allongées sur le sol. Laura soudain dit à Antoine : « On va enlever ton pantalon ! ». Antoine, qui n'est pas d'accord, lui rétorque : « A toi ! ». Mais Laura refuse. Quant à Lisa, elle invite plutôt Laura à la regarder en lui expliquant : « J'ai fait caca dans la culotte ! ». Mais Laura se tourne encore vers un garçon, Christophe : « On va prendre ta température ! » dit-elle. Christophe refuse.

Devant ces garçons peu complaisants ou plutôt peureux, Laura se rabat sur Ève. Elle s'emploie à mettre dans la culotte de cette dernière un objet pointu en plastique en guise de thermomètre, mais aussi en remplacement de l'organe mâle qu'elle n'a pas ou peut-être que, dans son fantasme, elle n'est pas parvenue à saisir chez les garçons en question.

Antoine sent le danger. Un jour que Juliette le poursuit afin de l'embrasser encore tandis qu'elle vient de l'étreindre par deux fois, il s'enfuit et se réfugie près de moi. Il se colle même à moi. Juliette s'approche. Elle le pince aux joues, aux bras... Antoine lui crie dessus. Juliette le prend autour du cou et lui fait un câlin ce qui n'est du tout du goût d'Antoine. Il dit : « Pan ! » et tente de cracher sur elle.

La pulsion de Juliette est vécue par Antoine comme une menace envers son intégrité sexuelle. Au moment où s'effectuent ces expériences infantiles permettant d'élaborer les fantasmes concernant les relations des parents, les enfants ont la crainte que ne s'actualisent sur eux-mêmes les fantasmes dont leurs parents furent l'objet au départ. A voir l'angoisse d'Antoine, on peut se demander si ce qu'il craint de subir de la part de Juliette il ne l'a pas lui-même en imagination fait subir à son père, au pire de sa rage lorsque seul en sa chambre, il se vivait exclu par son père de la compagnie de sa mère...

Tels sont les éléments d'une grande période où l'enfant commence à concevoir que son développement dépend de l'acceptation de la séparation d'avec son objet primitif : la mère. Il commence à s'apercevoir que pour grandir il doit laisser sa mère libre ; libre d'avoir ses relations avec le père, libre d'avoir un autre bébé. C'est pourquoi l'enfant doit commencer de penser au travers de cette expérience, déjà, au problème des liens humains qui ont engendré sa vie et, à l'avenir, celle d'un autre que lui.

La conséquence immédiate d'une telle situation est qu'elle pousse l'enfant à apprendre à attendre son tour. Ce n'est pas un mince apprentissage, car durant ce temps de l'attente l'enfant doit penser qu'un autre éprouve le plaisir qu'il n'a pas et passer outre les doutes qui l'envahissent : l'autre prendra peut-être tout et rien ne restera pour lui... S'il parvient à accepter d'attendre son tour, il consolide la confiance dont il investit son objet.

Ce matin, j'emmène quatre enfants à la bibliothèque. La réaction des autres enfants est habituellement de pleurer. Mais nous arrivons en fin d'année et les enfants peuvent maintenant accepter cette séparation et cette frustration sans pleurs. Malgré cela, je dois répéter et expliquer qu'un autre jour ce sera le tour d'un autre enfant. Les enfants se répètent alors pour eux-mêmes : « La prochaine fois, ce sera moi ! ».

Au moment du repas, quelques enfants se disputent tous les jours pour se mettre à la petite table de deux. Nous établissons un tour afin de permettre aux plus petits, qui n'osent pas le réclamer, d'être aussi à cette table où se trouvent aujourd'hui Vincent et Marjolaine.

Laura : « La prochaine fois, ce sera moi ! ».

Ludovic intervient de la même façon. A chaque fois nous devons lui expliquer que ce sera son tour une prochaine fois.

L'enfant accepte alors que sa satisfaction ne soit pas immédiate car il est rassuré sur un point principal : l'adulte continue de penser à lui. Quand la voix intérieure qui lui donne confiance s'affaiblit, l'enfant a besoin d'entendre à nouveau la voix qui vient de l'extérieur.

Ainsi Ève, depuis le départ de Virginie, s'adresse à moi très souvent pour me dire : « Virginie est partie ! ». Elle a besoin que je lui répète tous les jours que Virginie est partie en vacances et qu'elle reviendra bientôt. Je lui montre ainsi que je reconnais cette absence et qu'en même temps je garde l'espoir qu'elle se termine. Toute seule, face à sa tristesse, Ève ne peut faire cela. Même Ludovic accepte en fin d'année de prêter son vélo, quelquefois. Il descend de celui-ci sans hurler, ni piquer sa crise. Mais il s'écrie aussitôt : « Après ce sera mon tour ! ». Or il lui arrive de revenir sur ce premier mouvement, de s'asseoir près de son vélo et de pleurnicher : « Je vais le dire à maman ! ».

Moi : « Quoi ? ».

Ludovic : « Que tu ne veux pas me prêter le vélo ! ».

Il est difficile, on le voit, de se décrocher de ce que l'on possède afin de passer d'un univers où les choses sont vécues comme un prolongement de son propre corps où elles seraient quasiment enracinées là, à un univers où ces mêmes choses se détachent de soi, permettant ainsi à l'enfant de céder sa place mais aussi de grandir.

Lisa nous fait remarquer vers la fin de l'année : « Mes dents, elles vont tomber, et après je vais avoir de grosses dents comme Mme X ! ».

En échange d'une perte, Lisa garde l'espoir d'avoir son bien décuplé !

Regardons à présent le jeu de deux enfants afin de suivre leur passage d'un monde où la perte est vécue comme une persécution partagée à un monde où cette perte s'accompagne de tristesse.

Ludovic, Lisa et Christophe font du vélo. Lisa, placée entre Ludovic et Christophe, donne à Ludovic le sentiment qu'elle lui barre le chemin. Il la pousse de la main en disant : « Parce que je veux voir Christophe ! ». Lisa colle alors son vélo contre celui de Ludovic qui s'énerve et veut qu'elle parte.

Moi : « Ludovic, tu peux faire le tour pour voir Christophe ! ».

Mais Ludovic, qui ne supporte pas les barrages, répond : « Non ! » et tape Lisa.

Ludovic (à Lisa) : « Moi, je veux plus aller dans ta maison ! ».

Lisa commence à pleurer.

Lisa : « Mais Christophe, il va venir dans ma maison ».

Ludovic : « Moi, je vais pas ! Christophe va pas aller ! Personne ! ».

Lisa pleure : « Maman ! Régine ! » (sa baby sitter).

Christophe rejoint le couple.

Lisa : « Je vais le dire à ma maison ! ».

Elle se sent complètement seule car elle a entendu la menace de Ludovic comme la concernant directement ; que personne n'aille dans sa maison signifie pour elle que personne ne s'intéresse plus à elle ; que tous lui tournent le dos et la laissent seule au monde... Elle a fait sentir à Ludovic qu'il ne pouvait pas aller où il voulait, qu'il était isolé. Immédiatement il lui fait sentir de même qu'elle est dans le plus grand isolement.

Quelques temps plus tard, Christophe revient et me demande ce qu'a Lisa, car il la voit se tenir la tête baissée, collée au mur. Je lui explique qu'elle a du chagrin. Charlotte semble vouloir la consoler en lui caressant les cheveux. Mais Lisa la repousse immédiatement. Elle veut Laurent qu'elle appelle : « Lolo ! Lolo ! ». Ludovic qui l'entend, l'assomme encore avec un : « Arrête ! Lolo, il est parti ! », qui maintient Lisa à son mur. Charlotte toujours présente me demande : « Elle a du chagrin Lisa ? Ludovic, il ne faut pas taper Lisa ! ».

Je propose à Lisa d'aller faire du vélo mais elle ne semble pas tout d'abord m'avoir entendue ; puis elle se décolle du mur, avance, recule, me regarde et baisse aussitôt la tête.

Le lendemain, voyant que Lisa ne joue toujours pas avec Ludovic, je demande pourquoi à ce dernier.

Il finit, après bien des hésitations, par me dire que c'est parce qu'elle n'est pas gentille. Et il ajoute à l'intention de Lisa, un peu plus tard : « Lisa, tu ne vas plus venir chez moi ! Tu n'est pas gentille ! ». Lisa tente de se défendre et, pour garder en elle l'image d'une bonne petite fille qui peut toujours être aimée, elle affirme bien haut : « Si, je suis gentille ! ». Puis elle va s'asseoir sur les genoux de Nathalie, l'auxiliaire.

Ludovic : « Non ! ».

Lisa : « Ne crie pas ! ».

Ludovic, qui la persécute toujours : « Je vais prendre mon échelle pour monter chez toi et attraper Lisa ! ».

Lisa ne lui répond pas.

Quelques jours plus tard, la scène a changé. Ludovic n'est plus celui qui projette la persécution et le sentiment d'être délaissé dans Lisa. Il s'entend au contraire avec elle afin de localiser dans le loup la persécution précédente et de concevoir ainsi que la tristesse, les pleurs, ont une existence possible, même si c'est pour les mettre encore en dehors de lui ainsi que de Lisa sous la forme de la pluie qui tombe. Lisa me dit : « On va aller dans la maison avec Ludovic. On est des loups ! ».

Ludovic : « Toi tu viens dans la maison pour faire peur à nous ! ».

Je fais le loup.

Ludovic : « Arrête ! Tu viens pas parce que tu n'es pas gentille. J'ai fermé les rideaux parce qu'il fait nuit. On va mettre les portes ».

Ludovic installe les vélos en guise de portes.

Moi : « Pourquoi faites-vous une porte ? ».

Ludovic : « Parce qu'il va pleuvoir ! ».

Lisa : « On va mettre tous les jouets dans la maison ! D'accord ? ».

Lisa vient me chercher pour que je rentre dans la maison.

Moi : « Pourquoi veux-tu que je vienne ? ».

Ludovic : « Parce qu'il va pleuvoir ! ».

Au moment où je m'apprête à sortir, Lisa me retient :

Lisa : « Non ! Parce qu'il pleut ! ».

Moi : « Il pleut quelques gouttes ! Je peux sortir ! ».
Ludovic : « Oui ! ».
Lisa : « Mais il y a des loups ! ».
Moi : « Je sors ! Au revoir les enfants ! ».
Lisa : « Tu vas chercher du pain pour nous ! ».
Moi : « Oui ! ».
Lisa vient alors me retrouver : « Anne, tu as acheté du pain ? ».
Moi : « Tout à L'heure ».
Lisa m'apporte du pain.
Moi : « Ce n'est plus la peine que je vienne ! ».
Lisa : « Si ! Tu vas m'apporter le pain ! ».

La maison dans laquelle se tiennent Ludovic et Lisa représente à la fois l'objet qui les sécurise et leur propre intérieur.

Quand Anne s'en va, nous voyons que deux types d'angoisse s'élèvent dans le cœur des enfants. Tout d'abord, une angoisse de persécution portée par le loup ; cette angoisse est nourrie par la haine que l'enfant sent au fond de lui vis-à-vis du départ de l'éducatrice. Mais il est une autre angoisse qui arrive maintenant et qui est liée à la reconnaissance de la perte de l'objet aimé : c'est une angoisse dépressive. Lisa le dit très bien : elle ne veut pas qu'Anne sorte de la maison parce qu'alors il va pleuvoir. Il va pleuvoir dans le cœur de Lisa de ne plus se sentir auprès d'elle. Il va pleuvoir dans le cœur de Lisa, quand elle va sentir disparu l'objet non point qu'elle déteste mais qu'elle continue d'aimer au contraire. C'est un objet nourricier qui devrait encore rassurer l'enfant qu'il peut toujours lui porter du pain, comme autrefois il lui donnait le biberon. Lisa cherche la tactique qui permet à la fois de parler à Anne de tout cela et de faire agir en même temps cette dernière dans le sens qu'elle désire.

Mais, derrière cette action qu'elle voudrait imposer à l'adulte, se tient la volonté de lui faire remplir un rôle essentiel : celui d'être le témoin de ce qui se noue ou de ce qui se dénoue dans sa vie psychique.

Un peu plus tard, Lisa m'aura pris par la main.
Lisa : « Il y a un loup dans ma maison ! Viens voir ! ».
Je vais voir.
Moi : « Oh le vilain loup ! ».
Lisa : « Je vais le montrer à Nathalie ! ».

Lisa a besoin de savoir que l'adulte sait ce qui se passe en elle. Ce n'est que dans cette mesure que la persécution est supportable et conduit donc à la capacité de tolérer la dépression d'être seul.

L'objet qui demeure un témoin externe puis interne de l'absence de l'être aimé continue d'être le témoin de la joie qui préside à son retour.

Virginie est revenue de vacances aujourd'hui. Ève me dit au lever de la sieste avec un grand sourire, tout en me montrant du doigt Virginie sur son lit : « Elle est là ma Virginie ! ».

C'est ainsi qu'une permanence peut s'installer dans l'esprit de l'enfant entre le temps de la perte et celui du retour. C'est cette permanence intériorisée, cette assurance d'être compris qui fait du temps de l'absence non point une absurdité mais un moment fécond de la croissance psychique.

CHAPITRE 6

LE DÉPART DE LA CRÈCHE

Nous avons pensé qu'il était intéressant de montrer sur le vif les réactions des enfants au moment où ils allaient quitter définitivement l'institution qui les avait accueillis dès l'aube de leur vie. On a vu tout au début puis au long de ce livre, ce que mobilise l'épreuve de la séparation. Mais nous n'avons jamais assisté à une séparation définitive. Tout ce que l'enfant quittait il le retrouvait plus tard, même s'il devait engager une relation différente avec des personnes ou bien avec un monde transformé.

Mais là, il s'agit d'autre chose : c'en est fini de la crèche, sinon de tout ce qu'elle a porté pour l'enfant. C'est la première maison qu'il ne reverra jamais plus ou, du moins, ne reverra que par hasard. Il n'y habitera plus.

Lisa vient de jouer un bon moment avec sa poupée près de moi. Or, voyant les enfants construire un train de chaises, elle court les rejoindre : « Moi aussi ! », dit-elle. Assise moi-même sur une chaise, j'observe les enfants.

Lisa veut m'entraîner près d'elle : « Tu as vu le train ? Tu peux aller avec ta chaise dans le train ! ».

Un enfant dit : « On part en vacances ! ». Nous sommes vers la fin du mois d'Août.

Moi : « Moi, je reste à la crèche, et vous vous partez à l'école. Bon voyage ! ».

Lisa retire alors la couche du canard qu'elle emmène partout et s'explique :

« Je lui retire sa couche parce qu'il n'en veut plus. Je la mets sur la chaise ».

Comme les enfants défont le train, Lisa paraît déçue : « On ne part plus ! ». Mais ce n'est qu'un déplacement et le train se reconstruit plus loin. Lisa s'y est assise en tête, avec derrière elle Juliette, qui a posé sur la chaise inoccupée qui les sépare, sa poupée et son marin. Lisa y ajoute son canard ; « Il est trop lourd ! » dit-elle. Christophe qui fait un train plus loin, vient chercher Lisa. Elle change encore de place et Benoît lui donne une petite tape.

Lisa : « Il m'a fait mal à la tête ! Je suis une petite fille ! ».

Juliette : « Moi, je suis une grande fille ! ».

Je m'adresse à Lisa : « Tu es une petite fille qui part où ? ».

Antoine se précipite pour répondre : « A l'école ! ».

Lisa : « Non ! ».

Moi (en riant) : « Alors Lisa tu pars où ? ».

Lisa (d'une petite voix) : « A l'école... ».

Tels sont les enjeux du départ. En prenant le train de l'école, il faut porter avec soi la petite poupée, le bébé qui vint autrefois à la crèche dans les bras de sa mère. Les trois ans qui séparent l'enfant de ce temps-là, lui permettent tout juste, mais avec quel effort – nous le verrons plus bas encore –, de porter lui-même ce bébé qui réside au fond de lui, au lieu qu'il soit porté par sa mère. Voilà pourquoi les poupées sont dans le train, au milieu de tous ces enfants, tel le bébé d'autrefois au milieu des grandes personnes.

J'appelle un jour plusieurs enfants et leur explique que nous allons jouer à l'école et que je suis la maîtresse. Je les fais s'asseoir. Ève, dont la grande copine Virginie est partie en vacances, vient s'asseoir sur un rebord à côté de moi. Mais elle le quitte bientôt pour aller se coller contre Laura, assise par terre. Or Laura ne lui laisse pas de place et Ève, avant même que je n'intervienne va s'asseoir ailleurs.

Je demande aux enfants ce qu'ils ont appris à la crèche.

Barbara, répond : « A dessiner, les légos, les animaux ».

Moi : « Qui avez-vous quitté ? ».

Laura s'écrit aussitôt : « Anne ! ».

Barbara : « Patricia ! ».

Laura : « Les enfants ».

Ève dit qu'elle a quitté Virginie.

Laura : « Lisa ! ».

Ludovic s'écrie : « Moi aussi ! ».

Mais Laura étant la grande copine de Lisa lui rétorque : « Non, tu n'as pas quitté Lisa ! ».

Ludovic ne répond pas et part avant la fin du jeu.

Moi : « Qu'avez-vous fait à la crèche ? ».

Barbara : « On a appris à jouer à l'école ».

Laura : « Les jouets, les légos, dormir à la sieste, manger, goûter, s'habiller ; dans la piscine ; aller dans l'eau et sortir. Papa et maman qui viennent les chercher. Se laver ».

Ève ne dit rien et Ludovic est parti. Mais Julien qui arrive ensuite répond : « J'ai appris à faire de la gymnastique ! ».

Et comme un peu plus tard nous parlons des vacances, Julien s'adresse à Patricia : « Moi je vais aller à la mer. Tu ne me reverras plus jamais. La voiture, elle va dans le train ! ».

Le lendemain, c'est Laura qui réclame de jouer à l'école. Barbara, Ève la suivent et viennent s'asseoir en face de moi. Ludovic ne vient qu'un peu plus tard mais... sans lâcher son vélo, duquel il est descendu mais qu'il tient encore d'une main. Je répète la même scène et pose les mêmes questions. Ève parle davantage aujourd'hui. Or comme je m'adresse à Ludovic et lui demande qui il va quitter, il me répond : « Je vais quitter rien ! Je vais quitter personne ! ».

A un autre moment de la journée, sur la terrasse, tandis que nous parlons encore du départ, il me dit : « Je ne veux pas aller à l'école ! ».

Moi : « Tu as peur ».

Lisa : « Il connaît pas la maîtresse ! Christophe, il a peur de la maîtresse ».

Moi : « Et toi, tu as peur ? ».

Lisa : « Non ! ».

Moi : « Qu'avez-vous appris à la crèche ? ».

Lisa : « Des tartines ! ».

Ludovic : « Rien ».

Lisa : « Si ! Moi, je suis rentrée ! ».

Puis Lisa s'adresse à Nathalie, l'auxiliaire, qui arrive : « Nathalie, tu as vu ma culotte ? C'est maman qui l'a achetée au magasin ! ».

Nous voyons donc là les enfants quitter ceux qui leur ont tenu compagnie à la crèche, ceux grâce auxquels ou avec lesquels ils ont appris un certain nombre de choses. Pour la plupart des enfants, c'est le personnel de la crèche qu'ils ont le sentiment de perdre surtout : celui auprès duquel ils se sont réfugiés quand ils avaient du chagrin, ou celui qu'ils ont rendu témoin de leurs joies et de leurs progrès. Ce n'est qu'en second lieu que les amitiés soudées sont considérées : Ève reconnaît qu'elle a perdu Virginie ; elle ne peut l'oublier en se plaçant près de Laura, la grande amie de Lisa.

Or ces amitiés rapprochent à tel point les enfants, que chacun se tient près de l'autre à la manière d'un double. La séparation en est d'autant plus déchirante mais d'autant moins prête à être assumée et donc reconnue. Ève se colle à Laura et cette dernière ne supporte pas cela, pas plus qu'elle ne supporte l'idée d'un Ludovic qui se collerait au souvenir de Lisa. S'il n'y a que Laura à quitter Lisa, la réciproque doit être vraie pour elle : il ne doit y avoir dans le cœur de Lisa que Laura, de telle sorte qu'en la quittant elle perdra tout.

Quant à Ludovic, s'il prétend que la crèche ne lui a rien appris ou qu'il ne quitte rien en partant, c'est qu'il s'est moins attaché aux êtres humains qu'aux jouets et principalement à son vélo. Il a donc appris moins que les autres à s'adapter à un monde étranger, en nouant de nouveaux liens, en aimant ce qui permet de grandir et en le reconnaissant. Son agrippement au vélo lui a, dans une certaine mesure, tenu lieu de tout. La crèche, prétend-il, ne lui est rien ; il n'y quitterait personne. Mais son vélo, lui, serait tout. C'est ce vélo qu'il ne veut pas quitter pour l'école. S'il allait jusqu'au bout d'une telle attitude, cela provoquerait en lui un vécu de persécution difficilement soutenable parce qu'il ne serait pas suffisamment préparé à l'élaborer en nouant de bonnes relations, par compensation. Il n'est pas un seul des enfants de la crèche qui n'échappe à un tel vécu ; mais il ne prend des proportions et une durée que relative, selon les capacités de l'enfant à accepter d'être aidé par l'adulte dans lequel il met toute sa confiance plutôt qu'en un simple vélo, ainsi que Ludovic le fait. Ce n'est pas en effet à un vélo que l'on parle véritablement, car ce n'est pas lui qui répond.

Nous allons donner un exemple du vécu persécutif d'une enfant qui, bien que s'y étant au mieux préparée, reconnaît d'un coup qu'elle va quitter la crèche et qu'il n'y aura pas de retour. Après cette crise les choses iront mieux pour elle. Mais tout se passe comme s'il fallait qu'elle traverse cette épreuve, au moins une fois, pour dire adieu au passé.

Il s'agit de Lisa. Toute la matinée, tandis que je me suis occupée d'Ève, bouleversée par son retour de vacances, j'ai dû renvoyer Lisa qui est venue souvent me voir afin que je lui parle et que je m'occupe de son « bébé ». Comme je lui expliquai que je devais m'occuper d'Ève, Lisa a fini par partir. Or, durant tout le mois d'Août, Lisa a souvent joué avec moi, près de moi. Au lever de la sieste, Lisa pleure dans son lit. Je m'approche et ses pleurs se transforment en sanglots. Lisa ne peut pas parler. Je la prends dans mes bras, l'assois sur mes genoux, lui parle et lui demande si elle a du chagrin et si elle a mal quelque part. Lisa continue de pleurer, le visage tout rouge. Elle finit par me dire qu'elle a mal au ventre. Je touche son ventre ; il est dur et gonflé. Je lui propose d'aller sur les W.C, mais elle refuse. Je lui parle de son ventre qui est vilain parce qu'il lui fait mal. Elle me dit dans un sanglot : « Je veux maman ! ».

Moi : « Le ventre te fait mal, je vais lui faire des chatouillis ».

Lisa s'arrête de pleurer et sourit ; mais pas longtemps. Elle se laisse porter comme un bébé. Je lui parle de son chagrin de quitter la crèche, de partir, de devenir grande. Elle pleure moins mais souffre terriblement. Je lui propose d'aller habiller son « bébé », Christian. Elle est d'accord. Tandis que j'habille le « bébé », Lisa met sa robe puis s'assoit par terre pour mettre ses chaussettes et ses chaussures. Je l'assois donc sur mes genoux. Une fois habillée, elle ne pleure plus mais souffre toujours. Je lui propose de s'asseoir à côté de moi pendant que j'habille les autres enfants. Elle assoit aussi le « bébé » Christian auprès de ma chaise et, par moments, tient elle-même le pied de celle-ci. Comme Virginie vient s'asseoir auprès de Lisa et qu'elle semble aller mieux, je lui propose d'aller jouer à la dînette et de faire à manger au « bébé » Christian, avec Christophe. Elle est d'accord ; je l'accompagne jusqu'à l'emplacement du jeu et l'informe que je vais m'occuper ensuite des enfants qui ne sont pas encore habillés. Cinq minutes plus tard, Lisa pleure et m'appelle. Je lui demande de venir mais elle ne bouge pas et continue à m'appeler. Au bout d'un long moment, elle arrive auprès de moi malgré tout. Ses sanglots reprennent de plus belle. Elle a très mal et je la prends sur mes genoux : « Tu as vraiment un gros chagrin ! » lui dis-je. Ses pleurs finissent par m'inquiéter et je commence à penser à une maladie quelconque. Son visage est recouvert de plaques rouges. Je lui propose d'aller se coucher sur le grand coussin dans la maison. Elle accepte cela et je la porte dans mes bras comme un bébé. Je l'allonge sur le coussin. Je lui caresse son ventre toujours très dur.

Moi : « Tu ne veux pas aller dans les W.C faire caca ? Veux-tu que je te mette un suppositoire pour t'aider ? ».

Lisa refuse toujours. Lisa semble cependant rassurée d'être dans la maison tandis que je suis entièrement disponible pour elle. Des enfants veulent entrer mais je leur demande de sortir.

Lisa accède à ma seconde demande d'aller sur les W.C, mais elle précise : « Avec toi ! ». Nous sortons de la maison. Lisa me tient la main. Comme je la vois hésiter, je lui propose de faire sur le pot.

Lisa : « Non ! ».

Moi : « Tu veux que je t'aide à baisser ta culotte ? ».

Elle accepte et se laisse entièrement faire. Elle s'assoit et fait pipi durant un très long temps comme une personne qui se serait retenue pendant un bon moment. Je m'exclame : « Eh bien Lisa, tout ce pipi ! tu fais encore pipi ! tout le pipi qui ne voulait pas sortir ! ».

Lisa paraît soulagée. Elle sourit, fière aussi : « Oh ! Regarde mon pipi ! L'eau est jaune ! ».

Moi : « Oh le beau le pipi de Lisa ! ».

C'est fini. Lisa ne pleure plus. Elle peut jouer avec son « bébé » Christian, quoiqu'elle reste encore près de moi à observer ce que je fais. Quelques instants plus tard, elle me dit dans une conversation que dans sa maison, il y a aussi des suppositoires. Au moment du goûter, elle mange et dit tout haut : « Ça y est ! Ça va mieux ! ».

Ce long exemple sert à nous montrer avec quelle intensité l'enfant peut réagir au cumul de la perte : dans l'immédiat, il s'agit de la perte de son éducatrice qui s'est tournée vers Ève et, dans un avenir proche, la perte de la crèche entière qui sera fermée pour elle, de la même façon, pense-t-elle, que son éducatrice s'est fermée pour elle ce matin lorsqu'elle s'est occupée d' Ève. Ce qu'elle a ressenti alors a été la confirmation de l'idée selon laquelle toute séparation entraîne une catastrophe, comme elle en avait le sentiment surtout au début de sa vie. Tout l'acquis de sa maturation a été balayé d'un coup, et elle s'est retrouvée sans autre défense contre un tel vécu que celle que constitue l'expression corporelle d'un malaise. Aussi dut-elle être traitée à nouveau comme un tout petit bébé. L'éducatrice a dû lui donner l'assurance redoublée qu'elle était prête à consacrer encore son temps, comme la maman d'autrefois, à porter le « bébé Lisa », tout comme le « bébé Christian ». Le choc persécutif que Lisa a ressenti au moment de perdre son éducatrice occupée par Ève, comme une mère par un bébé rival, a transformé l'objet de sa confiance en un mauvais pipi en elle qu'elle n'a pu évacuer qu'après avoir retrouvé au dehors un personnage maternel, l'éducatrice, à nouveau disponible. Mais cette dernière a dû prouver à l'enfant qu'elle était toujours là pour la comprendre ; faute de quoi l'enfant n'aurait pas pu évacuer ce que personne n'aurait été disposé à recevoir.

Ce pipi contient toute la rage que l'enfant éprouve lorsqu'il sent que sa place est prise : cette rage est très concrètement vécue et s'exprimerait volontiers par un jet d'urine lancé à la fois contre le rival et contre celle qui s'en occupe. C'est pourquoi l'enfant se trouve, en retenant sa rage, empli d'un objet malfaisant mais il se trouve aussi dépourvu à l'extérieur d'un objet bienfaisant qu'il a, dans son acte mental, détruit à ce moment-là. L'éducatrice a fait avec Lisa tout un travail de reconstruction de ce bon objet perdu. Sa réussite est marquée par le fait, non seulement que Lisa accepte d'évacuer ce mauvais objet interne sous la forme de ce pipi, mais aussi par le fait qu'elle accepte de le remplacer par un bon objet : le goûter qu'elle veut bien ingérer. Elle a échangé le « méchant » pipi, la « méchante » Anne contre une gentille maman.

Tout s'est déroulé, ainsi que nous l'avons dit, comme si Lisa avait été prise par surprise par ce sentiment de persécution et n'avait pas pu y réagir autrement que par un vécu corporel ; comme si la rapidité et l'intensité de ce qui s'est passé en elle ne lui avait pas permis d'avoir recours à une expression symbolique de ce vécu. Elle est pourtant tout à fait capable d'une telle expression en d'autres circonstances.

Voyons comment procède Ève qui, elle, a eu le temps de se préparer et donc d'exprimer sous une forme plus élaborée ce qu'elle éprouve de persécution à son retour à la crèche. Elle sait que ce retour précède de peu son départ définitif.

Elle apporte un matin à la crèche la tête d'un monstre en plastique.
Moi : « Lisa, tu veux regarder ce qu'il y a dans ma main ? ».
Lisa : « Oui ! ».
J'ouvre ma main. Lisa rit en voyant le monstre.
Moi : « Tu as eu peur ? ».
Lisa : « Oui ! ».
Mais elle ne semble pas avoir trop peur.

Christophe récupère le monstre et éprouve beaucoup de plaisir à jouer à me faire peur avec. Il fait aussi peur à Antoine et pose le monstre sur le mur, à l'endroit où sont collées les photos des enfants avec leurs parents.

Puis le monstre se perd ; mais au bout d'un temps on le retrouve : c'est Stéphane qui l'avait caché derrière le coffre à jouets.

Christophe : « Le monstre est là ! C'est Stéphane ! Il a fait une grosse bêtise ! Je peux pas l'attraper ».

Ève : « Attends ! Je vais l'attraper ! ».

Le monstre récupéré, Christophe le fait volontairement tomber à nouveau au même endroit. Cette fois-ci il faut déplacer le coffre. Christophe sourit. Quand il a retrouvé le monstre il le fait tomber encore au même endroit... Ève pousse un cri, non pas de colère mais d'excitation. Le monstre retrouvé, Christophe s'enfuit avec. Ève pleure, se cache les yeux. Christophe revient et se campe devant elle : « Tu le prêtes ? ».

Lisa se joint à lui : « Tu le prêtes un petit peu ? ».

Christophe : « Tu le prêtes ? Tu le prêtes ? ».

Ève, qui pleure toujours : « Je veux mon monstre ! ».

Moi : « Alors, Christophe, tu le lui rends ! ».

Christophe boude mais il rend son monstre à Ève. Puis il ramasse par terre le snoopy de Stéphane et, de colère, lui mord le nez. Benoît intervient pour le récupérer.

A la sieste, le jeu du monstre continue. Je le donne à Ève, mais elle s'amuse à le balancer dans la direction du lit de Christophe. Je lui demande si elle veut le lui prêter et elle accepte. C'est Christophe qui dormira avec le monstre...

Ce précieux monstre ne fait pas vraiment peur dans la mesure où les enfants ont appris à le considérer maintenant comme une représentation de ce qui leur fait peur et non pas comme un objet réellement dangereux. A la différence d'il y a quelques temps déjà où ils osaient à peine toucher le loup du livre « Le petit Chaperon rouge », ou « Le cauchemar dans le placard », les enfants peuvent distinguer maintenant l'objet réel de sa représentation. Ils peuvent aussi prendre plaisir à jouer avec cette représentation dans la mesure où ils s'assurent ainsi qu'ils maîtrisent leur peur. C'est pourquoi celui qui possède une telle image possède un bien désiré par les autres : ce qui symbolise la terreur éloigne de soi la terreur dans la mesure où, grâce à cette symbolisation, la terreur peut être pensée. Christophe joue même à contrôler l'apparition et la disparition de cette terreur en laissant tomber le monstre derrière le coffre. Et quoi de plus efficace qu'un dragon, s'il est à votre service, pour protéger votre sommeil contre la menace des autres dragons ?

Il est une autre façon de lutter contre la persécution : la régression. C'est une défense qui se paye assez cher puisqu'elle se fait au prix du développement de l'enfant qui, au lieu de se confronter à ce qu'il perçoit de menaçant, afin de supprimer la menace supprime le temps qui l'a suscitée. *Tel est ce qui se passe chez Charlotte au moment où sa mère nous annonce son départ définitif pour la fin de la semaine. La mère ajoute que cela lui fait quelque chose et qu'elle a l'intention de revenir nous voir après la rentrée. Ayant laissé sa maman partir non sans difficulté, Charlotte s'est arrangée pour dénicher – Dieu sait où – une tétine qu'elle cale bien dans sa bouche. Elle se ballade avec, me la montre, me la tend mais la reprend aussitôt. Elle veut jouer à être le bébé et marche à quatre pattes en direction de Ludovic qui l'invite : « Viens ! On va dans la maison pour te mettre la couche ! ».*

Dans la maison, la culotte de Charlotte est baissée et Ludovic tente de maintenir le mouchoir de Charlotte entre ses jambes et de remonter sa culotte. Mais cela paraît très difficile, car le mouchoir tombe tout le temps. Comme Christophe vient s'allonger près de Charlotte, Ludovic lui tend le mouchoir : « Vas-y ! Je n'y arrive pas ! » dit-il. Christophe essaie une seconde et le rend à Ludovic qui, à force de persévérance, y parvient : « Ça y est ! » dit-il. Charlotte sort de la maison et va s'allonger par terre d'où Ludovic veut la tirer : « On va dans la forêt ! » lui propose-t-il. Charlotte se lève et perd sa tétine. Elle se met alors à pleurer comme un bébé et ne se baisse pas pour la ramasser. Ludovic le fait pour elle et la lui remet dans la bouche. Charlotte s'arrête de pleurer.

Un peu plus tard, elle est assise à une table auprès d'un puzzle très simple. Malgré cela, elle me le tend afin que je le fasse pour elle.

Charlotte : « Anne ! C'est dur ! ».

Moi : « Toi, tu le fais ».

Charlotte : « Non, c'est dur ! ».

Charlotte essaie et fait semblant de ne pas réussir. Stéphane vient me montrer alors comment il a réussi son puzzle. Je le félicite mais cela ne stimule pas Charlotte qui bientôt abandonne le sien, alors qu'il n'est pas terminé et part avec une poupée dans son couffin.

Nous voyons dans cet exemple comment Charlotte tente de dénier la réalité du temps passé par elle à la crèche et qui l'a rendue à même de partir à l'école maternelle, en jouant au bébé qui ne sait rien faire, pas même se baisser pour reprendre sa tétine. Elle espère peut-être ainsi redevenir un réel bébé et éviter de la sorte l'expérience d'un inconnu qui l'effraie ; c'est cela qu'elle trouve « dur », et non pas seulement le puzzle.

Le lendemain, elle adopte une tout autre attitude. Mais ce n'est qu'une apparence : elle veut se sentir forte en prenant le contre-pied de l'attitude précédente si proche de celle d'un bébé. Mais être forte veut dire pour elle, être un garçon.

Tandis que les enfants sont dans la cour, avant de sortir, elle me réclame un pantalon alors qu'elle est en robe. La mère me raconte plus tard : « Il faut qu'à chaque fois je termine ma phrase par : mon petit garçon ! ».

Comme elle a donc ce pantalon, Charlotte me dit : « Anne, je suis un garçon ! ».

Dans son esprit, pour être capable d'aller à l'école il faut être un garçon et laisser les faibles filles à la crèche. On voit donc que déjà ce problème profond qu'est celui de la séparation douloureuse d'avec ses premiers objets, prend l'apparence chez Charlotte d'un simple problème de différenciation sexuelle. Elle imagine déjà, sur ce point, que les garçons sont plus forts que les filles.

Pourtant Ludovic n'est pas là pour la conforter dans cette conception.

La discussion roule encore à table sur le départ à l'école :

Ludovic : « Non, je veux pas aller à l'école ! ».

Moi : « Pourquoi tu es triste Ludovic ? ».

Ludovic : « Non ! Je veux aller dans ma maison ! ».

Moi : « Qui t'accompagnera ? ».

Ludovic : « Maman ! ».

Lisa : « Je vais à l'école et papa m'achètera un cartable rose ».

Quelques jours plus tard, Ludovic nous a quitté définitivement. Les enfants sont sur la terrasse. Je m'adresse à Christophe et à Lisa :

Moi : « Vous avez vu, Ludovic n'est pas là aujourd'hui. Il ne reviendra plus à la crèche ».

Christophe : « Pourquoi il est parti Ludovic ? ».

Moi : « Ludovic est parti en vacances puis il ira à l'école ».

Christophe : « Pourquoi il va à l'école ? ».

Moi : « Parce qu'il est grand ».

Christophe : « Moi je suis grand et Lisa aussi ».

Christophe commence à réclamer comme tous les enfants qui vont quitter la crèche, son objet transitionnel : il ne peut abandonner son chat en peluche.

Il est donc intéressant de remarquer que ce jouet est encore utilisé pour marquer, comme son nom l'indique, une transition et assurer l'enfant que cette dernière est possible et n'entraînera pas avec elle une catastrophe.

Lisa nous offre un très bel exemple de travail sur la séparation. Elle nous montre en quoi consiste l'acquisition d'une force réelle dans ce but et pourquoi il est nécessaire que l'adulte disponible comprenne les enjeux de la situation complexe qu'elle est en train de vivre.

Lisa va bientôt quitter la crèche. Nous sommes à la fin du mois d'août. Tandis que la dînette est installée sur la table, Benoît dit qu'il veut du chocolat. Nathalie, l'auxiliaire, demande en conséquence à Lisa de préparer le chocolat. Mais Lisa, inhibée, ne répond pas et ne bouge pas. Or d'autres enfants, Juliette, Cécile, considérant Lisa comme une grande attendent d'elle qu'elle remplisse ce rôle ; ce qu'elle refuse pour le moment. Elle nous tourne le dos. Je l'appelle. Dans cette mesure, elle veut bien me considérer comme le bébé et elle me propose du poulet en me tendant une assiette avec une fourchette et un couteau. Elle me donne à manger et à boire, puis appuie le verre sur ma poitrine deux ou trois fois. Bientôt Lisa change ma fourchette contre une cuillère. Elle part, elle revient et elle finit par s'allonger sur mes genoux. Je l'embrasse et la tiens dans mes bras. M'apercevant que le biberon de Virginie est vide je demande aux enfants qui l'a bu. Un enfant me répond, mais Lisa ajoute : « Moi aussi j'ai un biberon blanc et rose à la maison ».

Moi : « Tu bois le biberon le matin ? ».

Lisa : « Non, au petit déjeuner ».

Lisa se lève, va chercher un ours et l'amène près de moi ; elle l'assoit sur mes genoux et je dois le faire manger : « C'est ton bébé » dit-elle.

Puis elle reprend l'ours et lui cache un œil avec un couvercle : « Il a peur du loup ! » dit-elle. Enfin elle retire le couvercle mais tient l'ours serré contre elle pour le protéger du loup…

Lisa part et revient avec un couffin portant un canard, un bébé et un poussin. Elle allonge tout ce monde sur mes jambes. Christophe montre qu'il voudrait bien le couffin. Mais Lisa refuse de le lui donner.

Moi : « Que se passe-t-il Christophe ? ».

Christophe : « Je veux ça ! Je n'en ai pas ! ».

Lisa défend son couffin.

Lisa : « Les bébés dorment. Tu leur donnes à manger. Du chocolat maintenant ».

Le couffin est posé sur le sol à côté de moi. Lisa marche dessus et rit. Elle met les deux pieds dedans.

Lisa : « Tu vois je suis dans le couffin ! ».

Moi (souriant) : « Eh bien oui, tu es dans le couffin ! ».

Elle sort du couffin riant toujours.

Tous les bébés sont allongés sur mes jambes et le poussin se trouve être le dernier posé en équilibre sur mes genoux et prêt à tomber dans le vide au moindre mouvement.

Lisa : « Attention ! Il va tomber ! ».

Moi : « Non, je le tiens bien ! ».

Nathalie annonce qu'elle va lire une histoire. Lisa part mais se retourne pour regarder ses « bébés » : Ils sont en sécurité sur mes jambes ; elle peut partir.

Lisa : « Tu les gardes ! ».

Elle revient quelques secondes plus tard chercher le poussin pour l'emmener avec elle écouter l'histoire.

Cette séquence fait passer Lisa d'un état où elle est un bébé, à un état où elle peut porter un bébé. Nous voyons donc en raccourci ici le déroulement d'un processus dont nous avons tenté de décrire certains détails jusqu'à présent.

Quand la réalité externe investit Lisa comme une grande fille qui doit laisser à la crèche ceux qui sont plus petits qu'elle, qui doit de surcroît leur servir du chocolat et donc les gratifier au lieu d'être gratifiée, elle éprouve le besoin de se faire porter comme un petit bébé. Elle veut bien jouer à la grande fille, mais seulement avec l'éducatrice afin d'être assurée que dans ce jeu, elle demeure en réalité la petite. Elle nourrit l'éducatrice et se convainc en même temps que, pour ce faire, elle possède bien dans sa poitrine, là où elle presse le verre, le sein qui nourrit le bébé tout prêt de surgir du fond d'elle-même et de derrière l'identité de la grande fille.

Il y a donc un jeu très souple au niveau des identités : l'éducatrice doit accepter de jouer elle-même le bébé, plutôt que de renvoyer Lisa vers les autres enfants. Ce faisant, elle permet à Lisa de trouver une personne qui comprend le bébé au sens plein du terme. Elle amène ainsi Lisa à passer d'un vécu de concrétude de ce bébé en elle à un état de représentation de ce dernier. Telle est la condition sine qua non pour qu'elle puisse être vraiment grande. La chose est très claire ici : la façon que l'éducatrice a de porter le bébé que Lisa sent au fond d'elle, est d'assumer elle-même le rôle de ce bébé. Lisa ne peut faire jouer ce rôle par un autre enfant : un enfant peut passer pour un bébé mais non pas pour une mère qui joue le rôle d'un bébé ; et c'est là que Lisa voulait en venir.

L'étape suivante consiste à se faire porter elle-même et donc à reconnaître, dans une certaine mesure, que l'on est deux : un bébé-Lisa et une maman-éducatrice. Or si l'on est deux, chacun est bien près de porter ses propres affaires au lieu de les mêler à celles de l'autre, comme au moment où l'éducatrice était devenue le « bébé-Lisa ». C'est pourquoi Lisa peut ensuite placer les choses sur un plan plus symbolique et parvenir à représenter, à la fois les genoux de l'éducatrice par ce couffin dans lequel elle se met en riant – parce qu'avec le recul, elle voit qu'elle a grandi –, et le bébé qu'elle était, par ces nombreux bébés qu'elle pose sur les genoux de l'éducatrice. Là encore, les choses sont bien représentées : nous avons une progression du plus près du giron au plus loin, comme du début de la crèche à sa fin : là se tient un poussin bien près de tomber des genoux. C'est donc ce petit poussin que Lisa sent au fond d'elle-même, ce petit bébé bien fragile qui vit toute séparation comme une chute, qu'elle emporte écouter l'histoire avec elle. Mais nous voyons ici tout le travail d'identification à l'éducatrice par lequel Lisa est passée afin d'en arriver là. Elle a dû se faire porter d'abord pour être enfin capable de se porter elle-même. Elle a dû sentir doucement qu'on lui laissait toujours ne faire qu'un avec l'adulte pour se sentir à même de se séparer de l'éducatrice. En somme elle a dû sentir que tout n'était pas irrémédiablement terminé d'un coup, que le bébé pouvait encore être porté par maman, pour être capable de récupérer ainsi les aspects d'elle les plus évolués : ceux qui vont à l'école écouter des histoires, puis apprendre à les lire plus tard.

Lisa a laissé encore un moment le poussin sur les genoux de l'éducatrice et, quand elle fut assez assurée que celle-ci ne le laisserait pas tomber, c'est au fond d'elle-même que Lisa a senti qu'une mère aussi tenait solidement un petit bébé, patiemment. Elle a pu alors dégager l'éducatrice, reprendre son poussin et le porter seule grâce à une sécurité interne ainsi construite. C'est de la même façon qu'elle pourra laisser dans le giron de sa mère, une place pour un autre bébé.

Avant d'en terminer, donnons trois vignettes permettant d'éclairer de trois façons différentes le dernier jour d'un enfant à la crèche.

Il s'agit d'Ève, de Christophe et de Virginie. Nous allons voir que seule Virginie est capable de supporter l'impact de la tristesse qui l'étreint tandis qu'Ève et Christophe, pour éviter ce vécu émotionnel, s'en vont l'un et l'autre dans des identités différentes de celle qui est la leur et qu'ils n'assument pas. Ève joue à la maman, et Christophe joue à l'excité.

Voici donc venu le dernier jour d'Ève à la crèche. Tandis que les enfants sont sur la terrasse, je demande à Ève et à Virginie si elles veulent jouer à la dînette dans la section. Antoine se manifeste et veut venir. Nous partons ainsi tous les quatre. Pour son dernier jour, Ève est venue avec plein de bonbons. Là, elle tient dans la main un tube de Smarties et un petit sachet de bonbons.

Ève met le tube de Smarties et le sachet de bonbons dans la casserole posée sur le feu et commence à mettre la table.

Virginie veut des bonbons.

Ève : « C'est chaud ! ça brûle ! ».

Ève demande à Antoine s'il veut boire et, ayant mis à chacun une assiette et un verre, fait semblant de remplir son verre. Comme elle découvre le petit bébé de Virginie, elle ne le lui donne pas mais le pose sur la grande table.

Ève fait semblant de mettre quelque chose dans les assiettes d'Antoine et de Virginie. Aussi Antoine commence-t-il à manger avec sa fourchette.

Ève : « Non, Non ! C'est chaud ! ».

Antoine : « Qu'est-ce que tu fais ? ».

Ève : « Un bonbon plus un pâté ».

Antoine : « C'est chaud ! ».

Ève : « Attends, je goûte ! ».

Ève qui allait me tendre une assiette, la reprend : « Non, c'est pas pour toi ! ».

Ève veut faire manger Virginie avec un couteau, mais Virginie refuse et sort de table, suivie par Antoine. Ils veulent des bonbons, des vrais.

Ève finit par verser plein de Smarties dans l'assiette de Virginie et dans la sienne, mais Antoine n'en a pas. Elle veut ouvrir le tube d'Antoine pour lui donner ses propres bonbons. J'explique à Ève qu'elle peut partager les siens.

Antoine se penche d'ailleurs vers l'oreille d'Ève pour lui chuchoter qu'il n'a pas de bonbons. Ève lui répond, en chuchotant aussi : elle met un seul bonbon dans son assiette. Un peu plus tard, elle lui en mettra un second et le fera manger.

Antoine : « Encore ! ».

Ève : « Non ! tu as déjà mangé ! tu veux de la soupe ? ».

Antoine refuse et lui demande un bonbon. Ève fait alors semblant de chercher ce qu'il y au fond d'un tube vide.

Ève : « Moi, c'est la maman, Antoine le papa et Virginie c'est le bébé ! ».

Virginie : « Moi, pas le bébé ».

Ève : « Moi, c'est la maman, moi je suis pas un bébé ! ».

Elle montre Antoine : « C'est le bébé ! ».

Antoine : « Non, je suis pas le bébé ! ».

Un peu plus tard, Ève et Virginie jouent avec une poupée dont Virginie prétend être la maman. Mais Ève ne le lui permet pas : elle veut traiter Virginie comme un bébé et lui donne la fessée. Elle affirme : « C'est un bébé Virginie. Et toi : c'est papa Antoine et moi c'est maman Ève ! ». Mais Virginie refuse toujours d'être traitée comme un bébé.

Bientôt Ève me montre le mal qu'elle s'est fait il y a quelques temps à la jambe : « Tu as vu ? », dit-elle. Puis, touchant le coffre : « C'est là que je me suis fait mal ! ».

Comme je donne l'ordre de ranger, après quelques minutes Ève se fait mal en tombant par terre.

Nous voyons dans cette observation qu'Ève ne laisse, à la différence de Lisa dont nous avons parlé plus haut, aucune place pour porter la tristesse du bébé en elle. Elle ne peut qu'être la maman, en se projetant elle-même dans l'identité d'une adulte qui gratifie l'enfant, Virginie, et frustre le papa, Antoine. Ce papa est responsable, pense-t-elle, de son départ de la crèche, de l'obligation de grandir et, par conséquent, d'être psychiquement séparée de sa mère. Puisqu'il la frustre, elle le frustre en retour en faisant jouer ce rôle par Antoine. Par contre, dans le contrôle qu'elle effectue ainsi sur toute la situation, elle gorge sa chère petite fille afin qu'elle ne pense pas que sa mère va donner ses douceurs ailleurs, de la même façon que la crèche qu'elle va quitter nourrira d'autres enfants à sa place. Cette situation de base, déniée par elle, n'est pas travaillée et ne peut donc la trouver prête à l'assumer le moment venu, ainsi que nous l'avons vu chez Lisa. Quand Ève se rend compte de la réalité, – il faut ranger ses affaires, non seulement pour ce moment mais pour tout le temps de la crèche –, elle tombe d'un coup sur le sol et cela lui fait mal. La réalité non reconnue la frappe durement en retour.

Pour son dernier jour de crèche Christophe se montre occupé dans une activité incessante. Il bouge tout le temps comme pour lutter contre le sentiment que s'il s'arrêtait, il tomberait. Il court partout, ne se fixe pas dans un jeu précis. Il se jette sur les coussins, se couche, se relève. Il refuse les jeux que je lui propose ; il veut les choisir lui-même. Il prend les affaires des autres qui n'osent pas protester : il fait partie du clan des « anciens ». Il repousse les autres, joue très vite à la dînette et commence à lancer sa balle du côté de Vincent. Tous deux rient beaucoup et Christophe dans son excitation extrême, a tendance à vouloir aller chercher à la place de Vincent la balle qu'il a lancée lui-même…

Quand il tombe, il se fait mal mais il ne pleure pas, se relève tout seul et ne vient surtout pas se faire consoler. Il fait beaucoup de bruit. Il met un cheval en équilibre sur la tête de telle sorte que lorsqu'il tombe, cela produit un grand vacarme contre le radiateur. Mais cela fait rire Christophe. Je lui demande d'arrêter ce jeu. Il donne un coup de pied dans le cheval qui traîne au sol. Puis il se tourne vers un tapis et propose à tous les autres de faire des galipettes. Il court après les autres, tombe et donne des fessées.

Comme il se met à jeter la dînette au travers de la pièce, je lui demande d'arrêter. Mais il me regarde et rigole… Christophe a toujours eu cette réaction : quand on lui demande d'obéir, il sourit et vous nargue. Cependant aujourd'hui, il est encore plus inatteignable. Aussi je lui demande de venir près de moi. Un enfant parle de sa maman.

Moi : « Où elle est la maman de Christophe ? ».

Christophe : « Dans ma maison ».

Moi : « Non ! ».

Christophe : « Elle travaille ».
Moi : « Où vas-tu demain ? ».
Christophe : « J'ai perdu la moto ».
Moi : « Où vas-tu demain ? ».
Christophe : « Je pars en vacances ».
Moi : « Non ! ».
Christophe : « Je vais à la crèche ».
Moi : « Non, tu ne vas pas à la crèche ».

Il s'en va pendant un moment. Quand il revient, je lui pose la même question, à laquelle il me répond enfin : « A l'école ! ».

Le soir, au moment du départ, sa mère lui demande de me dire au revoir puisque c'est son dernier jour. Mais Christophe court et ne me regarde pas. La mère le rattrape et le prend dans ses bras. Christophe tourne la tête.

Nous voyons que ce dernier geste représente très bien l'attitude générale qui a été la sienne durant toute la journée : Christophe n'a pas voulu voir qu'il partait de la crèche. Dans la conversation finale, ceci devient évident. Toute son activité de la journée est là pour dénier ce qu'il ressent : comme il se sent un faible enfant qui tombe, alors il pousse les autres ou tombe lui-même en riant. Comme il perd le soutien de qui le console, alors il s'en va loin de lui, faisant celui qui n'a besoin de rien. Comme il se sent dans un silence mortel, n'entendant bientôt plus les voix familières, alors il fait un vacarme effrayant. Il prend en tout le contre-pied de ce qu'il vit au cœur de lui-même et qu'il ne reconnaît pas. Il rit plutôt que de pleurer.

Avec Virginie nous nous approchons davantage de l'expression d'une vérité psychique : celle de sa douleur de quitter avec la crèche un monde qu'elle a aimé.

Non seulement c'est son dernier jour, mais sa mère est enceinte de sept mois et sa grande copine, Ève, a déjà quitté la crèche. Durant tout le temps où nous serons sur la terrasse, Virginie va rester près de moi, ne s'éloignant que par moments. Elle installe son « bébé » noir au soleil et le couvre avec sa couche. Elle trouve qu'il fait froid. Puis elle me fait remarquer que sa couche est un peu sale. Elle monte sur un banc, tombe et se fait mal. Je la console. Elle suce son doigt, ne dit rien et bientôt pense à Émilie qui s'est fait mal à la main la veille :

Virginie : « Il est parti le bobo d'Émilie ».

Moi : « Non, elle a encore du rouge ».

Elle regarde des garçons jouer au toboggan, mais elle en reste éloignée.

Je lui fais remarquer qu'elle est triste et elle en convient. Elle remarque que la chaise est cassée et sale. Tandis que les enfants crient autour d'elle, elle reste collée à moi ou veut aller dans la maison, au milieu des coussins. On dirait qu'aucun des jeux avec les autres n'éveille son désir. Elle se met dans un chariot mais, quand une petite fille lui tape les mains et même la tête, elle ne réagit pas. Une fois sortie du chariot, au bout d'un moment, elle voit Benoît prendre son « bébé » et le faire tomber par terre ; mais elle ne pleure pas. Quoiqu'elle dise qu'elle veut son « bébé », elle ne le ramasse pas. Émilie le lui donne.

Virginie : « Il dort ».

Moi : « Il est fatigué le bébé ».

Virginie : « Il y a personne dans la cour. Où ils sont les bébés ? ».

Moi : « Dans la section des moyens ».

Virginie : « Moi, je suis une grande encore, je peux pas aller dans section des moyens... ».

A la différence d'Ève qui prenait l'identité d'une fausse maman, ou de Christophe qui s'étourdissait dans une excitation sans bornes, Virginie essaie de demeurer elle-même, c'est-à-dire une petite fille qui réagit à la tristesse qui la gagne, parce qu'elle ne la repousse pas, et qui demande l'aide et le soutien de l'adulte. Elle se sent sale comme sa couche. On la laisse tomber comme sa poupée ; elle ne le dénie pas et son mal la rend capable de s'identifier aux autres, de se souvenir ainsi du « bobo d'Émilie ». Ressemblant aux personnes qui sont en train d'élaborer un deuil, elle n'a de goût à rien, elle n'a pas d'appétit pour jouer. Mais ce qu'elle vit n'est pas une simple régression, car elle peut formuler à la fin son regret : elle est grande, elle le sait, et ne peut revenir en arrière dans la section des moyens...

Le temps de la crèche est bien terminé et, avec lui, celui où elle avait encore le loisir, pense-t-elle, de ne pas être grande.

CONCLUSION

Peut-être pourrions-nous, en manière de conclusion, évoquer à présent la façon dont les parents vivent ce départ de la crèche.

Certains parents, nous allons le voir, tiennent à ce que leur enfant dise au revoir à l'éducatrice pour le dernier jour. Mais ils sont souvent déçus et gênés que leur enfant le refuse. D'autres sont réellement émus au moment du départ. Tous remercient l'éducatrice et promettent de revenir la voir. La rentrée scolaire et le bouleversement qu'elle entraîne dans la vie de l'enfant en inquiètent quelques uns.

Alors que durant toute l'année c'est son père qui a accompagné Lisa le matin - tandis que le soir elle aura été récupérée par une baby-sitter - pour son dernier jour, c'est la mère qui vient la chercher. Elle discute avec moi un long moment, me remercie et paraît réellement émue. Lisa m'embrasse, heureuse et excitée à la fois.

Pour son dernier jour, ce ne sont pas les parents mais la baby-sitter qui vient chercher Stéphane. Je lui dis au revoir, mais Stéphane n'exprime rien. Comme le petit frère de Stéphane est dans la section des bébés nous avons l'occasion de revoir la mère qui nous raconte, un soir de septembre, le déroulement de la rentrée scolaire : « Nous sommes arrivés dans la classe. Stéphane semblait complètement perdu. Lorsque je l'ai déposé à terre il s'est mis à hurler. Ne pouvant pas rester, je suis partie et j'ai attendu d'être dehors pour pleurer ». La mère semble encore bouleversée en me racontant ce premier contact avec l'école. Mais le second jour, son attitude change : « Stéphane s'est réveillé ce matin et le premier mot prononcé fut : école ! Il a pleuré encore, mais moins. Il est même allé consoler une petite fille, lui caressant la tête d'un air de dire : on y passe tous !... De toute façon il n'y a pas de choix ; il faudra bien qu'il s'y fasse ! ».

Pour son premier jour de rentrée, Stéphane a eu les cheveux coupés très court et un tablier sévère bleu marine. Depuis deux jours, je n'ai guère de nouvelles. La mère m'évite, et Stéphane suit sa mère dans la section des bébés.

Pour son dernier jour, la mère de Christophe nous apporte des chocolats. De même, la mère de Julien voudrait apporter quelque chose, mais elle me demande mon avis. Je lui propose de faire un gâteau. Elle paraît presque déçue et aurait souhaité faire quelque chose de spécial.

Je lui réponds : « Faites ce que vous voulez ! ». Elle me demande ensuite la permission d'assister au goûter pour le dernier jour de son fils. Je réponds, bien entendu, par l'affirmative en insistant sur l'importance de la présence des parents pour le dernier jour. Or, le lendemain, la mère s'excuse ; elle ne pourra pas venir : « Je vais profiter de ce dernier jour pour faire des démarches administratives et je ne pense pas être de retour pour l'heure du goûter ! ».

La rentrée scolaire effectuée, elle vient nous rendre visite. Elle entre dans la section avec son fils : il a grandi, paraît très sérieux et observe d'un air bizarre les lieux où il fut autrefois. La mère me demande si je vais bien et comment se passe la rentrée avec les nouveaux. Puis elle parle de l'école : « Cela nous change de la crèche ; nous nous y sentons moins bien. C'est complètement différent. Julien n'a pas pleuré au moment de la séparation ; il a pris énormément sur lui ; mais il s'est effondré quelques temps après notre départ. Le soir il est complètement sous tension et nous allons nous arranger pour le récupérer plus tôt ».

Julien raconte peu de choses sur sa journée à l'école. J'appelle Virginie qui va rentrer à l'école demain et demande à Julien de lui dire comment cela se passe. Virginie est sur mes genoux et paraît très attentive. Julien ouvre la bouche pour parler mais aucun son ne peut sortir. Il recommence plusieurs fois mais… rien.

Julien, habituellement si bavard ne peut rien dire. Je demande à la mère de Julien si celui-ci était d'accord pour revenir à la crèche : « Oui » dit-elle, Je lui ai posé la question, lui expliquant que nous allions vous revoir. Il était d'accord.

Elle me donne aussi des nouvelles de Christophe qui pleure tous les jours et vit très difficilement sa rentrée scolaire.

Quand la mère d'Ève accompagne le matin sa fille pour la dernière fois, nous discutons un long moment. La mère d'Ève n'a jamais aimé l'école et garde un très mauvais souvenir de la maternelle pour sa fille aînée. A la différence des autres parents, elle ne semble pas me dire au revoir. « De toute façon » conclut-elle, « je repasserai et nous prendrons un café ! ».

Le matin de la rentrée, le père vient nous raconter rapidement comment cela s'est passé : il est resté une heure avec sa fille, mais elle a pleuré au moment de son départ. Je lui demande s'il a récupéré Ève au moment du déjeuner, il me répond : « Non ! Sinon elle aurait pleuré pour y retourner ! ». Il ne semble pas très ému par cette première journée, quoiqu'il ait éprouvé le besoin de venir me la raconter. La mère me téléphone huit jours plus tard en m'expliquant qu'Ève ne veut pas aller à l'école. La mère veut me parler et je lui donne un rendez-vous où elle ne vient pas, sans me prévenir. Pour rentrer chez elles le soir, Ève et sa sœur aînée passent tous les jours devant la crèche accompagnées par leur grand-mère. La sœur aînée décide un jour de venir me dire bonjour, mais Ève refuse de rentrer et attend dehors avec sa grand-mère.

Le père de Virginie vient chercher sa fille pour la dernière fois à la crèche. Elle est assise sur mes genoux et il lui caresse la tête.

Le père : « Ma pauvre chérie ! Tu vas aller à l'école demain ».

Virginie ne répond pas, le pouce dans la bouche.

Le père : « Vraiment, c'était bien la crèche ! Les horaires étaient souples. On y était bien. Pour l'école, je me suis arrangé avec mes horaires, la première semaine. Je la récupérerai le midi pour faire de courtes journées. Puis, la seconde semaine, je la récupérerai à seize heures trente. Et le mercredi, nous allons nous arranger avec la mère d'Ève pour les garder ».

Il semble un peu perdu.

Le père : « Je tiens à ce que Virginie vous dise au revoir pour son dernier jour ! ».

Moi : « Bien sûr ! Et je dirai au revoir à Virginie ; c'est important ! ».

D'autres parents entrent. Le père de Virginie disparaît. Quelques instants plus tard, je m'aperçois qu'il est parti sans dire au revoir…

La mère de Jean-Baptiste n'a jamais accepté la crèche et elle n'aimait pas venir accompagner son fils. Nous avons, de ce fait, vu le père bien davantage. Mais, en cette fin d'année, c'est la mère qui accompagne Jean-Baptiste. Elle supportait très mal la séparation du matin et ne savait jamais partir. Jean-Baptiste s'accrochait à elle et finissait par pleurer. Or, à l'approche de la fin de l'année, la mère est ravie que son fils aille à l'école et semble soulagée qu'il quitte la crèche. C'est la seule mère à manifester cela.

En ce dernier jour, elle vient me trouver pour me dire au revoir. Elle m'embrasse et me remercie de m'être occupée de son fils. C'est une attitude que je n'attendais pas du tout de sa part...

Il est intéressant d'observer, en conclusion de ce livre, la réaction des parents au sortir de la crèche et de la comparer à celle des enfants au moment de la séparation du matin, ainsi que nous l'avons étudiée au début de ce livre.

De même qu'il y a des enfants qui se détournent de leurs parents, l'air triomphant, pour ne pas avoir à souffrir de les quitter, de même il y a des parents qui, tels ceux de Stéphane, se détournent de moi de façon à ne pas avoir à considérer que je ne m'occupe plus d'eux en ne m'occupant plus de leur enfant. Il y a, à ce propos, un parallélisme de comportement entre les parents et l'enfant et l'on peut se demander si la façon dont les premiers se défendent contre la souffrance psychique, ne sert pas de modèle au second. La situation qu'ils vivent présentement à la crèche n'est que le révélateur d'un tel état de choses. Les parents de Stéphane semblent transmettre à leur fils l'idée que rien ne vaut la dureté quand les émotions vous accablent. Mieux vaut les couper, comme ces cheveux que Stéphane a toujours portés ras mais que l'on voit plus petits que jamais en ces moments difficiles. La mère se coupe de ses émotions, qui existent en elle pourtant puisqu'elle pleure en quittant son fils à l'école. Mais elle ne les garde pas longtemps en elle et s'habille de sévérité tout comme elle habille Stéphane d'un sombre tablier bleu.

La mère de Jean-Baptiste présente ce trait commun avec celle de Stéphane, quoiqu'il se soit manifesté d'une façon tout à fait différente, puisque cette dernière pouvait venir parler à l'éducatrice et non pas la première : toutes deux pensent qu'il est dangereux d'être petit et faible. C'est pour cela que la mère de Jean-Baptiste n'aimait pas la crèche : elle l'accusait inconsciemment à la fois de lui prendre son enfant, de le mettre en position de souffrir et de ne pas lui donner en même temps la force de se défendre... C'est pourquoi le fait qu'il aille à l'école a signifié pour elle qu'il était devenu grand et que le temps de la souffrance infantile était terminé... Ceci est une illusion quand on pense, à la lumière de tous les exemples donnés dans ce livre, au travail que l'enfant doit accomplir avec l'aide des adultes dans ce but. Le dernier exemple donné par Lisa jouant à donner ses « bébés » à l'éducatrice avant d'aller écouter son histoire, en est une bonne illustration : rien ne s'accomplit magiquement et ce qui n'est pas soulagé à présent mais simplement masqué, réapparaîtra plus tard au tournant d'une difficulté rencontrée par l'enfant. Elle paraîtra banale, mais elle cache derrière elle un problème plus grave qu'il n'a jamais dépassé.

La plupart des parents n'ont pas des réactions si rigides. Cependant la souffrance qu'ils éprouvent par identification à celle de leur enfant les fait parfois se comporter comme des enfants. Telle est la mère d'Ève : elle ne veut pas reconnaître que l'éducatrice la quitte et elle s'arrange pour mettre celle-ci dans une situation d'attente perpétuelle. Lui donnant un rendez-vous où elle ne vient pas, elle lui fait vivre la séparation telle qu'elle-même l'a vécue : comme une attente sans fin. Nous avons vu que les enfants cherchent souvent à se débarrasser de ce qu'ils ne veulent pas éprouver eux-mêmes en le faisant vivre par l'autre.

Les comportements des parents de Virginie, de Julien, sans être aussi tranchés vont néanmoins dans le sens d'un refus de regarder la séparation en face : le père de Virginie voudrait bien dire au revoir à l'éducatrice, la mère de Julien assister au dernier goûter, mais ils se dérobent. Cette épreuve est trop difficile pour eux. Cependant ils ont de la gratitude et ils l'expriment.

Il est intéressant de remarquer que c'est la mère de Lisa qui semble assumer le plus cette situation de la fin : elle peut regarder l'éducatrice en face et la remercier. Or, nous avons trouvé aussi chez sa fille le plus bel exemple de travail d'intégration des différents éléments de sa personne : Lisa a accepté de porter avec son petit poussin les aspects d'elle-même qui demeuraient toujours faibles, de la même façon que la mère accepte de porter la peine de nous quitter et par conséquent, la reconnaissance qu'elle nous doit.

Qu'un être humain ne se forge pas seul est une vérité que l'on admet mais que l'on oublie souvent quand les nécessités de la vie obligent des parents à reprendre leur travail et à nous confier leur enfant. Nous espérons qu'avec ce livre, tous ceux qui s'occupent d'un petit enfant, les parents, les éducateurs pourront réfléchir à la complexité de son développement. Si nous sommes parvenues à transmettre ce message qu'une authentique réflexion sur l'enfant est perçue par l'enfant lui-même et constitue de la sorte la première aide que nous puissions lui apporter et nous apporter à nous-mêmes, ce livre aura atteint son but.

VOLUMES PARUS

Collection Psychanalyse dirigée par le Dr Claude Legrand

– **Marcelle Spira :**
« Créativité et Liberté Psychique » (Préface du Pr S. Lebovici)
– **J. Gammill, D. Anzieu, Fl. Bégoin-Guignard, J.-L. Lang, V. Smirnoff, A. Green, J. Bégoin, D. Houzel, J. Gillibert :** « Mélanie Klein Aujourd'hui »
– **Rebeca et Léon Grinberg :** « Psychanalyse du Migrant et de l'Exilé »
– **Cléopâtre Athanassiou :** « Ulysse… Une Odyssée Psychanalytique »
– **Salomon Resnik :** « L'Expérience Psychotique »
– **André Haynal :** « Dépression et Créativité » (Préf. de Serge Lebovici)
– **Jean Gillibert :** « Ça n'est plus ça »
Notes cliniques et métapsychologiques sur l'autre théâtre de l'Être
– **Ilse et Robert Barande :** « De la perversion ; Notre duplicité d'être inachevé »
– **Antoine Appeau :** « L'Organisation narcissique »
– **A. Appeau :** « Développement du concept d'organisation narcissique »
– **A. Appeau, P. Brunaud, Cl. Legrand :**
« Une Institution de Psychothérapie Populaire :
La Chavannerie » (Tome I : Préface de Dr Georges Costoulas
Tome II : Préface du Dr Jean Oury)
– **A. Appeau :** « Anorexie Mentale, Soins Institutionnels et Psychanalyse »
– **H. Bessis, A. Clancier, J. Cophignon, M. Fognini, J. Gorot, A. Gutmann, S. Panzera-Flamand :** « Miroirs, visages et fantasmes »
– **Catherine Parat :** « Dynamique du sacré »
– **Marie-France Castarède :**
« Le Miroir sonore » (Préface de maestro C.M. Giulini)
– **W.R. Bion :** « Une mémoire du Futur » *(Traduit de l'anglais)*
- Tome 1 : Le Rêve
- Tome 2 : Le Passé au présent
– **Cl. Athanassiou :** « Aux sources de la vie psychique » - (Préf. de J. Bégoin)
– **J. Woscoboinik :** « Le secret de Borges » (illustré)
(Préf. de Didier Anzieu) - *Trad. de l'espagnol par Nora Scheimberg*
– **P. Wilgowicz :** « Le Vampirisme, de la Dame blanche au Golem »
– **A. Haynal :** « Psychanalyse et science, face à face »
– **T.-H. Fua :** « Comment approcher la psychanalyse aujourd'hui ? »
– **T.-H. Fua :** « L'Idéal du Moi dans le Contre-Transfert »
– **S. Bécache :** « La Maternité et son Désir »
– **D. Meltzer :** « Le Monde Vivant du Rêve, une révision de la théorie et de la technique psychanalytiques » (traduit de l'anglais)
– **P. Herlem :** « L'Hystérie, hier, aujourd'hui, encore»
– **J. Touzé :** « Le cerveau et l'inconscient » (Préface du Dr Jean Bégoin)

Collection Histoire et Biographies

– **Raoul Musu :** « A la recherche de… Pierre Caillet »
(Préface de Pierre Moinot de l'Académie Française)

– **Henri Bonnet :**
« Histoire de la psychiatrie à Lyon » De l'Antiquité à nos jours
(Préface du Professeur Paul Girard)

– **Jacques Hochmann (sous la direction de :) :**
« Trente années de psychiatrie lyonnaise,
En l'honneur du Professeur J. Guyotat »
(Préface du Professeur Pierre Deniker)

– **Lucien Forno :**
« L'Enfant et son Psychiatre, une approche historique »

Collection L'Enfant dirigée par Yvette Legrand

– **Cléopâtre Athanassiou et Anne Jouvet :**
« L'Enfant et la Crèche » (Préface de Fl. Bégoin-Guignard)

– **Julia Basano :** « Histoire de Nicolas »
Les conquêtes d'un enfant gravement handicapé racontées par sa mère adoptive. *(Traduit de l'italien)*
(Préface de Monseigneur G. Nervo)

– **J. Hochmann, H. Vermorel, A. Carel (sous la direction de :) :**
« Le nourrisson et sa famille »

– **Rosella Sandri :** «La Maman et son Bébé : un Regard »
Préface du Pr. Didier Houzel

– **Régis de Villard :** «Les difficultés scolaires, ou la petite maison bleue »

– **Rosella Sandri (sous la direction de :) :**
« L'observation du nourrisson selon Esther Bick et ses applications »

Collection Psychologique, Groupes et Institutions

– **Jacques Hochmann (sous la direction de :) :**
« Psychiatries… De révolution en évolution »

– **Gérard Bléandonu (sous la direction de :) :**
« Les Groupes Thérapeutiques »

– **J. Manzano - M.-C. Lamunière - M. Peckova :**
« Vingt ans de psychose »

– **Hugues Scharbach :** « Les arts graphiques et la folie »
(Préface du Pr. G. Besançon et de J. Braunstein - Beaux-Arts de Nancy)

– **L. Vaneck, G. Haag, J. Manzano & Coll. :**
« L'enfant psychotique et son évolution »

– **François Lévy :**
« Tirs croisés » Du malade imaginaire au médecin malgré lui. (Préface de Joyce Mac Dougall)
– **Marcel Sassolas (sous la direction de) :**
« Le dedans et le dehors » Penser le soin psychiatrique
– **J. Manzano :** « Soigner l'enfant »
Les Thérapies en psychiatrie infantile et en Psychopédagogie (2 tomes)
– **T.-H. Fua :** « La Double Rencontre » (Préface de Didier Anzieu)
– **Marcel Sassolas (sous la direction de) :**
« Le théâtre du soin, ses acteurs et ses lieux »
– **G. Bléandonu (sous la direction de) :** « Filiations et Affiliations »

Collection Petite Bibliothèque Médicale

– **J-Cl. Colombel et R.M. Palem :** « Autour du traumatisé crânien »
– **L. Couderc :** « De l'équilibre à la névrose »
Pour mieux se connaître et s'améliorer : caractères, tendances, travers

Roman

– **P. Marion et S. Feyeux :**
« L'incroyable aventure d'un compagnon de Christophe Colomb »

Hors Collection

Livre de Poésie (illustré) :
– **Jean-Paul Silvano** : « Les Filaments du Bonheur »

Livres d'Art :
– « **Yvonne Cheffer-Delouis** : Au plus intime de l'intimisme » par **B. Gouttenoire**, critique d'Art et les **Drs A. Appeau et Cl. Legrand**. Relié, illustré de 80 reproductions, dont 55 en couleur. Format 24 x 28.

– **Odile Dupoyet-Mettling** : « Rencontre avec Maurice Montet » Relié, une centaine de reproductions dont la moitié en couleurs - Format 24 x 28

“ Préhistoire ” :

– « Chroniques des années de pierre » Art Préhistorique, Sciences et Techniques modernes. (Préface Y. Coppens) - 21 x 29,7 - 130 illustrations

“ Communication ” :

– Alain Montandon (sous la direction de :) :
« Signe / Texte / Image » (40 illustrations)

– Alain Montandon (sous la direction de :) :
« Savoir-vivre » Tome I - (Étude à travers l’Europe)

– Alain Montandon (sous la direction de :) :
« Spots Télé(Vision) » (130 illustrations)

VOLUMES A PARAITRE

Collection Psychanalyse dirigée par Claude Legrand

– L. Grinberg : « Nouvelle introduction aux idées psychanalytiques de Bion»
(Traduit de l’espagnol)

– W.-R. Bion : Une mémoire du futur : *(Traduit de l’anglais)*
« L’aube de l’oubli » (T.III)
« Une clé pour la mémoire du futur »

– R. Money-Kyrle : Cinquante années de travaux psychanalytiques :
De «croyance et représentation» (1927)
à « Être Psychanalyste » (1977) *(Traduit de l’anglais)*

– C. Athanassiou : «Introduction à l’étude du Surmoi »

Collection l’Enfant dirigée par Yvette Legrand

– R. De Villard : « Les troubles du Sommeil ou Le marchand de sable »

– M. Pérez-Sanchez : «L'Observation de l'enfant dans la deuxième année de la vie»

Imprimerie spéciale de Césura Lyon Édition
53, rue de la République
69330 - MEYZEU
(Tel : 72/02/85/67)
Première Impression 1987 - Deuxième Impression 1995